인코텀즈 2010 주요 내용과 용어 해설 수록

종합 글로벌 비즈니스 영어

- 무역 · 통상 영어 -

박명섭 · 김은주 · 박우진

Global Business English

최근 무역환경은 급격하게 변화하고 있다. 환경변화에 부응하는 기업의 무역전략 수립이 절실히 요구되고 있다. 무역을 수행하는데 여러 가지의 기능이 필요하다. 무역계약, 국제운송, 무역결제, 해상보험을 포함한 무역보험, 중재 그리고 국제마케팅 및 국제협상 등이다. 이러한 기능을 수행하는데 있어서 사용되는 언어는 대체로 영어일 수 밖에 없다. 본서는 이러한 기능들을 수행하기 위해 필요한 비즈니스 커뮤니케이션과 관련된 내용을 다루고 있다. 한마디로 국제무역이나 국제비즈니스는 언어를 수단으로 하는 정보 전달에 의해 이루어진다.

우용출판사
1997 www.choolpansa.com

머리말
Preface

무역은 한 나라의 경제적 부를 증대시키는 가장 중요한 수단이다. 그래서 세계 각국은 무역을 증대시키기 위해 자국에 유리한 무역전략을 전개해 나가고 있다.

최근 무역환경은 급격하게 변화하고 있다. 중국의 부상, 동일본 대지진 이후의 일본 경제의 위축, 기후변화에 따른 무역규제 그리고 수많은 FTA의 체결 등으로 환경변화에 부응하는 기업의 무역전략 수립이 절실히 요구되고 있다.

무역을 수행하는데 여러 가지의 기능이 필요하다. 무역계약, 국제운송, 무역결제, 해상보험을 포함한 무역보험, 중재 그리고 국제마케팅 및 국제협상 등이다. 이러한 기능을 수행하는데 있어서 사용되는 언어는 대체로 영어일 수 밖에 없다.

본서는 이러한 기능들을 수행하기 위해 필요한 비즈니스 커뮤니케이션과 관련된 내용을 다루고 있다. 한마디로 국제무역이나 국제비즈니스는 언어를 수단으로 하는 정보 전달에 의해 이루어진다.

오늘날 영어는 제일 중요하고 영향력을 가진 지구촌 언어다. 따라서 글로벌 비즈니스에서도 영어 사용이 가장 효율적이다.

국내에 출판된 무역영어 혹은 비즈니스 영어 관련 책이 약 100종 가량 되는 것으로 안다. 기존의 책과 그 구성에서 차별성을 보이는 이 책은 크게 7부로 나뉘어져 있다. 제1부는 영문 비즈니스 레터와 이메일 작성에 필요한 내용을 살펴보고, 제2부는 국제무역의 기초적인 실무지식에 대하여 살펴보고, 제3부와 제4부에서는 국제비즈니스와 무역에서 자주 일어나는 실례의 55문을 엄선해 소개한다. 상거래 서신을 용건별로 분류, 실무의 흐름대로 해당 예문을 제시하고 있다. 제5부에서는 WTO를 포함한 국제기구의 역할, 제6부에서는 국제회의와 일상 표현에 도움이 되는 내용들을 실었다. 그리고 제7부에서 Incoterms® 2010의 주요내용의 발췌문과 용어 해설을 정리했고, 기출문제를 간략한 설명과 함께 실었다.

우리들은 체재와 분량의 면에서 여러 차례 토의를 거쳐 이 책을 만들었으나 부족함이 많다고 생각한다. 앞으로 선배제현의 많은 지도와 편달을 바란다. 그리고 본서의 출판을 기꺼이 수락해 주신 우용출판사의 고우용 사장님, 편집부 여러분 그리고 교정작업을 도와 준 이동은 강사와 김태후 군에게 이 지면을 통해 심심한 사의를 표한다.

2011년 8월

저자 일동

C·O·N·T·E·N·T·S

Part Ⅰ 영문비즈니스레터와 이메일의 구성체계

Part II 무역거래의 기초이론

Part Ⅲ 비즈니스레터 55선

Part Ⅳ Practical Conversation

Part V 국제통상영어

Part VI 기타

Part VII Appendix

Part Ⅰ

영문비즈니스레터와 이메일의 구성체계

1
영문비즈니스레터의 세 가지 양식

(1) Indented Style — Closed Punctuation

- 장점 : 보기 좋은 구성으로 클래식한 양식
- 단점 : 작성과정에 많은 시간이 소요

■ 영국 방식

- Inside Address (안쪽 주소)와 Signature (서명) 부분의 왼쪽을 비스듬하게 쓰기 때문에 Indented Style (사선식)이라고 한다.
- 문단의 시작부분에서 5 ~ 10 문자 정도를 첫 행에 여백으로 비운다.

■ 코마 · 피리어드 끝맺기 (Closed Punctuation)

- Subject (주제)와 Body (본문)를 제외한 각 부분에 코마나 피리어드를 붙여 준다.

이 양식에서 주의해야 할 점은, Date (날짜)와 Reference Number (참조번호) 등 구성부분의 위치를 확인하는 것이다. Date와 Reference Number는 오른 쪽에 놓이며, Inside Address는 왼 쪽에 자리하고 있다.

그리고 Inside Address와 Signature는 왼 쪽에 비스듬하게 사선으로 놓여있고, Body에서는 첫 부분에 5 ~ 10 문자 정도를 띄워 놓고 문장이 시작되고 있다.

또한 Subject와 Body를 제외한 각 부분에서는 코마와 피리어드가 찍혀 있고, Inside Address와 서한작성자의 이름과 직함이 있는 Signature 부분은 코마로 연결하고 피리어드로 끝맺고 있다.

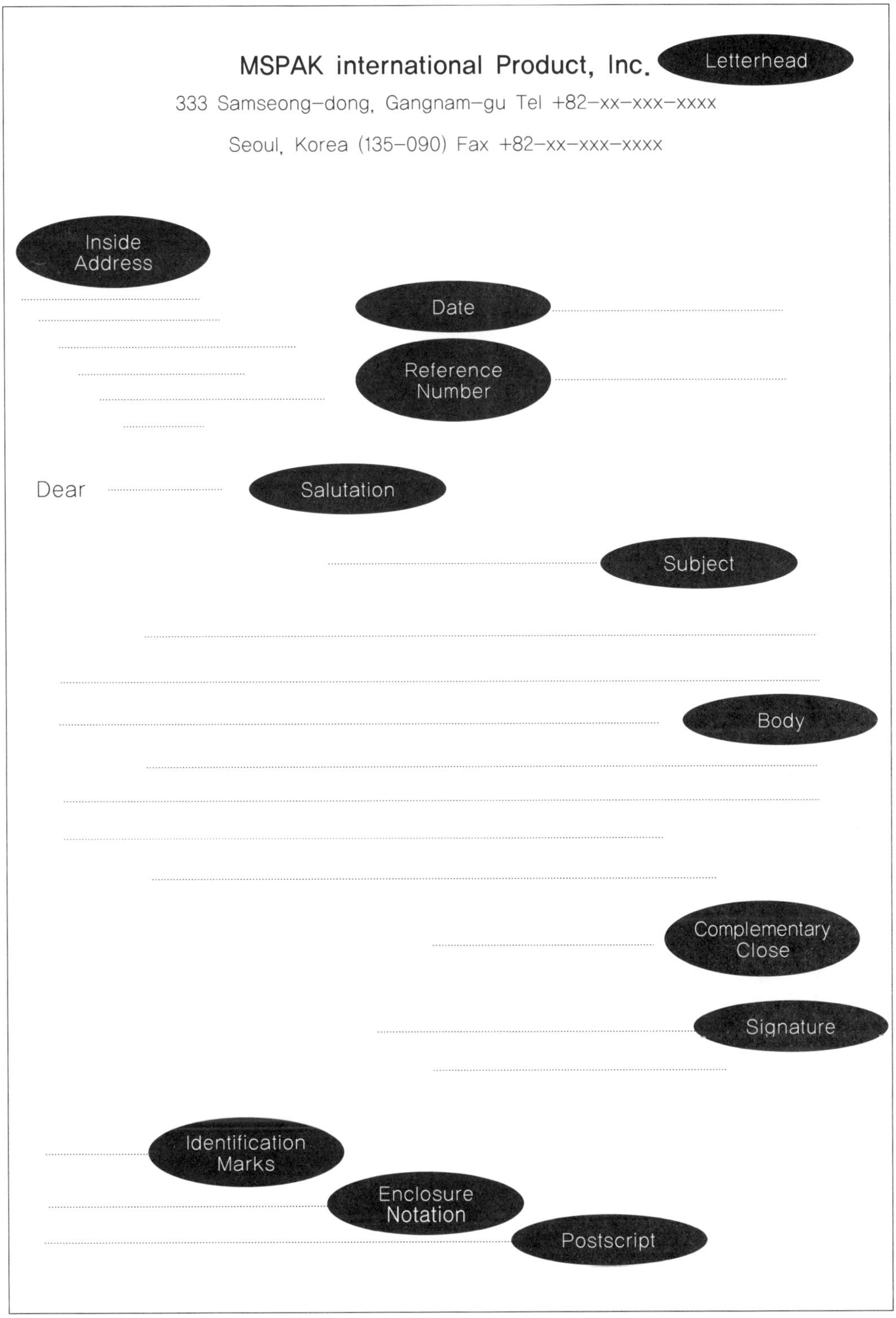
MSPAK international Product, Inc.
Letterhead
333 Samseong-dong, Gangnam-gu Tel +82-xx-xxx-xxxx
Seoul, Korea (135-090) Fax +82-xx-xxx-xxxx
Inside Address
Date
Reference Number
Dear
Salutation
Subject
Body
Complementary Close
Signature
Identification Marks
Enclosure Notation
Postscript

(2) Full Block Style — Open Punctuation

- 장점 : 타이핑이 쉬우며 합리성 중시
- 단점 : 코마나 피리어드가 없어 혼돈스럽다

■ 미국방식

- 모든 서한의 요소들을 왼쪽에 맞춘다.
- 그러므로 문단의 시작도 왼쪽 처음부터 쓴다.

■ 코마나 피리어드의 생략 (Open Punctuation)

- Body에는 통상적인 코마와 피리어드, Salutation (인사말)에 콜론, Complimentary Close (맺는 인사)에도 코마를 생략하기도 한다. 생략형에 피리어드를 찍는다.

작성에 가장 용이하고 초보자도 이해하기 쉽도록 모든 행을 왼쪽 첫 자리부터 쓰기 시작하는 것이 Full Block이다.

(1)번의 방식에서는 각 구성 부분에 코마와 피리어드를 붙였으나, 이 방식에서는 위에서 말한 곳에만 코마, 콜론 또는 피리어드를 붙이기도 붙이지 않기도 한다.

또한 생략형을 쓰는 곳에서는, 예컨대 Corporation이 Corp.로 바뀌어야 하기 때문에 피리어드가 필요하다.

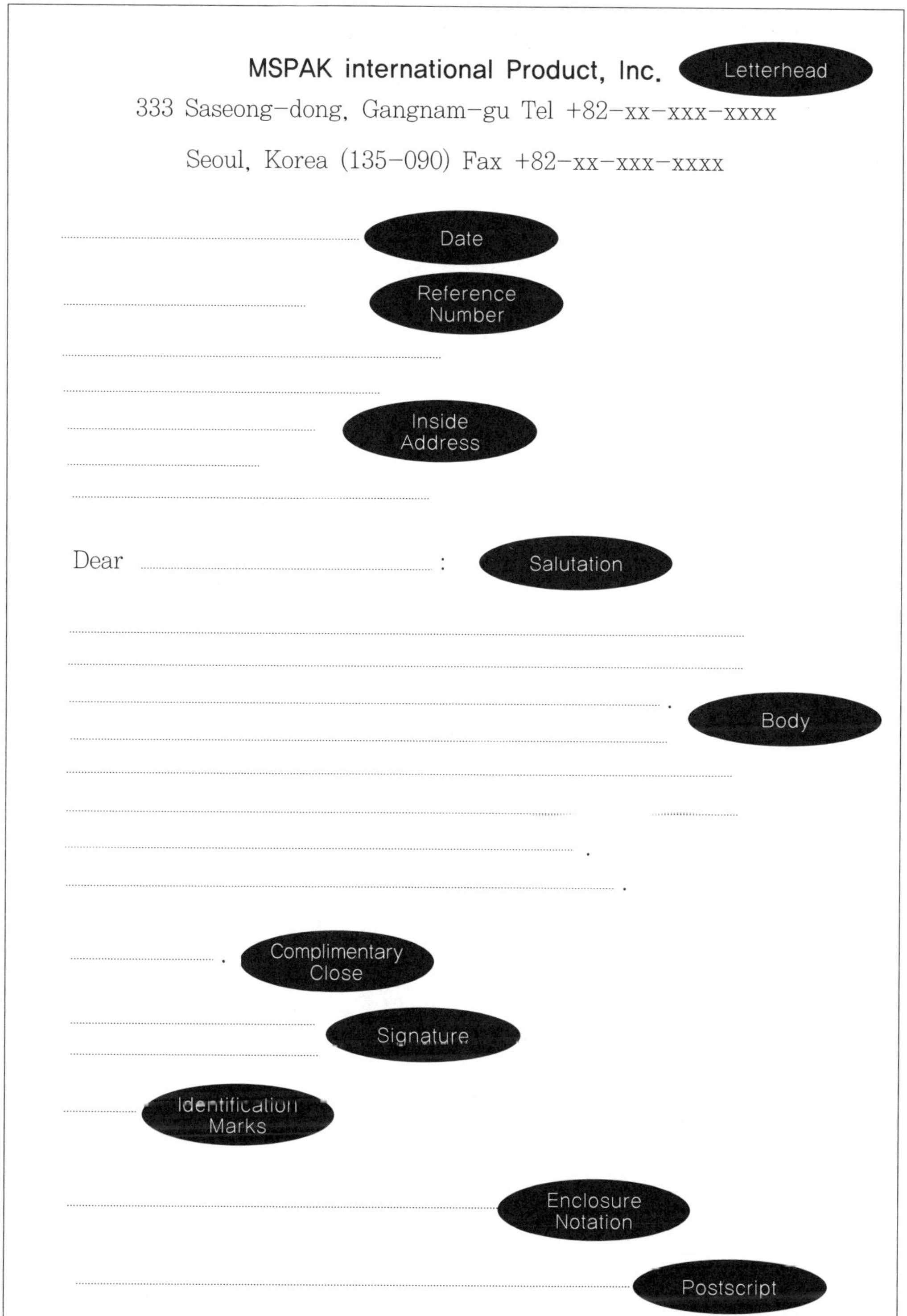
MSPAK international Product, Inc.
Letterhead
333 Saseong-dong, Gangnam-gu Tel +82-xx-xxx-xxxx
Seoul, Korea (135-090) Fax +82-xx-xxx-xxxx
Date
Reference Number
Inside Address
Dear :
Salutation
Body
Complimentary Close
Signature
Identification Marks
Enclosure Notation
Postscript

(3) Modified Block Style — Mixed Punctuation

- 영국식과 미국식의 절충방식으로 간편성과 미려함의 두 가지 이점을 합친 양식

■ 절충식

- Full Block의 변형으로 Date (날짜), Reference Number (참조번호), Complimentary Close (끝맺기), Signature (서명)를 우측에 놓는다.
- Body (본문)의 문단은 Indented Style에서처럼 5~10 문자 정도 띄우고 시작한다.

■ 혼합형 구두점(Mixed Punctuation)

- Body에 코마, 피리어드, Salutation (인사말)에 코마나 콜론, Complimentary Close에 코마, 생략형에는 피리어드를 쓴다.

현대 비즈니스에 있어서 여러 업무의 서한에 가장 많이 쓰이는 방식이다. 영국식과 미국식 양쪽의 이점을 합친 양식이 이 절충식이다. 절충식은 구성이 부드러워 읽기가 쉬우며 비교적 작성하기도 쉽다.

그러나 지나치게 형식적인 면에 신경을 쓰느라 스트레스를 받을 필요는 없다고 생각한다. 실무에 있어서 구성요소의 위치가 다소 틀린 것에 연연하는 일은 없기 때문이다.

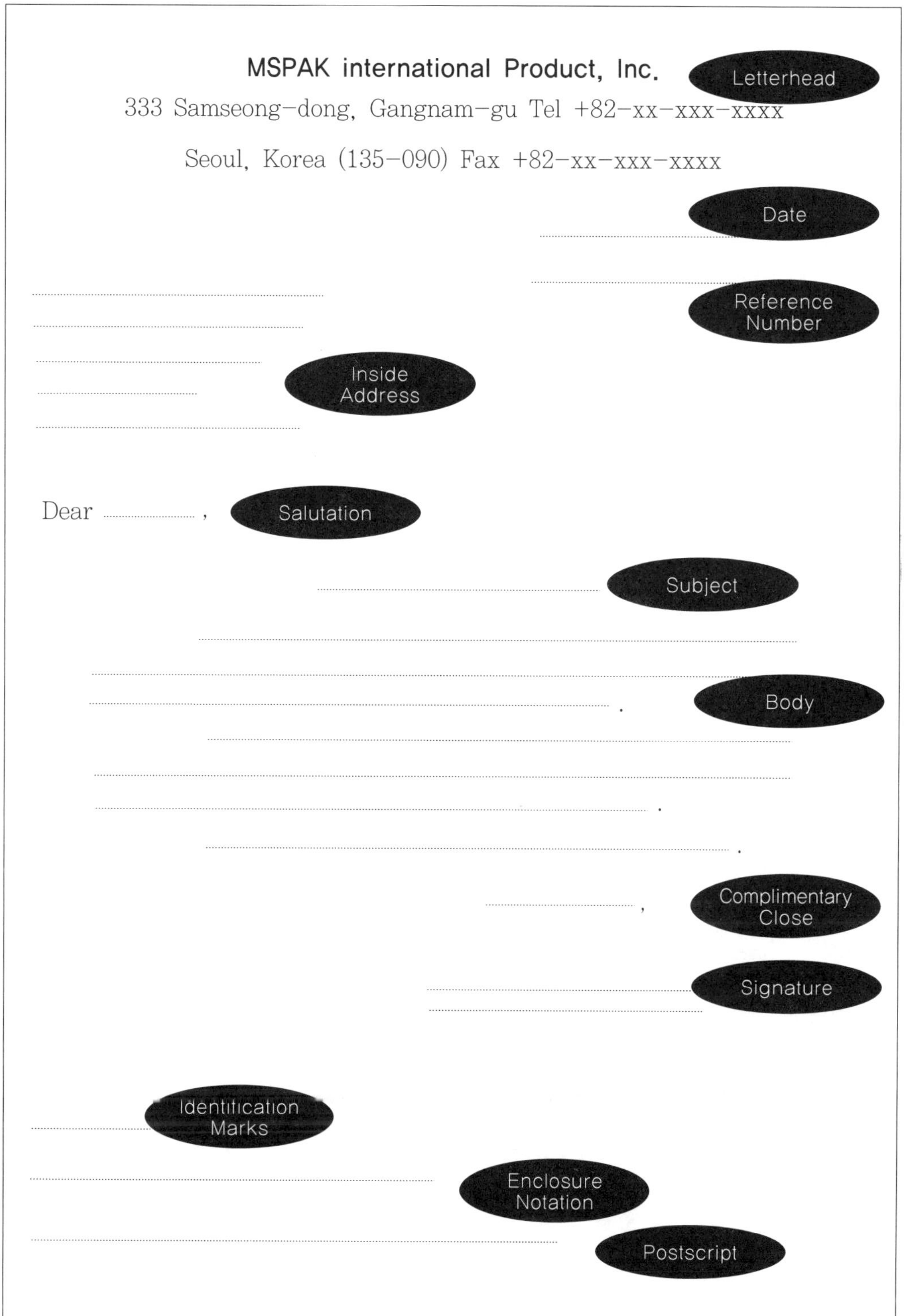
MSPAK international Product, Inc.
Letterhead
333 Samseong-dong, Gangnam-gu Tel +82-xx-xxx-xxxx
Seoul, Korea (135-090) Fax +82-xx-xxx-xxxx
Date
Reference Number
Inside Address
Dear ,
Salutation
Subject
Body
Complimentary Close
Signature
Identification Marks
Enclosure Notation
Postscript

2
영문비즈니스레터의 구성요소

(1) Letterhead 서두

Letterhead

Letterhead란 일반적으로 용지의 윗부분에 회사명, 주소, 전화번호 등이 인쇄돼 있는 부분을 말한다. 반드시 화려한 디자인일 필요는 없다. 우리말로 서두라고도 하지만 레터헤드라는 표현이 국내에서도 더 일반적이다. 비즈니스에서 보면 회사의 레터헤드 뿐만 아니라 드물게는 개인용 레터헤드도 있다.

회사가 레터를 보내는 경우, 적어도 레터의 첫 장에서는 레터헤드가 들어 있는 용지를 쓰는 것이 보통이다. 다음 장에서도 레터헤드가 있는 용지를 사용하는 것은 자유이지만, 레터헤드는 보통용지보다 값이 비싸고 레터헤드의 인쇄 부분만큼 내용이 들어갈 부분이 줄어들기 때문에 실무적으로는 첫 장에서만 레터헤드 용지를 쓰고 다음 장부터는 보통용지를 사용하는 편이 비용도 적게 들고 편리하다고 하겠다.

레터헤드와 관련하여 중요한 사항은 레터헤드 용지를 사용하지 않은 서신은 공적인 문건으로서 인정받지 못한다는 점이다. 예컨대 어느 업계의 선두기업 CEO가 관련업체 취직을 위해 추천서를 써 주었는데 알고 보니 실수로 그 기업의 레터헤드 용지가 아닌 일반용지에 작성한 것이었다고 하자. 이 경우, 업계 선두기업 CEO로부터의 추천서라는 권위를 인정받지 못하는 사적 서신으로 고려된다.

(2) Date 날짜

Date

레터헤드의 2~3행 아래에 위치한다. 실무에 있어서 가끔 날짜표기에 따라 상당히 혼란스러운 일이 있다. 연원일의 순서에 따라 크게 미국식과 영국식 두 가지 방법이 일반에 통용되고 있기 때문이다. 어느 쪽을 쓰는가는 자유이지만 부서내나 회사에서 통일해 두는 게 바람직하다.

1. 미국식 September 27, 2015
2. 영국식 27th September, 2015 27 September, 2015
3. 영국식에서는 날짜를 서수로 기입하는 경우가 많다.

   lst, 3rd, 15th, 22nd 등
4. 사용하는 양식을 통일해 두도록 하고, 구태여 레터 발송 국가별로 양식을 구분하여 사용할 필요는 없다.
5. 월(月)을 숫자(數字)로 표시하면 혼동하기 쉬우므로 월은 반드시 알파벳으로 표기하도록 한다.

   × 12 - 10 - 05 × 2015 - 10 - 12

   ○ October 12, 2015
6. 또한, 월은 생략형으로 표기하지 않는다.

   × 12 Oct. 2015 ○ 12 October 2015

(3) Reference Number 참조번호

Reference Number

참조번호 혹은 서한번호라고도 하며, 작성한 레터를 다시 참조할 때나 수많은 레터 가운데서 필요한 레터를 특정해서 언급할 때를 위해 쓰이는 것이다. 이 번호에 의하여 나중에 쉽게 과거의 레터를 찾아볼 수 있다. 대략 Date Line의 네 줄 정도 아래에 위치시킨다.

참조번호는 어쨌든 나중에 누군가가 보더라도 알기 쉬운 기호를 사용하는 게 편리하다. 예를 들어 CNDKL006은,

CND (캐나다)의
KL (Kirk Land 라는 회사)로 보낸
006 (여섯 번째)

라는 것을 알 수 있다.

(4) Inside Address 안쪽 주소

Inside Address

1. 스타일

안쪽 주소는 수신인의 회사나 주소를 말하며 양식에 따라 기입법이 다르다. 한 가지 정도만 골라서 스스로 즐겨 사용하는 양식에 관해서만 기억해 두면 충분하다. 날짜행의 2 ~ 12행 아래에 놓인다.

■ 「영국식」의 경우

- 영국식은 좌측을 비스듬하게 맞춘다.
- 코마·피리어드 끝맺기는 코마로 연결해 피리어드로 끝맺는다.

■ 「미국식」의 경우

- 미국식은 좌측을 나란히 맞춘다.
- 각 행 끝에 코마도 피리어드도 찍지 않는다.

■ 「절충식」의 경우

- 절충식은 좌측을 나란히 맞춘다.
- 혼합형에서도 각 행 끝에 코마나 피리어드를 찍지 않는다.

2. 너무 긴 안쪽 주소는 생략할 수 있다

[보기]

The Eastern Railway Company
A Block 121-6 Lot
Philip Curtis Memorial Hall
1612 Starfield Avenue
West Sacramento, CA 95825
U.S.A
Attention: Ms. Kimberly Roy
Chief Marketing Officer

➜

생략 후 : 생략은 이 정도 까지만

The Eastern Railway Co. (회사명)
W. Sacramento, CA(시명, 주명)
U.S.A. (국명)
Attention: Ms. Kimberly Roy (수신인)
Chief Marketing Officer (직책)

3. ~ 방, 전교는 (Care of ~) C/O 또는 C.O.를 쓴다.

Mr. Calvin Ripken, Jr.
C/O HYWC Trading Inc.
No. 17 Mandoong St.
Batam Island, Johobar
Indonesia

C/O 또는 C.O.는 Care of ~ 의 생략형으로서 ~ 전교(轉交), ~ 씨 방 이라는 뜻이다.

위의 예에선, HYWC Trading Inc. 사원인 Mr. Calvin Ripken, Jr. 앞으로라는 것이 아니고, HYWC Trading Inc.에서 방을 임대하고 있는 Mr. Calvin Ripken, Jr., 또는 HYWC Trading Inc.의 사원이 아니더라도 어떠한 이유로 HYWC Trading Inc.에 있는 Mr. Calvin Ripken, Jr. 앞이라는 의미가 된다.

4. 경 칭

여러 가지 경칭이 있지만, 보통 다음과 같은 것들이 일반적이다.

- 남성단수 Mr.
  남성복수 Messrs.
  여성단수 Miss (독신여성) Mrs. (기혼여성)
  Ms. (어느 경우든 사용가능)
  여성복수 Mesdames.
  기타 Prof. (Professor) Dr. (Doctor)
  Prez. (President) 등

(5) Attention (어텐션)

Attention

- Attention은 안쪽의 주소 위나 아래 부분에 적어 넣는데, 상대방 회사 내의 특정 인이 직접 레터를 받기를 원할 때 사용한다.

〔Attention의 보기〕

Attention: Mr. Steve N. Lee President Wilshire Trading Corporation 3731 Wilshire Blvd., Suite 506 Los Angeles, CA 90010 U.S.A.	Matsushita Electric Works 1048 Aza-Kadoma Kadoma, Osaka 571-8686 JAPAN Attention of the Asia Sales Team

(6) Salutation (인사말)

Salutation

1. Inside Address의 두 줄 정도 아래에 위치한다. 인사말에선 Inside Address와는 달리 full name을 명시하지 않고 last name만을 쓴다. First name만으로 호칭하는 사이이면 first name만을 쓴다. 영국식과 미국식이 있으나 어느 것을 사용해도 무방하다.
2. 영국식 Dear Ms. Brake, Dear Madam, Dear Mesdames,
   (끝에 코마를 사용)
   미국식 Dear Dr. Wang: Gentleman: Gentlemen:
   (끝에 콜론을 사용)
   그 외에 Dear Bob (퍼스트네임),
   Dearest Dr. Park, My dear Ms. Cho (친근감)

■ Salutation 쓰는 법

[Inside Address에 기입하는 성명]

Mr. John Stockman

John Stockman, Esq. (Esquire)

Messrs. John Stockman and Randy Solorio

Miss Suzi Nelson

Ms. Ruth Wang

Mmes. Ruth Wang and Suzi Nelson

Dongduk E&C Corporation.

Mr. Reginald A. Goodfellow, Ph.D

회사·조직에 보낼 때, 성명을 모를 때

기타

* To whom it may concern (or concerned)는 수신인을 누구로 해야 좋을지 모르는 경우에 쓰이지만 확인이 가능한 경우라면 반드시 full name을 알아내서 명시하는 것이 옳다.

Dear Sir, Gentleman: Dear Mr. Stockman, Dear John,

Dear Sir, Gentleman: Dear Mr. Stockman, Dear John,

Dear Sirs, Gentlemen: Dear John and Randy,

Dear Madame, Dear Miss Nelson, Dear Suzi,

Dear Madame, Dear Miss Nelson, Dear Suzi,

Dear Mesdames, Dear Wang and Nelson,

Dear Sirs, or Dear Mesdames,

Dear Sirs, Gentlemen: Dear Sir or Madame,

Dear VIP Customers, (VIP 고객님들께)

Dear Applicants, (지원자들에게)

Dear Alumni, (동문님들께) 등

(7) Subject (주제)

Subject

주제는 무엇에 관한 레터인지 한 눈으로 알 수 있게 하여 시간을 절약하고 혼동을 피할 수 있도록 해주기 위한 것이다. 실무경험에서 보면, 외국어로 레터를 쓰는 상황에서는 언어능력의 차이에서 오는 상호간의 오해가 적도록 처음부터 명확한 주제를 명시하여 내용을 확실히 전달할 필요가 있다.

1. 주제를 기재함으로써 수신자가 내용을 정확히 이해하는 데 도움이 된다.
2. 주제는 Salutation과 Body의 중간에 기재하는 것이 일반적이지만 Salutation의 위에 기재하는 경우도 종종 있다.
3. 밑줄을 치는 등 돋보이게 하는 경우도 있으나 권장할 만한 방법은 아니다.
4. Subject: Re 등을 써서 기재하며 In re 는 근래에 사용하지 않는다.

Subject: Our offer dated July 28, 2015 (7월 28일자 폐사 오퍼 관련)

Our Reply to your faxes of last month (Ref No. CNDKL111~114)

(지난달 수취한 팩스들 [참조번호 CNDKL111~114]에 대한 회신)

(8) Body (본문)

Body

당연한 이야기겠지만 Body는 레터에서 가장 중요한 부분이다. Salutation이나 Subject line의 두 줄 아래에서 시작하며 Indented Style(사선식)이나 Modified Block Style(절충식)에서는 각 문단 첫 머리에 5~10 문자 정도를 비워둔다. Full Block Style 에서는 좌측에 붙여서 써나간다. 문단 간에는 한 줄 정도의 스페이스를 두는 것이 일반적이다.

(9) Complimentary Close (맺는 인사말)

Complimentary Close

본문의 두 줄 아래에 놓이며 아래와 같이 구별하여 사용하기도 한다.

■ Common Close

Yours truly	Yours very truly	Very truly yours
Yours faithfully	Faithfully yours	

■ Personal & Friendly Close

【보기】 Dear Mr. Sauls, Attention: Mr. Joseph Kilpatrick

공통적으로 Sincerely Very sincerely Cordially

〔영국식〕	〔미국식〕
Yours sincerely	Sincerely yours
Yours truly	Truly yours

■ Formal Close

Respectfully	Yours respectfully	Very respectfully yours
Regards	Best regards	

이론상으로는 영국식, 미국식이라고 하는 차이가 있지만 크게 신경 쓸 것은 없고, 위와 같은 다양한 Complimentary Close를 골고루 사용하려고 주의를 기울일 필요는 없다. 수신인 형태별로 자기가 주로 쓰는 한 가지 정도씩을 정해두면 충분하다.

(10) Signature 서명

Signature

서명은 반드시 자필로 하는 것을 원칙으로 한다. 인쇄나 서명 고무인은 어디까지나 변칙이다. 자신의 이름을 쓰고 그 다음이나 아래에 직책을 적는다. 서명은 자신의 이름 위에 하여야 하므로 Complimentary Close로부터 네 줄 정도를 띄워 놓는다.

자신을 높이는 우스운 결과를 초래할 Mr.나 Mrs.등을 자기 이름 앞에 붙이는 실수를 해서는 안 될 것이나 자신의 성별을 알리기 위해 Alex나 Jo와 같은 양성적 이름에는 이름 뒤에 괄호를 하여 (Mr.) 혹은 (Mrs.)라고 적기도 한다.

주의할 것이 있다면 자신에게 결정권한이 없는 용건이나, 대리로 쓴 레터에 서명을 하는 경우인데 다음과 같이 하도록 한다.

■ 레터 내용을 결정할 권한이 없는 사람이 서명한 경우

1. 레터의 용건을 결정할 권한은 없지만, 담당자로서 서명하는 경우

DDWU E&C Corp. By Byungjo Kim (Mr.) Import Manager

p.p. DDWU E&C Corp. Byungjo Kim (Mr.) Import Manager

2. 외부인(예컨대 변호사)이 DDWU E&C Corp.를 위해서 레터를 쓰고 서명하는 경우

For DDWU E&C Corp.

Jaehyun Kwon (Mr.)

■ **대리로 레터를 쓴 사람이 서명하는 경우:**

비서 등이 관리자를 대신해서 레터를 쓰고 서명을 하는 경우

Jeewan Pak (Ms.) wrote on behalf of Youngmin Kim (Mr.) Export Manager	Jeewan Pak (Ms.) p.p. Youngmin Kim (Mr.) Export Manager

p.p = per procuration (대리로)

(11) Identification Marks 작성책임자 표시 — Identification Marks

서명은 반드시 영어로 해야 할 필요는 없으므로 한글이나 한자로 하는 것도 특이하게 보여 좋을 수 있다. 그러나 서명의 필적이 일정하지 않다든가 자주 서명을 변경하는 일은 없도록 한다. 또한 너무 단순하고 평이하다든가 너무 작거나 큰 것도 프로다운 느낌을 주지 못하게 되어 적절하지 않다고 하겠다.

근래에는 흔치 않은 일이지만 예전처럼 문서화작업을 대신하는 직원이 있을 때에는 특이할 것 없는 구성부분이었다. 오늘날의 비즈니스레터에서도 가끔 보여지며 법률적인 서신이나 책임소재를 명확히 해 둘 필요가 있는 서류에는, 문장 작성책임자 표시를 하는 것을 볼 수 있다. 다음에서 보는 바와 같이 관련자들의 이니셜로 나타낸다. 책임소재를 대단히 명확히 해야 한다면 서명자(Signer), 서신작성자(Dictator) 및 타이피스트(Typist) 등을 모두 나타내는 경우도 있다.

Bill Clinton ; Signer Monica Lewinsky : Typist	Bill Clinton ; Signer Hillary Clinton : Dictator Monica Lewinsky : Typist
BC / ML BC : ML	BC/HC/ML BC:HC:ML

예컨대 무역에서 Price list나 Invoice등을 동봉하는 경우, Identification Marks의 두 칸 아래에 표시한다. Enclosure 또는 Enc. Encl. 등으로 생략하여 명시하며 복수의 동봉물이 있는 경우는, Enclosures 또는 Encls. 등으로 명기한다. 동봉물의 수량을 나타내어 업무의 정확성을 높이도록 한다.

Enc. Price list (1)

Encl. Outstand balance sheet (1)

Enclosures. Invoice (3)

Encls. Insurance policy (2)

(12) Enclosure Notation 동봉물 표시

Enclosure Notation

예컨대 무역에서 Price list나 Invoice등을 동봉하는 경우, Identification Marks의 두 칸 아래에 표시한다. Enclosure 또는 Enc. Encl. 등으로 생략하여 명시하며 복수의 동봉물이 있는 경우는, Enclosures 또는 Encls. 등으로 명기한다. 동봉물의 수량을 나타내어 업무의 정확성을 높이도록 한다.

Enc. Price list (1)

Encl. Outstand balance sheet (1)

Enclosures. Invoice (3)

Encls. Insurance policy (2)

(13) Postscript 추신

Postscript

추신이란 본문 내용과는 별도로 전하고 싶은 것이나 묻고 싶은 것에 대해 쓰는 것이다. 본문의 내용에 대한 추가기입을 위한 편의장치가 아니므로 가급적 본문 내용과 같은 맥락의 전달사항은 본문에서 다루도록 작성에 유의한다. 항상 약칭인 PS 나 PS.로 표기한다.

(14) Courtesy Copy (커티시 카피)

Courtesy Copy

예전에 먹지(carbon paper)를 대고 사본을 만들어 같은 레터를 다른 사람에게도 보내는 것에 기인하여 종래에는 Carbon Copy라고 불렀다. 하지만 근래에는 먹지로 작성한 사본이 사라진 만큼 Courtesy Copy라는 표현이 현실에 더 어울린다고 생각한다. 같은 레터를 다른 사람에게도 보내는 것을 알리기 위한 것으로 레터의 가장 아래에 기입한다.

cc　cc:　Copy to:

cc SKKU Trdaing, our agent in Korea

cc : Eric Merchant
　　Kathy McCord

cc : EM
　　KM

3
국제우편 봉투 쓰는 법

(1) 국제우편 봉투의 구성

국제우편의 봉투 쓰는 법에는 미국식의 Block Style과 영국식의 Indented Style이 있다.

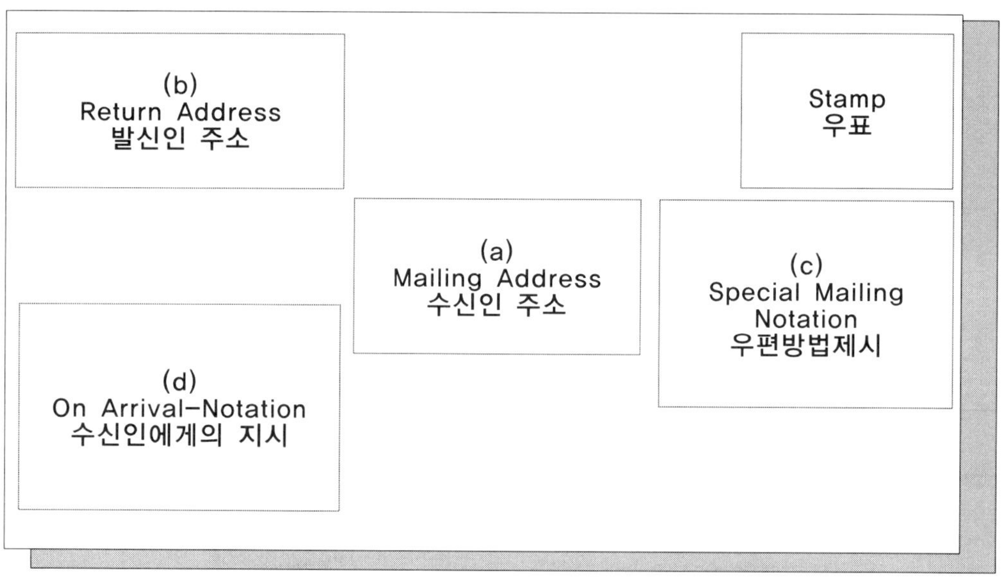

■ 미국식 (Block Style)

(b)
Jeewan Pak
MSPAK International Product, Inc.
333 Samseong-dong Gangnam-gu
Seoul (135-090)
Korea

Stamp
우표

(a)
Mr. Steve N. Lee, President
Wilshire Trading Corporation
3731 Wilshire Blvd. Suite 506
Los Angeles CA 90010
U.S.A.

(C)
AIR MAIL

(d)
CONFIDENTIAL

■ 영국식 (Indented Style)

(b)

Jaewan Pak
MSPAK International Product, Inc.
333 Samseong-dong, Gangnam-gu
Seoul (135-090),
Korea

Stamp

(a)

Ms. Angelina Cooper, Manager,
Glasgow Chemical Incorporated,
Glasgow, G12 8QQ,
Scotland, United Kingdom.

(C)
AIR MAIL

(d)
CONFIDENTIAL

■ Return Address를 봉투의 뒷면에 적는 경우

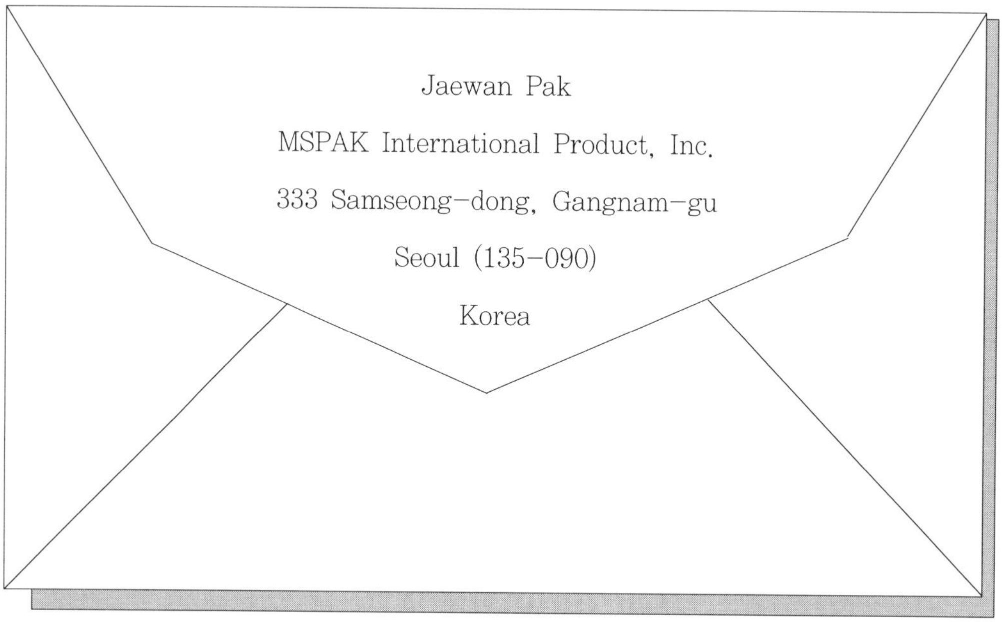

봉투의 중앙 윗부분에 기입한다. 이 경우에는 미국식이나 영국식에 구애될 필요가 없다.

Mailing Address (수신인 주소)의 앞에는 To:

Return Address (발신인 주소)의 앞에는 From:

을 붙일 수 있다.

To : Mr. Steve N. Lee, President Wilshire Trading Corporation. 3731 Wilshire Blvd., Suite 506 Los Angeles, CA 90010 U.S.A.	From : Jaewan Pak MSPAK International Product, Inc. 333 Samseong-dong, Gangnam-gu Seoul (135-090) Korea

(2) Mailing Address 수신인 주소

편지의 Inside Address와 같은 식으로 적으면 된다.

전형적인 예는 아래와 같다.

Mr. Steve N. Lee, President	수신인 성명, 직명
Wilshire Trading Corporation	회사명
3731 Wilshire Blvd. Suite 506	번지, 건물 내의 호수
Los Angeles CA 90010	시명, 주명, 우편번호
U.S.A.	국명

- 수신인의 명함을 가지고 있다면, 명함에 기재되어 있는 성명, 직책명, 주소를 그대로 적어 넣는다.
- 국명에는 밑줄을 그어 넣으면 보기에 편하지만 권장사항은 아니다.

(3) Return Address 발신인 주소

Jaewan Pak
MSPAK International Product, Inc.
333 Samseong-dong, Gangnam-gu,
Seoul 135-090
Korea

Jaewan Pak
MSPAK International Product, Inc.
333 Samseong-dong, Gangnam-gu,
Seoul (135-090)
Korea

- Mailing Address (수신인 주소)와 같은 요령으로 정해진 위치에 적는다.
- 우리나라나 일본에서와 같이 발신인의 주소를 수신인의 주소보다 작게 써야 하는 예의는 없다.

(4) Special Mailing Notation 우편방법 지시

Special Mailing Notation은 우체국에 대한 발송 방법의 지시이다.
다음 중 하나를 필요에 따라 기재한다. 모두 대문자로 기입한다.

항공편	:	AIR MAIL, BY AIR, PAR AVION, VIA AIR MAIL
선편	:	BY SHIP, BY SEA
속달	:	미국 SPECIAL DELIVERY 영국 EXPRESS DELIVERY
등기	:	REGISTERED, REGISTERED MAIL, REG'D
배달증명	:	CERTIFIED, CERTIFIED MAIL
인쇄물	:	PRINTED MATTER
소포	:	PARCEL POST

(5) On Arrival-Notation 수신인에 대한 지시

On Arrival-Notation은 수신인에 대한 취급방법의 요청으로, 필요에 따라 다음 중 하나를 기재한다. 모두 대문자로 기입한다.

친전	:	PRIVATE, CONFIDENTIAL, PRIVATE AND CONFIDENTIAL, PERSONAL
극비취급	:	STRICTLY CONFIDENTIAL
지급	:	URGENT, RUSH, IMMEDIATE
전송	:	PLEASE FORWARD

그 밖에, 동봉물에 대해 알리기 위해서 다음 내용을 적는 경우도 있다.

샘플 제품	: SAMPLE(S) ENCLOSED
청구서 재중	: INVOICE ENCLOSED
증정	: WITH COMPLIMENTS

4
영문 이메일의 구성과 특징

무척 형식상 자유로워 보이는 이메일이라고는 해도 그 나름대로의 룰이 있다는 것은 다들 알고 있다. 기본적으로는 전형적이라 할 일반서신을 다소 간결하게 하는 것이라고 생각하면 크게 틀리지 않을 것 같다.

물론 이메일 주소는 소문자로만 쓴다든가 at를 @으로 표시하고 우리나라에서는 골뱅이라고 읽는 것과 같이 이메일만의 독특함이 없지 않으나 구태여 반드시 알아두어야 할 것이 있다면 이와 같은 이메일 특유의 표현 방법이라기보다는 네티켓(netiquette)이라고 불리는 이메일사용에 있어서의 에티켓이라고들 이야기한다. 그러므로 본 절에서는 비즈니스 커뮤니케이션의 필수도구가 되어버린 이메일을 작성할 때 비즈니스 전문가다운 문장구성과 '네티켓'에 대하여 알아보고자 한다.

이메일 문장의 생명은 간결함에 있으며 용건만을 정확히 전하는 것이 중요하므로 다음사항에 유념하는 것이 옳다.

① 인사는 간단하게 한다.

② 용건은 조목별로 명료하게 전달한다.

③ 필요한 경우 용건별로 번호를 붙인다.

④ 문장은 가급적 짧게 구성한다.

⑤ 전달내용이 부실해지지 않도록 주의한다.

다음에서는 전형적인 구성의 예와 부적절한 구성의 예를 소개하겠다.

(1) 전형적인 구성

Dear

……………………,

……………………………………………………

……………………………………………………

…………………………………………….

……………………………………………………

…………………………………………….

……………………………………………………

……………………………………………………

…………………………………………….

…………………………………………….

Regards,

Jaewan Pak

Export General Manager

HYWC International Product, Inc.

위와 같은 구성은 일반적인 레터의 형식을 대략적으로 옮긴 것이다. 이메일의 구성은 이 양식이 기본적인 구성이다. 이메일은 아주 짧은 연락이나 간단한 요청에도 쉽게 사용되어진다. 이메일이 통신 수단으로서 효율을 중시한 것임에도 불구하고, 위의 샘플과 같은 짧은 용건을 전하는 경우라 할지라도 불필요하게 긴 문장을 쓰기도 한다. 대부분의 경우, 동방예의지국에서 너무 용건만을 쓰자니 무례하고 미안한 마음이 들어 상대방을 배려하려는 off-line상의 예절에 기인하는데, 본디 이메일에서는 의례적인 내용을 가능한 한 생략하고 위의 샘플정도의 구성으로 문장을 작성하는 것이 예절을 갖추는 것이다.

통상의 레터 양식과 이메일의 기본양식과의 차이점으로, 다음의 것들을 들 수 있다.

■ 기본은 편지양식

얼핏 보면 일반적인 레터와 달리 무척 간략한 양식이기는 하더라도 레터 양식에서 변형된 것임은 보는 바와 같다. 문단의 수가 적을 뿐이므로 뒤집어 보면 이메일이라도 필요에 따라서 문단의 수를 늘려서 많은 내용을 담아낼 수 있다.

■ 레터의 양식과는 달리 이메일에서는 생략된 부분

생각해 보면, 이메일에서 Date(날짜)나 Subject(주제/건명)를 본문에서 기입한 기억은 누구에게도 없을 것이다. 알다시피 화면에 별도로 표시되기 때문이다. 샘플에서 보는 바와 같이, Salutation(서두인사), Body(본문), Complimentary Close(맺는 인사말), Signature(서명)가 있을 뿐으로, 일반 레터에서 보여 지는 다른 구성부분들은 생략되어 있다. Enclosure Notation(동봉물 표시)은 이메일의 경우에는 첨부서류이므로 Enclosure(동봉)이라는 표현 대신에 Attached (첨부)라는 표현을 쓰며, 첨부서류명을 기입하거나 첨부할 파일의 파일명을 상대가 정확히 알 수 있도록 정한 후 첨부하도록 한다.

【보기】 Attached : Excel file —— Sales result 201509
PPT file —— Monthly report 201509

■ Subject (주제/건명)를 명확히 정립한다.

일반적인 레터에서는 누가 보낸 것인가를 가장 먼저 살피게 된다면 이와 달리 이메일을 받은 경우에는 맨 처음 Subject를 보게 되는 것 같다. 실무적으로 이메일 뿐 만아니라 외국어로 레터를 쓰는 상황에서는 언어능력의 차이에서 오는 상호간의 오해가 적도록 처음부터 명확한 주제를 명시하여 내용을 확실히 전달할 필요가 있다. 레터의 주제와 마찬가지로 명확히 기입하도록 한다. 특히 제목이 불분명한 경우 junk mail에 시달리는 상대가 읽어보지도 않은 채 삭제를 시킬 위험도 없지 않다.

【보기】 Subject : Outstanding balance sheet up to October
Subject : Invitation for the party

■ 각 행을 모니터화면의 오른쪽 끝까지 가도록 해서는 안 된다.

알다시피 이메일을 받는 상대방은 다양한 크기의 모니터에서 메일을 수신하고 있다. 그러므로 가급적 횡렬로 길게 쓰지 말고 1행의 길이를 짧게 하여 종렬로 길게 쓰는 것이 적절하다. 즉, 이메일의 작성에서는 화면의 오른쪽 끝까지 행을 이어가는 것이 아니라, 각 행을 화면의 중간을 조금 지나는 정도에서 엔터키를 눌러 다시 다음 행으로 이어가는 것이 네티켓이라고 할 수 있다.

■ 간결한 문장과 불완전한 문장은 다르다.

간결한 구성이라고 기본을 무시하자는 것이 결코 아니다. 메시지가 그 나름대로의 예의를 갖추고 있어야 하며 전달하려는 내용이 임의로 생략되어지면 안된다. 이 점을 간과하여 예의를 갖추지 않은 글을 보내거나 필요한 정보를 충분히 담고 있지 않는 이메일을 더러 볼 수 있다. 간결성이 지나쳐서 보내는 사람의 진의가 전해지지 않고 오해를 불러일으키는 경우가 이메일에서 드물지 않게 발생하므로 상당한 주의를 필요로 한다. 인상이 나쁜 이메일을 보내서 비즈니스에 본의 아니게 나쁜 영향을 미쳐서는 아니 되므로 가능한 한 좋은 인상을 주는 이메일을 작성하도록 한다. 간결한 문장과 불완전한 문장은 전혀 다른 개념이다.

■ Complimentary Close(맺는 인사말)가 간단한 것이라고 결례가 아니다.

비즈니스 레터의 각 구성요소로서의 Complimentary Close를 맺는 인사말의 종류와 받는 쪽에 따른 다양한 용례가 있다고 앞서 설명하였다. 이메일에서도 기본적으로는 마찬가지지만 이메일의 경우에서는 가급적 간단한 인사말을 고르는 것이 좋다. 지나치게 예의를 갖추는 인사말을 쓰면 이메일의 장점인 간결함이 반감되어 상대방의 소중한 시간과 집중력을 낭비하게 된다. 긴 인사가 결코 좋은 매너가 아닌 것이다. 이메일에서 자주 쓰고 있는 「맺는 인사말」도 주로 간략한 것들이다.

Regards	Best regards	Kind regards
Sincerely	Yours Sincerely	Yours truly

회사 내에서라든지 특별히 격식을 갖춘 표현을 써야할 필요가 없는 경우에는 Thank you나 Thanks 상황에 따라 Good luck등도 쓰여 진다. 그런데 구태여 이것들은 윗사람이나 깊이 있는 사의표명에서는 사용하지 않도록 한다. 그 대신에 Regards 등을 쓰는 것이 적절하다.

근래에는 이메일에서는 Complimontary Close를 적지 않는 경우도 많아지고 있다.

(2) 부적절한 구성

Dear ....

....
....
....

I WOULD LIKE AN ESTIMATE

....
....
....
....
....
....
....
....

....
....
....
....
....

■ 너저분하게 길게 쓰지 않는다 – 문서파일을 첨부할 것

거듭 말하지만 전체를 가능한 한 간결한 문장으로 구성하는 것이 이메일의 문장 작성의 원리라고 하겠다. 내용에 따라 글이 길어지는 경우도 있지만 그런 때에는 오히려 워드파일과 같은 문서파일을 작성하여 첨부하는 것이 바람직하다. 과중한 업무 속에서 이처럼 긴 문장이 이메일로 보내져 왔을 때, 받는 사람은 부정적인 마인드로 메일을 읽게 되기 쉽다. 짧은 문장작성에 항상 신경을 쓰고 부득이 내용이 길어지면 문서파일을 첨부하도록 한다.

■ 화면의 오른쪽 끝까지 쓰지 않는다.

앞서 「(1) 전형적인 구성」에서도 다뤘듯이 이메일에서는 각 행을 모니터화면의 중간이 좀 지나는 위치쯤에서 끝내서 다음 행으로 넘어가는 것이 네티켓이다. 오른쪽으로 길게 늘어지는 문장은 읽기 힘들어서 바람직하지 않다. 횡렬보다는 종렬로 이어지는 구성을 선택하도록 한다.

■ 대문자는 절대로 사용하지 않는다.

이메일에서 대문자를 사용하여 문장을 쓰는 것은 화가 나 있다든가 악을 쓰며 소리치는 듯한 상황을 의미하는 것이라고 한다. 예컨대 "I WOULD LIKE TO REMIND YOU THAT~"라고 모두 대문자로 적게 되면, 아주 평범한 요청을 하는 경우라도 화가 나 있는 느낌을 주게 되어 본의 아니게 상대방을 불쾌하게 만드는 결과를 가져온다.

그러나 비즈니스를 하다보면 지급한 일이나 강조를 해야 되는 상황은 필연적이므로 이럴 때는, "_I would like to remind you that ~_"와 같이 표현하면 적절하다. 이렇게 문장의 앞뒤로 under bar를 하면 전체 문장에 밑줄을 그은 것과 같다. 이메일 커뮤니케이션의 기능상 밑줄을 그을 수 없어서 생긴 방법이다. 그러나 레터에서도 그렇듯이 밑줄을 긋는 등의 행위는 가능한 한 자제하여야 한다.

■ 수신자가 원하지 않을 가능성이 있는 메일

아래와 같은 문구를 메일을 최하단부에 첨부하도록 한다.

If you ever want to stop receiving these e-mails, it's simple to unsubscribe. Please go to http://www.hywc.com/information and fill out the short form.

이들 이메일 수신을 원치 않으시면, 간단히 끊을 수 있습니다. http://www.hywc.com/information에 가셔서 간단한 기재를 해주시기 바랍니다.

Part Ⅱ

무역거래의 기초이론

1 무역거래의 기초

1. 무역의 의의

무역이라 함은 대상물의 교환(exchange), 거래(business transaction) 또는 매매(sale)등을 의미한다. 오늘날에 있어서 무역이란 그 범위가 한 국가의 역내를 초월하여 이루어지는 활동을 의미한다. 그리고 그 대상물에 있어서는 국제간에 발생하는 물풀(goods), 용역(service), 생산요소(노동, 자본, 기술, 경영능력 등)의 국제적 이동(거래) 일체를 의미하는 개념으로 사용하고 있다.

2. 무역거래의 의의와 절차

무역은 이국 간에 이루어지는 상거래로서 일반적으로 물품(good)을 매체로 한 국제간 물물매매(sale of good)형태로 수행된다. 무역거래는 국제간 물품매매이며, 국내의 상거래에서도 물품매매가 그 주체이기 때문에 양자 모두 물품거래라는 점에서 다를 바가 없다. 그러나 무역거래는 국가를 서로 달리하는 거래라는 점에서 국내거래와는 다른 여러 가지 특질을 갖고 있다. 국가를 달리함으로써 종교, 교육, 언어, 법률, 상관습, 통화, 도량형, 가치관 및 생활양식이 달라진다. 따라서 무역거래는 단순한 국내의 물품매매와 달리 복잡하므로 이를 체계적으로 공부할 필요가 있다. 그 중에서도 언어, 준거법, 외국환, 관세제도, 운송 및 보험제도는 무역매매와 직접적인 관계가 있기 때문에 국제적 통일 내지 약정이 필요하다고 할 수 있다.

무역거래 수출·입 절차

무역거래절차	수출절차	수입절차
계약체결을 위한 준비	수출마케팅조사(export marketing research) 후 거래처 선정 및 신용조사	수입마케팅조사를 통한 수입상 물색 및 신용조사
계약의 성립	확정청약과 승낙에 의한 매매계약의 성립	수출상의 매도청약에 대한 수입상 승낙 또는 수입상의 매수청약과 수출상의 승낙
계약의 이행	신용장의 접수(신용장결제방식) 수출승인 수출물품 확보 운송계약 체결 해상보험계약 및 무역보험이용 수출통관 선적	수입승인 수입신용장의 개설(신용장결제방식) 선적서류의 인수 및 대금결제 물품수령 수입통관
계약의 종료	관세환급 사후관리	수입신고 사후관리

2 무역거래의 개설

1. 해외시장조사(overseas market research)

물품을 수출 또는 수입하려면 먼저 대상 시장부터 찾아야 한다. 시장조사는 물품을 그 생산자로부터 소비자에게로 유통·판매함에 관련된 해당 문제에 대한 모든 사실을 수집·기록·분석하는 활동이라고 정의할 수 있다. 수출에 있어서 해외시장조사란 곧 목적물품을 가장 효율적으로 수출할 수 있는 시장을 탐색하기 위하여 행하는 절차로서, 당해물품의 판매에 관련된 여러 가지 정보를 과학적 방법(scientific method)으로 최대한 합리적으로 수집·종합·분석하는 일련의 활동이라고 할 수 있다.

방법

직접조사	해외지점, 출장소, 주재소 등에 의한 시장조사 거래상대국의 시장에 직접 출장 조사 거래처를 통한 시장조사
간접조사	공관을 통한 시장조사 외국의 사업회의소 또는 대한상공회의소나 한국무역협회 대한무역진흥공사
위탁조사	해외시장 조사전문기관 (Booz Allen andHamilton, Mckinsey and Company, Dun and Bradstreet등)

2. 무역거래처 선정

해외시장조사가 끝나고 특정한 해외시장이 선정되면, 다음에는 그 시장의 누구와 거래관계를 맺을 것인가 하는 거래처(business counterpart)를 물색하여야 한다. 거래처를 물색하는 방법으로는 무역업자명부를 통한 발굴, 해외광고를 통한 발굴, 국내외 공공기관을 통한 발굴 및 직접출장, 인터넷 등을 통한 발굴 등의 방법이 있다.

3. 신용조사(credit inquiry)

선정된 상대방과 거래관계를 정식으로 체결하기 이전에 상대방의 신용상태(credit standing)에 대해서 엄격한 신용조사를 해두지 않으면 안 된다. 무역거래는 국내거래와 비교하여 매수인에게 신용위험(credit risk)이 발생할 가능성이 높다. 매도인에게 발생할 수 있는 신용위험은 예컨대 매수인의 파산 등에 의한 지급불능, 지급은해의 지급거절 등에 의한 부도위험, 또 전쟁·천재·국가간섭 등 비상위험에 의한 지급불이행, 매수인의 부정이나 불법행위에 의한 부도나 매도인이 계약위반에 대한 지급거절 등이 있다.

• 조사항목

신용조사의 기준은 신뢰도(reliability)이다. 신뢰도를 측정하기 위하여 Three C's라고 하는 신뢰도 특정요소가 있다.

1. Character : 대상 업체의 개성(personality), 성실성(integrity), 평판(reputation), 영업태도(attitude toward business) 및 의무, 특히 채무변제이행열의(willingness to meet obligation) 등 계약이행에 대한 도의심에 관련된 내용을 의미한다. 신뢰할 수 있는 상대방인지의 여부는 이런 의미의 Character 여하에 크게 의존한다.
2. Capital : 이는 당해 업체의 재정상태, 즉 수권자본(authorized capital)과 납입자본(paid-up capital), 자기자본(owned capital)과 타인자본(borrowed capital)의 비율 등 지급능력과 직결된 내용을 의미한다. 이것을 조사하기 위해서는 상대방의 재무제표 검토로부터 시작해야 하지만 자료의 입수가 곤란한 경우도 있고, 또 자료 자체의 신빙성에도 문제가 있을 수 있다.
3. Capacity : 이는 당해 업체의 연간매출액(turn-over), 업체의 형태, 연혁, 경력(carrer) 및 영업권(good will)등 영업능력에 관한 내용이다.

4. 거래제의(business proposal)

신용조사를 통하여 가장 적절하다고 판단된 업체가 선정되면 그 업체 앞으로 거래제의를 하게 된다. 이러한 거래제의는 불특정 다수인에게 광고형식으로 하는 경우, 즉 간행물에 의하는 방법이 있고 동일 내용의 글을 여러 장 인쇄해 두었다가 상대방의 주소와 발신일자만을 타자하여 발송하는 Form Letter 내지 Circular

Letter에 의하는 방법도 있으나 통상 개별적인 서신을 작성하여 정중히 발송하는 방법이 많이 활용되고 있다.

• Circular Letter 내용

- 상대방의 주소나 상호를 알게 된 경위 및 거래관계 희망
- 자사의 취급품목과 영업상태 및 신용상태
- 거래내용 내지 방식, 즉 수출 또는 수입, 위탁판매 또는 위탁매입, 본인 또는 대리점 등 이들 가운데 어느 것을 택할 것인가 하는 희망하는 거래형태
- 무역거래의 기본조건
- 신용이나 물품의 조회처
- 전신약호, 텔렉스 또는 팩시밀리 번호

5. 조회 및 회신

• 조회(Inquiry)

조회란 거래관계의 권유를 받아 유망 거래선이 그 권유에 관심이 있거나 물품구매 의사가 있을 때 문의하는 것을 말한다. 조회를 할 경우 대체로 다음과 같은 사항을 기재하게 된다.

- 상대방을 알게 된 경위
- 관심품목이나 가격조회
- 필요한 물량이나 명세
- 기타 문의사항
- 결문인사

• 회신(Reply)

회신은 조회에 대한 답변이다. 이러한 회신은 신속하고 정확하게 이루어져야 한다. 조회에 대해 회신을 할 경우 대체로 다음과 같은 사항을 기재하게 된다.

- 조회접수에 대한 확인과 감사의 표시
- 조회사항에 대한 구체적 회답
- 거래성사시 유리한 점
- 견본 등을 송부
- 주문의 기대표시
- 결문인사

3
무역계약의 성립

1. 무역계약의 기초

1) 무역계약의 개념

계약이란 둘 이상의 당사자가 바라는 바에 따라서 그 사이의 법률관계를 규정하려는 수단으로 반드시 당사자 간에 의사의 합의(meeting of the minds of parties)가 있어야 하며 일정한 채권관계의 발생을 목적으로 한다.

즉, 계약이란 소송을 제기할 수 있는 단일 또는 복수의 약속이라 할 수 있다.

오늘날 무역거래는 일반적으로 물품매매가 주종을 이루고 있어 무역계약이라고 할 경우 국제물품매매계약을 지칭하는 것이 보통이다. 그러나 무역거래의 대상이 기술 등의 용역, 금융 및 자본거래, 해외건설 및 플랜트 등으로 확대되었기 때문에 국제물품매매계약은 협의의 무역계약이라 할 수 있고, 광의의 무역계약이라 할 경우 국제간의 모든 계약을 통칭하는 것으로 보아야 할 것이다. 따라서 무역계약의 기본적 계약은 매도인과 매수인 사이에 체결되는 국제물품매매계약이다. 이는 매도인의 입장에서는 수출계약이고 매수인의 입장에서는 수입계약이 된다.

2) 무역계약의 대상

무역계약의 대상은 물품(goods)이며 물품의 정의는 각종 제정법에서 다양하게 정의하고 있으나 대체로 부동산 및 무체동산, 금전을 제외한 유체동산을 의미한다. 한국 민법 제98조에 의하면 물품을 물건이라 표현하여 "물건은 유체물 및 전기 기타 관리할 수 있는 자연력"을 말하며 제 99조에서는 "토지 및 그 정착물은 부동산이며 부동산 이외의 물건은 동산"이라고 규정하고 있다.

3) 무역계약의 법적 성격

무역계약은 다음과 같은 네 가지 법적 성격을 가진다.

낙성계약 (consensual contract)	• 계약당사자의 합의만으로 성립하는 계약 • 일방의 당사자가 일정한 조건으로 물품을 판매하겠다는 청약에 대해 상대방이 승낙함으로써 성립하는 계약
쌍무계약 (bilateral contract)	• 계약당사자가 상호 채무를 부담하는 계약 • 매도인은 물품인도의무를 부담하고 매수인은 대금지급의무를 부담
유상계약 (remunerative contract)	• 당사자 쌍방이 상호 대가적 관계에서 급부가 있는 계약 • 매도인의 물품인도에 대한 매수인의 대금지급이 있어야 하는 계약으로 물품인도와 대금지급은 상호 대가적인 의미
불요식계약(informal contract)	• 요식에 의하지 않고 문서나 구두에 의한 명시계약이나 묵시계약으로도 계약이 성립 • 특정 양식에 의해 당사자가 의사표시를 명시함으로써 계약이 성립하는 요식계약은 주로 부동산거래나 어음 수표거래에서 많이 이용

2. 무역계약의 성립

1) 무역계약의 성립요건

무역계약 성립요건의 전제조건은 계약당사자 간의 의사표시의 합치이다. 무역계약의 의사표시는 시간적으로 순차적이어야 하며, 시간적으로 앞의 의사표시를 청약이라 하고 뒤의 의사표시를 승낙이라 한다. 무역계약은 청약과 승낙에 의하여 성립하지만 계약이 유효하게 성립하기 위해서는 계약법상, 민법상, 공법상 하자가 없어야 한다.

2) 청약의 법리

• 청약의 개념

청약이란 청약자(offer)가 피청약자(offeror) 앞으로 일방적으로 행하는 계약체결의 확정적 의사표시(definite intention)이다. 청약에서 확정이란 의사표시가 물품을 표시하고 있고, 명시적 또는 묵시적으로 그 수량 또는 가격을 확정하고 있거나 결정하도록 정하고 있는 경우이다. 즉, 청약이란 물품을 구매 또는 판매하는 청약자가 피청약자에게 품질, 수량, 가격, 선적, 지급 등에 관한 조건을 피청약자에게 제시하여 피청약자가 동의하면 계약을 체결하겠다는 의사표시라고 할 수 있다.

청약의 종류

확정청약 (firm offer)	청약을 할 때 승낙기한을 명시하여 그 지정기한 내에는 철회할 수 없는 청약 지정된 기한 내에 피청약자가 발송한 승낙의 통지가 도달하면 매매계약이 성립 확정청약은 유효기간이 경과하면 자동적으로 효력을 상실한다.
불확정청약 (free offer)	청약을 할 때 승낙기한을 명시하지 않은 청약 피청약자가 승낙하기 이전에는 언제라도 청약내용을 변경하거나 철회할 수 있으며 또한 이를 승낙하더라도 청약자의 최종확인이 있어야 하는 청약
대응청약 (counter offer)	청약의 가격, 수량, 선적시기 등의 조건에 대하여 피청약자가 자신의 유리한 대안을 제시하면서 조건의 수정 또는 변경을 요구하는 청약 원 청약에 대한 거절이며 동시에 새로운 청약
조건부청약 (conditional offer)	청약자의 청약내용에 어떤 조건이나 단서가 붙어 있는 청약 형식상으로는 불확정청약의 범주에 속하지만 엄밀한 의미에서는 청약이 아니고 청약의 유인
교차청약 (cross offer)	양 당사자가 동시에 동일한 내용의 청약을 하는 경우 한국과 일본은 교차청약을 인정하지만 반면에 영미법계에서는 교차청약을 계약의 성립으로 보지 않음

• 청약의 효력시기

• 효력발생

국제물품매매법에서 청약의 효력발생시기는 청약이 피청약자에게 도달한 때에 그 효력이 발생한다. 우리나라 민법 제 111조 1항에서도 "상대방이 있는 의사표시는 그 통지가 상대방에게 도달한 때로부터 그 효력이 생긴다."는 도달주의를 채택하고 있다.

• 효력소멸

청약의 효력소멸은 법계에 다라 차이가 나지만 일반적으로 다음의 경우에 청약의 효력이 소멸된다. 예컨대, 피청약자가 청약을 거절하는 경우, 대응청약이 있는 경우, 당사자가 사망하는 경우, 청약의 취소, 청약의 철회, 후발적 위법상황 등이 위법의 경우이다.

【청약서의 예】

Exporter & Manufacturers
Messrs. ABC INC. Offer No.
Date; May 15, 2015
Ref. No.
Reg. No.

OFFER SHEET

We are pleased to offer the under mentioned article(s) as per conditions and details described as follows:

Sample No. Commodity & (Code–Word)Description	Unit Price	Quantity	Amount (Remarks)
	FOB Ulsan Per Set US$ 6,000.00	10,000	60,000,000.00

Origin: Republic of Korea
Supplier: Korea Trading Co., Ltd.
Packing: Export standard packing
Shipment: Within 30 days after receipt of Letter of Credit
Inspection: Ours to be final
Payment: By an Irrevocable Letter of Credit in our favor
Validity: By end of May, 2015
Remarks : (Subject to our final confirmation)
Looking forward to your kind order for the above offer.

Yours faithfully.

KOREA TRADING CO., LTD
Authorized Signature

3) 승낙의 법리

• 승낙의 개념

승낙(acceptance)은 피청약자가 청약의 내용을 받아들여서 계약을 성립시키고자 하는 의사표시를 말한다. 국제물품매매법에서는 청약에 동의를 표시하는 피청약자의 진술 및 기타의 행위를 승낙이라 한다. 하지만 이러한 의사표시가 침묵(silence) 도는 무작위(Inactivity)일 경우에는 그 자체로 승낙이 되지는 못한다. 청약이 승낙됨으로써 계약은 성립하는데, 이를 위해서 승낙은 절대적이고, 청약의 조건과 엄밀하게 일치하여야만 한다.

승낙은 다음과 같은 특성을 지니고 있다.

① 승낙은 절대적(absolute)이고 무조건적(unconditional)이어야 한다.
② 승낙은 청약의 조건과 일치하여야 한다.
③ 승낙은 유효기간 내에 행해져야 한다.
④ 승낙은 불요식성이 있다.

• 승낙의 효력발생 시기

승낙의 효력발생시점에 대해서 발신주의와 도달주의가 있으나 도달주의가 원칙이다. 그러나 격지자간 우편(전보)의 경우 우리나라 민법과 일본, 영미법에서도 발신주의를 인정하고 있다. 그러므로 승낙지연사유가 우송자체에 있는 경우 발신주의를 인정하고 있는 것이다. 이와 같이 승낙의 효력발생 시기는 각국의 입법 예가 다르기 때문에 분쟁가능성을 줄이기 위하여 청약시 도달주의임을 명시하거나 계약의 성립은 유엔통일매매법(CISG)에 따른다고 명시하는 것이 바람직하다.

4) 주문과 주문승낙

청약은 매도인이 매매조건과 함께 확정적인 판매의사를 제시하는 매도청약(selling offer)이 일반적이지만, 주문(order)이란 매수인이 발행하는 것으로 이를 승낙하는 것을 주문승낙(acknowledgement)이라 한다.

즉, 주문이란 물물을 구매하고자 하는 매수인이 물품의 내역과 거래조건을 명기하여 매도인에게 자신의 의사를 확정적으로 표시하는 행위이다. 이와 같은 주문을 받아들여 그 조건대로 판매하겠다는 의사표시가 바로 주문승낙이다.

예시 I 주문서

THE YOUNG IMPORTING CO., INC.

2150 West 7th St. Los Angeles
C.A. 90019, U.S.A.

PURCHASE ORDER

No. C/T-7536
DATE : June 20, 2015

To
Pukyong Trading Co., Ltd.
C.P.O. BOX 3415
Seou:, KOREA

PAYMENT : Draft at 60 d/s under Irrevocable L/C in your favor
INSURANCE : ICC[A]
SHIPMENT : By July 31, 2015
PACKING : One set separately in a hardboard box

Item No.	Commodity Description	Quantity	Unit Price	Amount
			CIF Los Angeles / Set	
DCT-1526	COLOR TELEVISION	10,000SETS	US $ 500	US $ 5,000,000
DRF-F600	REFRIGERATOR	5,000SETS		US $ 4,500,000
	TOTAL	15,000SETS		US $ 9,500,000

CASE MARKS
A1
LOS ANGELES
C/No 1-15,000
MADE IN KOREA

CONFIRMED BY	CONFIRMED BY
The Young Importing Co., Inc.	Pukyung Trading Co., LTD.
Jerry Murphy	*Hong Gil-dong*
Terry Murphy	Hong Gil-dong
Executive Director	General Manager

예시 II 주문서

PUKYUNG CO., LTD.

Mailing Address : C.P.O. BOX 3415
SEOUL, KOREA

The Young Importing Co., Inc.
2150 West 7th St.
Los Angeles, CA. 90019
U.S.A.

CONTRACT NOTE
No. : C/T 2015-315
DATE : June 20, 2015

		CASE MARKS
PAYMENT	: Draft at 60 d/s under Irrevocable L/C in your favor	
INSURANCE	: ICCA	A1
SHIPMENT	: JULY 31, 2015	LOS ANGELES C/NO 1-15,000
PACKING	: One set separately in a hardboard box	MADE IN KOREA

COMMODITY DESCRIPTION	QUANTITY	UNIT PRICE	AMOUNT
Color TV & Refrigerator			CIF Los Angeles / Set
DCT-1526	10,000SETS	US $ 500/set	US $ 5,000,000
DRF-F600	5,000SETS	US $ 900/set	US $ 4,500,000
TOTAL	15,000SETS		US $ 9,500,000

CONFIRMED BY	CONFIRMED BY
The Young Importing Co., Inc.	Pukyung Trading Co., LTD.
Terry Murphy	*Hong Gil-dong*
Terry Murphy	Hong Gil-dong
Executive Director	General Manager

3. 매매계약의 체결

무역계약의 성립은 관련 당사자의 청약과 승낙, 주문과 이에 대한 상대방의 확인에 의하여 성립되는 것이 일반적이다. 무역계약이 성립하면 당사자 사이에 계약이 체결되었다는 구체적인 증거로 매매계약서를 작성하여야 한다. 흔히 이 매매계약서를 작성하지 아니하고 단순히 청약이라 할 수 있는 offer sheet나 견적송장(proforma invoice)을 주문서라 할 수 있는 구매확약서로 계약을 대신한다. 무역계약은 불요식계약으로 통일된 약식이나 형식이 필요하지 않다. 서면으로는 물론 구두로 계약을 체결하는 것이 가능하다. 그러나 당사자 사이에 분쟁이 발생하면 서면으로 약정한 계약서가 없으면 그 해결이 쉽지 않다.

무역계약의 체결방법

개별계약서방식	개별계약서방식은 무역거래가 성립될 때마다 무역계약을 체결하는 방식으로 매도인이 작성하는 것을 Sale Note(매매계약서)라 하고 매수인이 작성하는 것을 Purchase Order(주문서)라 한다. 개별계약서는 표면사항과 이면사항으로 구성되며, 표면사항에는 물품 자체에 관한 사항으로 물품의 품명, 수량, 품질, 가격, 포장 등에 관한 사항과 계약의 이행에 관한 조항으로 선적, 포장, 결제, 보험 등의 조항이 포함된다. 이면사항에는 표면사항에 대한 구체적인 해석기준과 불가항력, 클레임, 중재, 준거법 조항 등이 포함된다.
포괄계약서방식	포괄계약방식은 계속적이고 반복적인 장기거래에 일반적으로 사용되는 방식이다. 포괄계약서방식에서는 당사자 간에 Agreement on General Terms and Conditions of Business(일반거래조건에 관한 협정서)를 교환하여 본 계약을 체결하고 필요시마다 오더나 오퍼를 통하여 무역계약 내용을 확정한다. 포괄계약서의 내용은 개별계약서의 이면사항과 유사하다.

4. 무역계약의 기본조건

무역계약의 기본조건이란 무역거래에서 필수적으로 약정해야할 거래조건으로서, 무역계약 체결시 구체적으로 합의하여야 한다. 무역계약에 관해 합의하여야 하는 기본조건은 일반적으로 기본사항, 계약물품에 관한 조건, 계약이행에 관한 조건, 계약불이행에 관한 조건, 기타 조항으로 나눌 수 있다.

무역계약에 관한 기본사항으로는 당사자 및 계약체결확정문언이 있고, 계약물품에 관한 조건으로는 품질(quality), 수량(quantity), 가격(price), 포장(packing) 등이 있고, 계약이행에 관한 조건에는 선적(shipment), 지급(payment), 보험(insurance)

등이 있고, 계약불이행에 관한 조건으로 불가항력(force majeure), 클레임(claim), 중재(arbitration), 준거법(governing law) 등이 있다.

매매계약서 예시

【Sales Contract】

International Commerce Club, as seller, hereby confirms having concluded the export sales contract with your company, as buyer, to sell the following goods on the date and on the terms and conditions hereinafter set forth. The buyer is hereby requested to sign and return the original attached hereto.

Commodity :
Quality :
Price & Terms of Delivery :
Packing & Marking :
Time of Shipment :
Port of Shipment :
Port of Destination :
Payment :
Insurance :
Special Terms & Conditions :

Refer to General Terms and Conditions set forth on back hereof, which are incorporated herein and make a part of this contract.

________(Buyer)____________________ (Seller)________
________Chairman____________________ President________

Gildong Hong

일반거래조건협정서 예시

【agreement on General Terms and Conditions】

This Agreement entered into between International Commerce Club, Busan, Korea, hereinafter called the Sellers, and M.C.P. Inc., Paris, France, hereinafter called the Buyers, witnesses as follows;

1. Business : Both Sellers and Buyers act as Principals and not as Agents.
2. Goods : Goods in business, their unit to be quoted, and their mode of packing shall be stated in the attached list.
3. Quotations and Offers : Unless otherwise specified in cables or letters, all quotations and offers submitted by either party to this Agreement shall be in Euro Currency on a C.I.F. Le Harve basis.
4. Firm Offers : All offers are to be considered "firm" subject to reply being received within the period stated in respective cables. Sundays and official Bank holidays are excepted.
5. Orders : Any business closed by cable shall be confirmed in writing without delay, and orders thus confirmed shall not be cancelled unless by mutual consent.
6. Credit : Banker's irrevocable Letter of Credit shall be opened in favor of the sellers immediately upon confirmation of sale ; credit shall be made available twenty-one(21) days beyond shipping promises in order to provide for unavoidable delays of shipment.
7. Payment : Drafts shall be drawn under irrevocable Letter of Credit at sight, document attached, for the full invoice value.
8. Shipment : All goods sold in accordance with this Agreement shall be shipped within the stipulated time. The date of Bill of Lading shall be taken as conclusive proof of the date of shipment. Unless expressly agreed upon, the port of shipment shallbe at the Sellers' option.
9. Marine Insurance : All shipments shall be covered ICC(A) Clauses for a sum equal to the amount of the invoice plus ten(10) percent, if no other conditions are particularly agreed upon. All policies shall be made out in Euro Currency and payable in Paris.
10. Quality : The Sellers shall guarantee all shipment to confirm to samples, types, or descriptions, with regard to quality and condition.
11. Claims : Claims, if any, shall be submitted by cable within fourteen(14) days after arrival of goods at destination. Certificates recognized by

surveyors shall be sent by mail without delay. All claims which can not be amicably settled between Sellers and Buyers shall be submitted to Arbitration in Seoul. The arbitrators are consisted of three members, the decision of an umpire selected by the arbitrators shall be final, and the loosing party shall bear expenses thereof.

12. Force Majeure : The Sellers shall not be responsible for the delay of shipment in all cases of force majeure, including mobilization, war, riots, civil commotion, hostilities, blockade, requisition of vessels, prohibition of export, fires, floods, earthquakes, tempest, and any other contingencies, which prevent shipment within the stipulated period. In the event of any of the aforesaid causes rising, documents proving its occurrence or existence shall be sent by the Sellers to the Buyers without delay.

13. Delayed Shipment : In all cases of force majeure provided in Article 12, the period of shipment stipulated shall be extended for a period of twenty-one(21) days. In case shipment within the extended period should still be preventedby a continuance of the causes mentioned in Article 12 or the consequences of any of them, it shall be at the Buyers' option either to allow the shipment of late goods or to cancel the order by giving the Sellers the notice of cancellation by cable.

14. Shipping Notice : Shipment effected against the contract of sale shall be immediately cabled.

15. Shipment Samples : In case shipment samples be required, the Sellers shall forward them to the Buyers prior to shipment.

16. Marking : All shipment shall be marked as arranged otherwise.

In witness whereof, International Commerce Club, has hereunto set their hand on the 1st day of March, 2015, at Seoul, and M.C.P. Inc., has hereto set their hand on the 15th day of March, 2015, at Paris. This Agreement shall be valid on and from the 1st of April, 2015, and any of the Articles in the Agreement shall not be changed or modified unless by mutual consent.

【일반거래조건협정서】

본 협정서는 한국 부산의 International Commerce Club(이하 매도인이라 칭함) 및 프랑스 파리의 M.C.P.사(이하 매수인이라 칭함)간에 다음과 같은 사항을 입증한다.

1. 거래 : 매도인/매수인의 쌍방은 본인으로서 거래하며 대리인으로서 행동하는 것은 아니다.
2. 제품 : 거래제품, 제시단위 및 포장형태를 별표에 기재한다.
3. 견적 및 청약 : 전보 또는 서신에 별도의 규정이 없는 한 본 협정 당사자에 의한 견적 및 청약은 모두 르아브르항 운임보험료포함조건에 의한 유로화를 기준으로 한다.
4. 확정청약 : 확정청약은 모두 개개의 전보에 제시되어 있는 기간내의 회답을 확정청약으로 간주한다. 일요일 및 은행공휴일은 제외한다.
5. 주문 : 전보에 의해 결제된 거래는 지체 없이 서면에 의해 확인하는 것으로 하고 이렇게 확인된 주문은 당사자 쌍방의 동의에 의하지 않는 한 취소할 수 없는 것으로 한다.
6. 신용장 : 매매가 확인되는 즉시 은행취소불능신용장이 매도인 앞으로 개설되도록 한다. 신용장은 부득이한 선적지연에 대비하기 위하여 그 유효기간을 선적약정기일보다 21일간 길게 한다.
7. 대금결제 : 환어음은 취소불능신용장에 의거하여 일람출급으로 하고 선적서류를 첨부, 송장금액 전액에 대하여 발행되는 것으로 한다.
8. 선적 : 본협정에 의하여 매매되는 물품은 모두 약정기간내에 선적되는 것으로 한다. 선화증권의 일자는 선적일을 최종적으로 입증하는 것으로 간주한다. 별도의 약정이 없는 한 선적항은 매도인이 자유로이 선정한다.
9. 해상보험 : 특히 다른 조건을 약정하지 않는 한 모든 화물은 송장금액에 10%를 가산한 것에 ICC(A) 조건의 보험을 부보하는 것으로 한다. 모든 보험증권은 유로화로 표시되며 또한 "파리"에서 지급되는 것으로 한다.
10. 품질 : 매도인은 모든 선적화물의 품질 및 상태에 관하여 견본, 표준 혹은 기술과 일치할 것을 보증한다.
11. 클레임 : 클레임이 있을 때에는 물품이 목적지에 도착한 후 14일이내에 전보로써 행하고 검사인이 확증한 증명서를 지체 없이 우편으로 제시토록 한다. 매도인과 매수인간에서 화해할 수 없는 클레임은 모두 서울에서 중재에 붙여지고 그 중재인은 3명으로 구성되며 양자의 의견이 일치하지 않을 때에는 중재인이 선정하는 재정인의 결정에 최종적으로 따르기로 한다. 패소자는 그 중재비용을 부담토록 한다.
12. 불가항력 : 약정기간내에 선적을 방해하는 동원, 전쟁, 소요, 폭동, 적대행위, 항만봉쇄, 선박징발, 수출금지, 화재, 홍수, 지진, 폭풍, 기타 예측하기 어려운 사건 등의 불가항력적인 사건이 발생했을 경우에는 매도인은 선적지연에 대하여 책임을 지지 않는다. 전기한 제요인이 발생했을 때에는 매도인은 이것의 발생 혹은 존재를 증명하는 서류를 지체 없이 매수인에게 송부하여야 한다.
13. 선적지연 : 본 협정서 제12조에 규정한 불가항력일 경우에는 약정된 선적기간을 21일간 연장하는 것으로 한다. 유예기간내의 선적이 제12조에 기재된 제 요인이 계속 혹은 그 결과에 의하여 아직 방해되고 있을 경우에는 지연화물의 선적을 용인하든지 아니면 전보로써 해약통지를 매도인에게 행함으로써 주문을 취소할 것인지에 대해서는 매수인이 자유로이 결정토록 한다.
14. 선적통지 : 매매계약에 대하여 행한 선적은 즉시 전보로 통지한다.
15. 적송품 견본 : 적송품의 견본을 필요로 할 때에는 매도인은 그와 같은 견본을 선적전에 매수인에게 송부토록 한다.
16. 화인 : 모든 선적화물에는 별도로 약정한 대로 화인을 표시한다.

상기 사항의 증거로서 부산에 있는 International Commerce Club사는 2015년 3월 1일에 서명하고 또 파리에 있는 M.C.P.사는 2015년 3월 15일에 서명하였다. 본 협정서는 2015년 4월 1일부터 효력을 발생하며 본 협정서의 조항 어느 것이든 당사자 쌍방의 의견이 일치하지 않는 한 변경 혹은 수정되지 아니한다.

4 무역거래조건의 정형화

1. 정형거래조건의 의의

국제매매계약은 이국 간의 매도인과 매수인의 의사의 합치에 의하여 계약이 성립된다. 이러한 계약은 매도인과 매수인의 의무로 구성된다. 하지만 당사자의 의무를 매 계약시 일일이 합의하여 계약서에 기재한다면 이는 매우 번거롭고 복잡할 것이다.

당사자들의 의무 가운데 물품인도에 관하여는 오래전부터 확립된 관습이 존재한다. 즉, 인도장소와 인도방법, 운송 및 보험계약, 수출통관 및 위험과 비용의 부담 등에 관하여 기확립된 관습을 그 성격에 따라 부호화하여 사용하므로 매매당사자들은 인도에 관한 계약서 내용을 하나하나 계약서에 명기하지 않고 단지 이들 부호를 선택함으로써 자신들의 계약내용을 간단하고 명료하게 확정할 수 있다. 이러한 부호를 정형거래조건이라고 한다.

2. INCOTERMS® 2010

종래 Incoterms의 정식명칭은 "정형거래조건의 해석에 관한 국제규칙(International Rules for the Interpretation of the Trade Terms)"이었으나, 최근 개정된 INCOTERMS® 2010에서는 그 명칭을 'ICC Rules for the Use of Domestic and International Trade Term'(국내 및 국제거래조건의 사용에 관한 ICC규칙)으로 규정하였다.

Incoterms의 제정목적은 외국무역에 있어서 가장 많이 사용되는 무역조건의 해석을 위한 일정한 국제규칙을 제공하는 데 있다. 계약당사자들이 그들의 각기 다른 국가에 있어서의 상이한 무역관행을 잘 모르는 경우가 많다. 그래서 이로 인하여 시간 및 금전의 낭비와 더불어 오해, 분쟁 및 소송을 야기시킬 수 있다. 국제상업회의소는 이 문제를 제거하기 위하여 1936년에 무역조건의 해석에 관한 국제규칙을 제정하였고 그 이후 1953년, 1967년 1976년 및 1980년에 보완·개정하였다.

2011년 1월 1일 발표된 INCOTERMS® 2010의 개정은 범세계적으로 관세자유지역의 확대, 전자적 통신수단의 사용증대, 물류 상 보안에 대한 규제의 확대 그리고 운송관행의 변화 등에 그 배경을 두고 있다.

INCOTERMS® 2010의 두드러진 특징으로, 최근 FTA의 확대와 전자무역의 확산을 고려하였고, 기존의 13개 조건을 11개로 줄이면서 내용을 보다 분명하고 간단하게 정리하였고, INCOTERMS® 2010은 기존의 국제거래뿐만 아니라 국내거래에도 적용 가능하도록 계약당사자의 의무를 규정하였다. 현재는 Incoterms® 2010이 시행되고 있다.

3. INCOTERMS® 2010의 구성

Incoterms® 2010은 기존 Incoterms 2000의 13개 정형거래조건에서 DAF, DES, DEQ, DDU 조건을 삭제한 대신에 DAT와 DAP 조건을 신설하였다. DAF, DEQ, DDU는 DAP로 흡수되고 DES가 DAT로 변경되어 11개 조건으로 구성되어 있다. 이를 단일 또는 복수의 운송수단에 사용한 규칙과 수상운송전용조건 2가지로 크게 구분하고 있다.

그룹별	가격조건	
운송방식 불문조건	EXW Ex Works (공장인도)	공장인도(EXW)조건이라 함은 매도인이 물품을 자신의 영업장구내(premises)에서 매수인에게 인도하는 거래조건을 말한다. 즉, 매도인은 자신의 영업장구내에 있거나 또는 기타 지정된 장소에 있는 작업장, 공장, 창고 등에서 물품을 매수인의 임의처분 하에 인도하여야 한다.
	FCA Free Carrier (운송인인도)	운송인인도(FCA)조건이라 함은 매도인이 물품을 수출통관하고, 지정된 장소에서 매수인이 지정한 운송인에게 이를 인도하는 거래조건을 말한다. 따라서 매수인은 물품의 인도지점을 정확히 지정하여야 하며, 매수인이 이를 지정하지 아니한 경우에는, 매도인은 지정된 장소 내에서 자신의 목적에 가장 적합한 지점을 선택할 권리가 있다.
	CPT Carriage Paid to (운송비지급)	운송비지급인도(CPT)조건이라 함은 매도인이 지정된 목적지까지 물품의 운송비를 지급하되, 물품에 대한 모든 위험과 추가적인 비용은 물품이 선적지에서 운송인에게 인도된 때에 매도인으로부터 매수인에게 이전하는 거래조건을 말한다. 목적지까지 여러 운송인에 의하여 운송될 경우에는, 위험은 물품이 최초운송인에게 인도된 때에 이전한다.
	CIP Carriage and Insurance Paid to (운송비보험료지급)	운송비보험료지급인도(CIP)조건이라 함은 매도인이 지정된 목적지까지 물품의 운송비와 보험료를 지급하되, 물품에 대한 모든 위험과 추가적인 비용은 물품이 선적지에서 운송인에게 인도된 때에 매수인에게 이전하는 거래조건을 말한다.
	DAT Delivered At Terminal (터미널인도)	도착터미널인도(DAT)란 물품이 도착운송수단으로부터 양하된 상태로 지정 목적항이나 지정목적지의 지정터미널에서 매수인의 처분하에 놓이는 때에 매도인이 인도한 것으로 되는 것을 말한다. "터미널(TERMINAL)"은 부두, 창고, 컨테이너장치장(CY)또는 도로・철도・항공화물의 터미널과 같은 장소를 포함하며, 지붕의 유무(터미널이 덮여져 있던지 그러지 아니하던 상관없이)를 불문한다. 매도인은 지정 목적항이나 지정목적지까지 물품을 운송하고 거기서 양하 하는데 수반하는 모든 위험을 부담한다.
	DAP Delivered At Place (목적지인도)	도착장소인도(DAP)란 물품이 지정목적지에서 도착운송수단에 실린 채 양하 준비된 상태로 매수인의 처분 하에 놓이는 때에 매도인이 인도한 것으로 되는 것을 말한다. 매도인은 그러한 지정장소까지 물품을 운송하는 데 수반하는 모든 위험을 부담한다. 당사자들은 합의된 목적지 내의 지점을 가급적 명확하게 명시하는 것이 바람직하다. 그러한 지점까지의 위험은 매도인이 부담하기 때문이다. 매도인은 이러한 선택을 정확하게 만족하는 내용으로 운송계약을 체결하는 것이 좋다
	DDP Delivered Duty Paid (관세지급반입인도)	관세지급인도(DDP)조건이라 함은 매도인이 물품을 수입통관하고, 최종목적지까지 운반하여 운송수단으로부터 양화하지 아니한 상태로 매수인에게 인도하는 거래조건을 말한다. 이 조건은 그 동안 전통적으로 사용되어 온 "Franco" 또는 개정미국외국무역정의의 "FOB(named inland point in country of importation)" 계통의 거래조건 중에서 매도인이 수입관세를 포함하여 수입국내의 지정장소까지 모든 비용과 위험을 부담하는 조건이다.

<table>
<tr><td rowspan="4">수상운송
전용조건</td><td>FAS
Free Alongside Ship
(선측인도)</td><td>선측인도(FAS)조건이라 함은 매도인이 물품을 수출통관하여, 선적항에서 본선의 선측(부두 상 또는 부선 내)에 인도하는 거래조건을 말한다. 따라서 물품이 선적항의 본선 선측에서 인도된 때부터 물품에 대한 모든 비용과 멸실 또는 손상의 위험은 매수인이 부담하여야 한다.</td></tr>
<tr><td>FOB
Free on Board
(본선인도)</td><td>본선인도(FOB)조건이라 함은 매도인이 물품을 지정된 선적항에서 본선 상에 적재함으로써 위험과 비용이 매수인에게 이전되는 거래조건을 말한다. 즉, FOB 조건은 본질적으로 선적항의 본선상에서 인도를 이행하는 계약조건이므로, 물품이 지정된 선적항에서 본선 상에 적재된 때부터 물품에 대한 모든 비용과 멸실 또는 손상의 위험은 매수인이 부담하여야 한다.</td></tr>
<tr><td>CFR
Cost and Freight
(운임포함)</td><td>운임포함인도(CFR)조건이라 함은 매도인이 목적항까지 물품을 운반하는데 필요한 운임(freight)을 지급하되, 물품에 대한 모든 위험과 추가적인 비용은 물품이 선적항에서 본선 상에 적재 된 때에 매도인으로부터 매도인에게 이전하는 거래조건을 말한다. 이 조건은 FAS, FOB, CIF 조건과 함께 단지 해상운송 또는 내수로 운송에만 사용될 수 있다.</td></tr>
<tr><td>CIFCost, Insurance and Freight
(운임보험료포함)</td><td>운임보험료포함인도(CIF)조건이라 함은 매도인이 목적항까지 물품을 운반하는데 필요한 운임(freight)과 보험료(premium)를 지급하되, 물품에 대한 모든 위험과 추가적인 비용은 물품이 선적항에서 본선적재 된 때에 매수인에게 이전하는 거래조건을 말한다.</td></tr>
</table>

Incoterms® 2010에서도 Incoterms 2000과 마찬가지로 각 상대방에 대한 의무사항을 10개 조항씩 대칭시켜 규정하고 있다.

A. 매도인의 의무	B. 매수인의 의무
A1. 매도인의 일반적 의무	B1. 매수인의 일반적 의무
A2. 허가, 승인 또는 통관절차	B2. 허가, 승인 또는 통관절차
A3. 운송 및 보험계약	B3. 운송 및 보험계약
A4. 인도	B4. 인도의 수령
A5. 위험의 이전	B5. 위험의 이전
A6. 비용의 분담	B6. 비용의 분담
A7. 매수인에 대한 통지	B7. 매도인에 대한 통지
A8. 인도증거, 운송서류 또는 상응한 전자통신문	B8. 인도증거, 운송서류 또는 상응한 전자통신문
A9. 점검, 포장, 화인	B9. 물품의 검사
A10. 기타의 의무	B10. 기타의 의무

5
국제운송

무역계약이 체결되면 매도인은 계약조건에 따라 물품을 인도하여야 한다. 하지만 무역거래는 격지 간의 거래이기 때문에 매도인이 직접 물품을 매수인에게 인도하는 것은 시간적·비용적 측면에서 현실적으로 어려움이 많다. 이에 전문 운송인에 의한 국제운송이 필요하다. 여기서 국제운송이란 이국간에 운송수단을 이용하여 화물을 운송하고 그 대가인 운임을 획득하는 상행위를 말한다.

운송수단에 따라서 해상운송, 항공운송, 복합운송, 육상운송으로 구분할 수 있다.

1. 해상운송의 의의

해항운송이란 해상에서 선박에 의하여 물품 또는 사람을 운송함으로써 그 대가인 운임을 획득하는 상행위를 말하는 것이다. 해상운송을 상해위의 하나라고 전제할 때 선박이라는 운반수단은 상선으로 제산될 것이고, 강이나 호수 등을 통로로 하는 내수로 운송과 구별되어야 할 것이다.

해상운송은 대량운송, 대양을 횡단하는 원거리운송, 여타 운송수단에 비하여 저렴한 운송비, 운송로가 자유로운 장점을 가지고 있는 반면에 여타 운송수탄에 비하여 운송시긴이 징기이고, 기후에도 민감하녀, 위험성이 높고, 항반시설이 필요하다는 등의 단점을 가지고 있다.

2. 해상운송 계약

해상운송계약이란 항해용 선박에 의하여 화물을 수송하는 계약을 선주 및 운송인과 화주 간에 체결하고, 화주는 일정한 보수, 곧 운임을 지불하는 것을 약정하는 청부계약에 의한 낙성계약이다. 해상운송계약은 화물에 따라 개품운송계약과 용선계약으로 나눌 수 있다.

개품운송계약과 용선계약의 비교

구분	개품운송계약	용선계약
계약의 목적	개개의 운송물품	선박의 일부 또는 전부
운송방법	정기선(Liner)	부정기선(tramper)
적용법규	성문법	보통법
책임관계	운송인 면책확대 불인정	운송인 책임 수정가능
당사자	선주와 송화인	선주와 용선자
화주	불특정 다수 화주	특정 화주
화물	잡화와 같은 비교적 적은 화물	대량산화물(원유, 철강, 석탄, 곡물 등)
계약	선화증권	용선계약서
운임율	공표운임율	수급에 의한 시세
운임조건	berth(liner) term	FI, FO, FIO

1) 정기선운송

정기선이란 특정 항로를 화물의 수량에 관계없이 규칙적으로 반복 운항하는 운송형태이다. 주로 공산품 등의 일반화물 또는 포장화물을 운송한다. 정기선의 특징은 첫째, 반복 운항하는 전문운송인이다. 둘째, 선박이 부정기선보다 고가이며, 화물도 부정기선 화물에 비해 고가이기 때문에 고가의 서비스를 한다. 셋째, 표준계약서와 운임표에 따라 운송서비스를 제공한다.

2) 정기선운임의 산정기준

① 중량기준(Weight Basis)

중량톤을 기준으로 운임을 계산하는 방법으로 영국식의 Long Ton 또는 Gross Ton, 미국식의 Short Ton 또는 Net Ton, 프랑스의 Metric Ton 또는 Kilo Ton이 있다. 시멘트, 철강과 같은 부피에 비해 무거운 화물, 즉 중량화물에 적용된다.

② **용적기준(Measurement Basis)**

일반화물은 1입방미터를 1톤으로 하는 용적톤을 기준으로 운임률이 정해진다. 이 용적에 의하여 계산되는 운임을 용적운임이라고 하고, 그러한 화물을 용적화물이라고 한다.

③ **가격기준(Ad Valorem Basis)**

귀금속이나 견직물 같은 고가품은 보관방법, 적재장소 등에 특별한 주의를 필요로 하며 손해에 대한 보상액도 고액이기 때문에 그 가격에 대하여 일정률, 즉 종가율(ad valorem rate)의 운임이 적용된다. 이것을 종가운임(ad valorem freight)이라고 한다. 이 경우 기준이 되는 가격은 통상 송장상의 FOB가격이다.

④ **컨테이너 단위기준**

컨테이너 단위당 운임이 결정된다. 컨테이너의 단위에는 보통 20feet를 기준으로 한 TEU와 40feet를 기준으로 한 FEU가 있다.

3) 정기선 화물의 운송절차

• 수출상이 신용장상의 선적기일(shipping date)에 맞추어 배선표(sailing schedule)를 참고하여 선박회사에 선적신청서(S/R)를 제출하면 선박회사 인수확약서(Booking Note)를 교부한다. 이것으로 운송계약이 성립된다.

• 선박회사는 계약된 화물을 선박에 적재하여 목적지까지 운송할 것을 선장에게 지시하는데 이것이 선적지시서(S/O)이다. 이 선적지시서에 따라 송화인은 선박회사의 지정장소에서 선박회사와 화주측이 입회하에 화물의 수량과 상태를 점검한 검수표(Tally Sheet)를 교부받는다.

• 일등항해사는 검수표와 선적지시서를 대조한 후 화물을 선창에 적부시키고 화물수령이 증거로 본선수령증(M/R)을 송화인 앞으로 발행한다. 이때 검수표에 기재된 사항과 실제 수령된 화물을 대조하여 유보사항이 있으면 이 사실을 M/R의 Remark란에 그 내용을 기재해 명시하는데, 이러한 M/R을 Foul Receipt라

고 한다.

• 송화인은 M/R의 상환으로 B/L을 발급받는다.

• 선박회사는 본선이 입항하여 Notify Party(통지처)란에 기재된 통지인에게 통지하면 통지인은 선화증권에 배서한 후 인도지시서(delivery order)를 발급받아 물품을 수령하게 된다.

• 선박회사는 양륙업자가 창고, 부선, 인부 등을 수배하여 검수를 행한 후 지정창고회사의 창고에서 화주에게 화물을 인도하지만 수화인은 화물 수령 전 수입신고서를 세관에 제출하여 수입면허를 받아 수입통관수속을 끝낸다.

예시 III 선적신청서

<table>
<tr><th colspan="6">SHIPPING REQUEST</th></tr>
<tr><td colspan="3">Shipper
PUKYUNG TRADING CO., LTD.
C.P.O. BOX 3415, SEOUL, KOREA</td><td colspan="3">LOGISTICS Co., LTD.</td></tr>
<tr><td colspan="3">Consignee
TO THE ORDER OF
THE BANK OF CALIFORNIA</td><td colspan="3">TEL : (02)3402-3080~5
FAX : (02)3402-3090</td></tr>
<tr><td colspan="3">Notify Party
THE YOUNG IMPORTING CO., INC.
2150 WEST 7TH ST. LOS ANGELES
C.A. 90019 U.S.A.</td><td colspan="3"></td></tr>
<tr><td colspan="2">Precarriage by</td><td colspan="2">Place of Receipt
PUSAN CY</td><td colspan="2">Port of Loading
PUSAN, KOREA</td></tr>
<tr><td colspan="2">Ocean Vessel & Voy, No.
QUEEN V.100</td><td colspan="2">Port of Discharge
LOS ANGELES</td><td colspan="2">Place of Delivery</td></tr>
<tr><td colspan="6">Final Destination(for the merchant's reference only)</td></tr>
<tr><td colspan="2">Container No. Marks & Nos.</td><td>No. & Kind of p'kgs</td><td>Description of Goods</td><td>Gross Weight</td><td>Measurement</td></tr>
<tr><td colspan="2">A1
LOS ANGELES
C/No. 1,001-11,000
MADE IN KOREA</td><td>10,000 CTNS
(ONE SET
SEPARATELY IN
HARDBOARD BOX)</td><td>COLOR TV
DCT-1526</td><td></td><td></td></tr>
<tr><td colspan="2">A1
LOS ANGELES
C/No. 2,001-7,000
MADE IN KOREA</td><td>10,000 CTNS
(ONE SET
SEPARATELY IN
HARDBOARD BOX)</td><td>REFRIGERATOR
DRF-F600</td><td></td><td></td></tr>
<tr><td colspan="2"></td><td></td><td></td><td>1,005,000KG</td><td>8,100CBM</td></tr>
<tr><td colspan="3">Accepted on
June 30, 2015
By
Andrew g. Morrison
LOGISTICS Co., LTD.</td><td colspan="3">Request BY
Name and Address
Song Gil-dong
Gil Dong Song
General Manager
Yung Trading Co., Inc
C.P.O. BOX 3415, SEOUL, KOREA</td></tr>
</table>

2) 부정기선운송

부정기선은 화물이 있을 때마다 또는 화주의 요구가 있을 때만 화주와 요선계약을 체결하고 화물이나 항로에 따라 배선하는 운송형태를 말한다. 부정기선은 통상 화물의 성질 또는 형태에 따라 특수한 시설과 구조를 갖춘 특수전용선이 이용된다. 즉, 부정기선은 원유, 철강석, 석탄, 곡물, 시멘트 등 저가의 대량화물 등의 운송에 이용되며, 특수전용선으로는 유조선, 냉동선, 목재전용선, 자동차전용선 및 곡물전용선 등이 있다.

부정기선의 특징은 다음과 같다. 첫째, 화물의 운송은 지역별·시기별 불규칙적이고, 수요에 따라 항로가 결정되므로 범세계적 시장을 형성한다. 둘째, 단일기업은 시장점유율이 크지 못하므로 독점기업으로 성립되기 어렵다. 셋째, 부정기선 시장은 자유경쟁이 적용되며, 가격(운임, 용선료)은 타율적으로 결정되며, 운임수준도 화물의 수요에 따라 변동된다.

• 용선계약체결 절차

화주가 선박을 수배하기 위하여 용선중개인을 이용하여 선복 확보를 위한 조회를 한다. 선박회사는 조회를 받고 화주가 요구하는 제 조건을 검토하여 화주에게 확정청약을 신청한다. 화주가 선박회사가 제시한 청약에 대하여 승낙을 하게되면 용선계약이 성립되어 선박회사는 그 증빙서류로 선복확정서를 작성한다. 선복확정서에 화주, 선주 및 중개인이 각각 서명하여 한 통씩 갖는다. 그 후 정식 용선계약서를 작성한다.

3. 용선계약의 종류

1) 항해용선계약

특정 항구에서 특정 항구까지의 일항차 또는 수개항차에 걸쳐 용선자인 화주와 선박회사 사이에 체결되는 운송계약을 항해용선계약이라 한다.

2) 기간용선계약

용선기간에 따라 용선료를 지급하는 운송계약 형태이다. 선주는 선박에 설비 및 선구를 갖추고 선원을 승선시킨 상태에서 일정기간을 용선자에게 빌려준다. 계약기잔 중 선주는 선원비 및 보험료와 같은 통상적 선비를 부담하고, 용선자는 연료비, 항세 및 용선료를 부담한다.

3) 나용선계약

용선자가 선박 이외의 선장, 선원, 장비 및 소모품에 대하여 모든 책임을 부담한다.

4) 총괄운임용선계약

운임을 화물의 선적량에 따라 산출하는 것이 아니고 일항차의 운임총액을 결정하여 실제 적재량과 관계없이 운임을 정하는 방식을 말한다.

5) 일대용선계약

용선계약상 지정된 선적항에서 화물을 정재한 날로부터 기산하여 계약상 양륙항까지 운송하여 화물을 인도완료한 때까지의 기간을 산정하여 1일당 용선료율을 정하여 선복을 일대하는 운송계약이다.

4. 선적서류

국제물품매매계약의 당사자인 매도인은 계약에서 요구하는 조건에 따라 물품을 인도하고, 물품과 관련된 서류를 제공하고, 소유권을 이전하여야 할 의무가 있다. 특히 매도인은 서류제공의무와 관련하여 국제물품매매계약이 요구하는 시기와 장소 및 형식에 다라 물품에 관련된 서류를 매수인에게 제공하여야 한다. 이때 매도인이 매수인에게 제공하여야 하는 제 서류를 선적서류(Shipping Documents:S/D)라고 한다.

매도인이 제공하여야 하는 선적서류로는 먼저 운송에 관한 것으로 선화증권 · 해상화물운송장 · 항공화물운송장 · 복합운송증권 등이 있고, 매매계약에 관한 서류로 상업송장과 포장명세서 등이 있고, 보험에 관한 서류로 보험증권 · 보험증명서 등이 있다. 그 외 흔히 원산지증명서, 검사증명서 등이 요구되기도 한다.

1) 운송에 관한 서류

국제무역거래에서 주로 사용되는 운송서류에는 해상선화증권, 해상화물운송장, 항공화물운송장, 복합운송서류 등이 있다.

• 선화증권

선화증권이란 운송계약의 증거, 화물의 수령 및 화물의 권리를 표시하는 서류이다. 화주와 운송인 간에 체결된 운송계약의 증거인 선화증권은 운송인이 화물을 수령·선적하여 이를 해상운송을 거쳐 선화증권의 정당한 소지인에게 인도할 것을 약정하는 유가증권이다.

(1) 선화증권

① 선화증권의 기능

선화증권이란 운송계약의 증거, 화물의 수령 및 화물의 권리를 표시하는 서류이다. 화주와 운송인간에 체결된 운송계약의 증거인 선화증권은 운송인이 화물을 수령·선적하여 이를 해상운송을 거쳐 선화증권의 정당한 소지인에게 인도할 것을 약정하는 유가증권이다

선화증권은 증권상에 기재된 화물의 권리를 구현하기 때문에 오늘날 무역에서의 상징적 인도에 중요한 역할을 하고 있다.

선화증권은 법적인 관점에서 보면 여러 가지의 기능을 하고 있다.

❶ 선화증권은 운송계약의 자체는 아니지만 운송계약의 유력한 증거(an evidence of contract of carriage)이다. 왜냐하면 보통의 경우 운송계약은 선화증권이 발행되기 이전에 체결되기 때문이다.

❷ 선화증권은 선적된 화물의 수령증(a receipt for the goods shipped)으로서 선적되는 시점에 있어서 물품의 수량과 상태를 확인하는 것이다.

❸ 선화증권은 권리증권(document of title)이라는 것이다. 즉, 선화증권을 소유하고 있는 것은 물품을 소유하고 있는 것과 법적으로 동일하다. 따라서 선화증권의 소지인은 양륙항에서 물품을 인도받을 수 있고, 물품이 운송되고 있는 사이에도 선화증권을 양도함에 의해서 물품을 인도할 수가 있다.

② 선화증권의 성질

❶ 유가증권으로서의 성질

유가증권이란 재산적 가치가 있는 사권이 표창되어 있는 것으로서 권리의 발생, 행사 및 이전이 증권에 의하여 이루어지는 것을 말한다. 선화증권은 선적되는 화물을 대표하고 그 인도청구권이나 처분권 등이 법적으로 보장되어 있기 때문에 유가증권으로서 성질을 갖고 있다.

❷ 증거증권으로서의 성질

선화증권은 송화인과 운송인 사이에 해상운송계약이 체결되었으며, 또

증권상에 기재된 대로의 화물이 운송인에게 인도되었음을 추정적으로 증명한다는 의미에서 증거증권성이 있다.

❸ 면책증권으로서의 성질

선화증권은 운송인이 정당한 선화증권을 제시하는 자에 대하여 운송화물을 인도함으로써 그 책임을 면한다는 의미에서 면책증권으로서의 성질을 갖는다.

③ 선화증권의 종류

적재에 대한 기재문언에 의한 분류

선적선화증권 (Shipped B/L)	화물이 실제로 본선에 적재되었음이 기재된 것으로 보통 증권면에 "shipped on board vessel"로 표기되며, "on board notation"으로 표기되기도 한다.
수취선화증권 (Received for shipment B/L)	화물이 선사가 지정한 장소에서 운송인에게 인도되면 화주에게 발행되는 선화증권으로서, 증권면에는 "Received … for shipment"로 기재된다. 신용장통일규칙에서는 선적선화증권을 요구하고 있으므로 수취 선화증권은 물품의 본선적재일의 표시(on board notation)가 있어야 수리한다고 규정하고 있다.

Remarks의 유무에 따른 분류

무고장 선화증권 (Clean B/L)	증권상에 포장이나 수량 등에 관한 유보사항이 기재되지 않은 것으로 보통 "Shipped on board in apparent good order and condition"으로 기재되어 있다.
고장부 선화증권 (Foul(Dirty) B/L)	선적된 물품의 포장상태가 불완전하거나 수량이 부족하면 비고(Remarks)란에 기재되는데, 이런 사실이 기재된 선화증권을 말한다. 화주는 고장부 선화증권으로 수출대금을 회수할 수 없기 때문에 파손화물보상장(Letter of Indemnity : L/I)을 선사에 제공하고 무고장 선화증권을 교부받아 수출대금을 회수하는 수도 있다.

수령인의 표시방법에 따른 분류

기명식 선화증권 (Straight B/L)	선화증권의 수화인(Consignee)란에 특정인이 기입된 것을 말한다. 일반적으로 항공화물운송장(Air Waybill)이나 해상화물운송장(Sea Waybill)은 기명식으로 발행된다.
지시식 선화증권 (Order B/L)	선화증권의 수화인란에 특정인을 기입하지 않고 "Order of A", "Order" 또는 "Order of X Bank" 등으로 기입되어 있으며, 화주는 백지배서만 하면 이 증권의 소지인이 화물에 대한 소유권을 갖도록 할 수 있는 선화증권이다.

운송지역에 따른 분류

해양 선화증권 (Ocean B/L)	국외의 해상운송의 경우에 발행되는 선화증권이다. 보통, 무역에 사용되는 선화증권이 거의 해양 선화증권이다.
내국 선화증권 (Local B/L)	통운송의 경우 제2운송인이 자신의 운송구간에 대하여 발행하는 선화증권 또는 해외운송에 접속되는 국내운송에서 사용하는 선화증권이다.

유통성 여부에 따른 분류

유통성 선화증권 (Negotiable B/L)	선화증권에 "(or his or their) assigns"라는 문구가 기재된 것으로 B/L의 배서 또는 인도에 의하여 제3자에게 유통가능한 선화증권이다. 기명식 B/L이나 해상화물운송장 그리고 항공화물운송장은 유통가능 선화증권이 아니다.
비유통성 선화증권 (Non-negotiable B/L)	선화증권의 양도에 의해 소유권이나 물품의 인도청구권이 이전되지 않는 것이다.

특수신용장

통선화증권 (Through B/L)	운송화물을 목적지까지 운송하는 선주가 다른 선사의 선박을 이용하거나 해운과 육운을 교대로 이용하여 운송될 경우 최초의 운송업자가 전구간의 운송에 대하여 책임을 지고 서명하여 발행한 선화증권이다. 미국에서는 해상과 육상운송을 겸한 선화증권을 Overland B/L이라고 한다.
복합운송 선화증권 (Combined Transport B/L)	복합운송인이 전구간의 운송에 대하여 책임을 지고 발행하는 선화증권이다.
약식 선화증권 (Short Form B/L)	Long Form B/L의 이면약관이 생략된 선화증권이다.
적색 선화증권 (Red B/L)	선화증권과 보험증권을 결합시킨 것이다.
환적 선화증권 (Transhipment B/L)	운송경로의 표시에 있어 운송도중에 환적이 되었음이 B/L상에 나타난 선화증권을 말한다.
부서부 선화증권 (Counter-sign B/L)	선화증권상 운임의 도착지 지급 또는 다른 채무가 있을 경우 수화인은 운임과 채무액을 선사에 지급하고 화물을 인수하게 되는데 이 때 선사는 결제가 완료되었음을 증명하기 위해 선화증권에 부서를 한다. 이와 같이 부서된 선화증권을 부서부 선화증권이라 한다.
Groupage B/L	운송인이 다수 화주의 화물을 집화한 운송주선업자에게 1건으로 발행한 선화증권으로 Master B/L이라고도 하며, House B/L은 각기 다른 화주의 화물을 혼재하는 운송주선업자가 개별화주 앞으로 발행한 것이다. House B/L은 법리적으로 선화증권이 아니다.
기간경과 선화증권 (Stale B/L)	선화증권의 제시 시기가 필요이상으로 지연된 선화증권을 말한다.

예시 IV 선화증권

Consigner PUKYUNG TRADING CO., LTD. C.P.O. BOX 3415, SEOUL, KOREA		No TWL-0136 KR 410
Consigned to order of THE BANK OF CALIFORNIA		FBL
Notify Address THE YOUNG IMPORTING CO., INC. 2150 WEST 7TH ST. LOS ANGELES C.A. 90019 U.S.A.		NEGOTILABLE FLATA MULTIMODAL TRANSPORT BILL OF LADING issued subject to UNCTD/ICC Rules for Multimodal Transport Documents (ICC Publication 481)
Place of receipt PUSAN CY		
Ocean Vessel Queen v. 100	Part of loading PUSAN, Korea	LOGISTICS CO., LTD. TEL : (02)3402-3080~5 FAX : (02)3402-3090
Port of discharge LOS ANGELES	Place of delivery	

Marks and numbers and kind of p'kges Description of Goods Gross Weight Measurement

SHIPPERS LOAD & COUNT
SAID BY SHIPPER TO CONTAIN 1,005,000KG 8,100CBM

Marks and numbers	Kind of p'kges	Description of Goods
A1 LOS ANGELES C/No. 1,001-11,000 MADE IN KOREA	10,000 CTNS (ONE SET SEPARATELY IN HARDBOARD BOX)	COLOR TV DCT-1526
A1 LOS ANGELES C/No. 2,001-7,000 MADE IN KOREA	10,000 CTNS (ONE SET SEPARATELY IN HARDBOARD BOX)	REFRIGERATOR DRF-F600

L/C NO.: 99/8000
'FREIGHT PREPAID
SAY : CTNS ONLY

LOADED ON BOARD
DATE : JULY. 25. 2015

according to the declaration of the consignor

Declaration of Interest of the consignor timely delivery (Clause 6.2) ☐

Declared value for valorem rate according to the in declaration of the consignor (Clauses 7 and 8) ☐

The goods and instructions accepted and dealt with subject to the Standard Conditions printed overleaf. Taken in charge in apparent good order and condition, unless otherwise noted here in, at the place of receipt for transport and delivery as mentioned above. One of these Multimodal Transport Bills of Loading must be surrendered duly endorsed in exchange for the goods. In Witness where of the original Multimodal Transport Bills of Lading all of this tenor and date have been signed in the number stated below, one of which being accomplished the other(s) to be void

Freight amount AS AGREED	Freight Payable at SEOUL, KOREA	Place and date of issue SEOUL, KOREA JULY 25, 2015
Cargo Insurance through the undersigned ☐ no : covered ☐ Covered according to attached Polish	Number of Original FBL's THREE/3	Stamp and Singature *Song Gil-dong* LOGISTICS CO., LTD.
For delivery of goods please apply to :		

(2) 해상화물운송장

해상화물운송장은 해상운송인이 화물의 수령을 증명하고 운송계약조건을 알기 위한 목적으로 송화인에 대하여 발행되는 서류이다. 하지만 선화증권과는 달리 물품의 인도청구권을 상징하는 권리증권이 아니기 때문에 양도성이 없다.

(3) 항공화물운송장

해상운송의 선화증권에 해당하는 기본서류가 항공화물운송장 또는 항공화물탁송장이다. 기본적인 성격은 선화증권이 화물의 수령을 증명하는 동시에 유가증권적인 성격을 가지고 유통 가능한 반면, 항공운송장은 화물의 수령을 증명하는 영수증에 불과하며 유통이 불가능하다는 점이다. 운송계약은 항공화물운송장을 수령한 시점, 즉 화주 또는 그의 대리인이 AWB에 서명하거나 항공사 또는 해당 항공사가 인정한 항공화물취급대리점이 AWB에 서명한 순간부터 유효하며, AWB상에 명시된 수화인에게 화물이 인도되는 순간 소멸된다.

(4) 복합운송서류

복합운송서류란 복합운송계약에 따라 복합운송인이 화물을 자신의 관리하에 수취하였다는 것 및 그 계약조건에 따라 이를 인도할 의무를 부담함을 증명하는 서류이다.

복합운송서류는 두 가지 이상의 상이한 운송수단에 의하여 물품이 수탁된 장소에서 인도하기로 약정된 장소까지 운송계약을 증빙하는 서류이다. 복합운송서류는 유통식, 비유통식으로 발행할 수 있다.

2) 매매계약에 관한서류

송장 (invoice)	매매 또는 위탁계약에 의하여 물품의 인도가 이루어질 때, 그 물품의 송화인이 수화인에 대하여 화물의 특성, 태용의 명세, 계산관계 등을 상세히 명확하게 달리기 위하여 작성하는 서류
포장명세서 (packing list)	수입업자가 쉽게 각 화물의 내용을 파악하기 위하여 요구되는 포장된 내장품의 명세서
보험증권 (insurance policy)	보험계약이 성립된 후 보험자가 보험계약의 사항을 기재하여 보험계약자에게 주는 증거로서 보험계약의 증빙이 되고 배서에 의하여 양도되는 증거증권
원산지증명서 (certificate of orign)	수입통관시 관세양허용으로뿐만 아니라 특정국으로부터의 수입제한 또는 금지, 국가별 통계를 위하여 수입국이 요구하는 경우 발행
검사증명서 (certificate of inspection)	매매계약서의 품질조건에 공신력 있는 검사기관의 검사에 합격한 물품만을 선적하기 위해 약정한 것

예시 V 상업송장

COMMERCIAL INVOICE

1. Shipper (Exporter) PUKYUNG TRADING CO., LTD. C.P.O. BOX 1234, SEOUL, KOREA	8. No. & Date of invoice DH-2001-015 JULY 25, 2015
	9. No. & Date of L/C 99/80000 JUNE 20, 2015
2. For Account & Risk of Messrs. THE YOUNG IMPORTING CO., INC. 2150 WEST 7TH ST. LOS ANGELES C.A. 90019 U.S.A.	10. L/C Issuing Bank THE BANK OF CALIFORNIA LOS ANGELES, CALIFORNIA U.S.A
3. Notify Party Same AS ABOVE	11. Remarks CONTRACT NO. : 2015-315
4. Port of loading Pusan, KOREA / 5. Final destination LOS ANGELES, U.S.A.	
6. Carrier QUEEN V. 100 / 7. Sailling on or about JULY 25, 2015	

12. Marks & Nos. p'kgs	13. Description of goods	14. Quantity/Unit	15. Unit price	16. Amount
A1 LOS ANGELES C/NO 1001-11,000 MADE IN KOREA	COLOR TELEVISIONS DCT-1526	10,000SETS	US$500.00	US$500.000.00
A1 LOS ANGELES C/NO 3001-7,000 MADE IN KOREA	REFRIGERATIONS DRF-F600	5,000SETS	US$900.00	US$4,500.000.00
TOTAL		1,500SETS		US$9,500.000.00

17. C.P.O BOX : 3415 SEOUL, KOREA
CABLE ADDD : HTRA SEOUL
TELEX NO : DHTRA K 28570
TELEPHONE : 778-2181-5
FACSIMILE : (82-2)777-4040

18. Signed *Marlin R. laulman*
Gil Dong Song
General Manager

Pukyung TRADING CO., LTD.

예시 VI 포장명세서

PACKING LIST

1. Shipper (Exporter)

PUKYUNG TRADING CO., LTD.
C.P.O. BOX 1234,
SEOUL, KOREA

8. No. & Date of invoice

DH-2001-015 JULY 25, 2015

2. For Account & Risk of Messrs.

THE YOUNG IMPORTING CO., INC.
2150 WEST 7TH ST. LOS ANGELES
C.A. 90019 U.S.A.

11. Remarks

L/C No. : 99/80000
CONTRACT NO. : 2012-315

3. Notify Party

Same AS ABOVE

4. Port of loading

Pusan, KOREA

5. Final destination

LOS ANGELES, U.S.A.

6. Carrier

QUEEN V. 100

7. Sailling on or about

JULY 25, 2015

10. Marks & Nos. p'kgs	11. Description of goods	12. Quantity	13. Net Weight	15. Gross Weight	16.Measurement
A1 LOS ANGELES C/NO 1001-11,000 MADE IN KOREA	COLOR TELEVISIONS DCT-1526	10,000SETS	370,000KG 37KG/SET	400,000KG 40KG/SET	2,400CBM 0.24CBM/SET
A1 LOS ANGELES C/NO 2001-7,000 MADE IN KOREA	REFRIGERATIONS DRF-F600	5,000SETS	600,000KG 120KG/SET	650,000KG 130KG/SET	5,700CBM 1,14CBM/SET
TOTAL		1,500SETS			US $ 9,500.000.00

17. C.P.O BOX : 3415 SEOUL, KOREA
CABLE ADDD : HTRA SEOUL
TELEX NO : DHTRA K 28570
TELEPHONE : 778-2181-5
FACSIMILE : (82-2)777-4040

18. Signed Marlin R. laulman
Gil Dong Song
General Manager

Pukyung TRADING CO., LTD.

예시 VII 원산지증명서

PACKING LIST

1. Seller

FICO TRADING CO., LTD.
ROOM NO. 102 HANYANG TOWER BLDG
150-6 GEOJEDONG DONGAEKU
PUSAN, SOUTH KOREA

CERTIFICATE OF ORIGIN

issued by
THE PUSAN CHAMBER OF COMMERCE & INDUSTRY
Pusan, Republic of Korea

원산지증명서
부산상공회의소

2. For Account & Risk of Messrs.

TO ORDER OF THE KWANGTUNG PROVINCIAL BANK

4. Buyer

SIOW CHIANG & CO. PTE LTD
30 UBI ROAD 4 SINGAPORE 1440

3. Particulars of Transport(where required)

By SEA
FROM : PUSAN, SOUTH KOREA
TO : SINGAPORE

5. Country of origin

REPUBLIC OF KOREA

6. Invoice Number and Date

FIO50SCC, APRIL 20, 2015

7. Shipping Marks	8. Number and kind of Packages Description of Goods	9. Gross Weight or Other Quantity
SCK SINGAPORE ITEM NO : C/T NO : MADE IN KOREA	FIDHING TACKLE "L/C NO. 211LC500132" ////////////////////////////////////	1,300pcs F/rods (65C/TNS) ////////////////////

10. Other Information

The Pusan Chamber of Commerce & Industry hereby certifies on the bases of relevant invoice and other documents that the above mentioned goods originate in the country shown in column 5.

THE PUSAN CHAMBER OF COMMERCE & INDUSTRY

6
해상보험

국제무역거래를 체결한 매도인과 매수인은 계약에 따라 권리와 의무가 주어진다. 매도인은 계약에 따라 물품 및 서류를 인도하여야 하고, 매수인은 계약에 따라 대금을 지급하고 물품 및 서류를 인수하여야 한다.

이러한 무역거래가 이행되기 위해서는 국제운송을 위한 운송수단이 필요하고 이러한 운송과정 중에는 위험이 발생할 수 있다. 특히 해상사업에 수반되어 발생하는 손해를 보상할 것을 약정하는 것을 해상보험이라고 한다. 단, 유의하여야 할 것은 해상보험은 해상에서 발생하는 손해를 보상한다. 하지만 항해사업에 부수하여 발생하는 육상, 항공 또는 내수로운송에서 발생한 손해까지 보상하는 보험이다.

1. 해상보험계약의 체결

보험계약자가 청약하고 보험자가 담보조건과 보험료율을 결정한 후 보험계약청약서(The Order, Application)를 승낙하면 해상보험계약이 성립한다.

보험계약의 성립에 따라 당사자는 약관에 따라 권리와 의무를 진다. 즉, 보험자는 손해발생시 손해를 보상하고, 피보험자는 위험의 변경사실을 통지하거나 손해발생사실을 통보할 의무가 있다.

보험당사사

보험계약자 (insurance policy)	보험계약의 당사자로 보험자와 보험계약을 체결하는 자
피보험자 (insured/assured)	피보험이익 주체로 보험사고 발생시 보험금을 지급받을 권리를 가진 자
보험자 (insurer/assurer)	보험계약의 당사자로 보험계약자와 보험계약을 체결하는 자

2. 해상위험과 해상손해

해상위험이란 항해에 기인하는 또는 이에 부수하는 위험을 말한다.

담보위험이란 보험자가 그 위험에 의해서 발생한 손해를 보상할 것을 약속한 위험이며, 보험자가 보상책임을 지기 위해서는 손해가 담보위험에 의해 발생된 것을 요청한다. 이러한 보통약관으로 담보되는 위험과 특별약관으로 담보되는 위험이 있다. 반면 면책위험이란 보험자의 보상책임이 면제됨을 특별히 명시하고 있는 위험을 말한다.

• 해상손해

해상손해란 항해 사업에 관련된 피보험목적물이 해상위험의 발생으로 인하여 피보험이익의 전부 또는 일부가 멸실 또는 손상되어 피보험자에게 경제적 불이익을 초래하는 것을 말한다.

해상손해의 분류

전손 (total loss)	현실전손 (actual total loss : ATL)	피보험목적물의 파괴, 부보된 화물의 성질상실, 목적물에 대한 소유권의 박탈, 선박의 행방불명 후 상당한 기간 동안 불명인 경우
	추정전손 (constructive total loss : CTL)	보험의 목적이 현실적으로 전손이 불가피한 경우, 보험목적의 점유를 상실하고 회복할 가능성이 없는 경우와 수리하여 목적지까지 계선비용이 도착시 화물의 가액을 초과하는 경우
분손(particular average)	단독해손 (particular loss)	피보험이익의 일부가 소멸되는 경우의 손해 피보험자가 단독으로 부담하는 경우
	공동해손 (general average)	선박과 적화 등이 공동의 위험에 처하여 이로부터 벗어나기 위하여 취하여진 공동해손행위로 인하여 발생한 손해 또는 공동해손행위의 직접적인 결과로 발생하는 비용 등을 이해관계자가 공동으로 부담하는 손해
비용손해 (expense)	구조비	구조계약에 의하지 않고 임의로 구조한 자가 해상법상 회수할 수 있는 비용
	손해방지비용 (sue and labour harge)	피보험위험이 발생하였을 경우 이로 인한 보험의 목적의 손해를 방지 또는 경감하기 위하여 피보험자 또는 그의 사용인 및 대리인이 지출한 비용
	특별비용	피보험목적물의 안전, 보존을 위하여 피보험자에 의하여 또는 피보험자를 위하여 지출된 비용으로 공동해손비용과 구조비 이외의 비용
	손해조사비용	손해가 발생한 경우 손해액사정인에 의해서 손해의 원인 및 정도를 조사하는데 소요되는 비용을 손해조사비용(survey fee)

3. 적하보험약관

현재 우리나라에서 사용되는 적화보험약관은 1777년 영국 로이즈(Lloyd's)총회에서 채택된 보험증권을 일부 수정하여 사용하는 구협회적화약관은 Lloyd's S.G. Policy와 1982년 개정된 신협회적화약관인 New I. L. U. Marine Policy를 병행하여 사용하고 있다.

구협회적하약관의 담보체계는 단독해손부담보약관(Free Particular Average : FPA), 분손담보약관(With Average : WA), 전위험담보보약관(All Risk)으로 구성되어 있고, 신협회적하약관은 ICC(A), ICC(B), ICC(C)으로 구성되어 있다.

【구협회적화약관의 담보위험】

보상하는 손해 \ 구분	F.P.A.	W.A.	A/R
① 전손(현실, 추정전손)	○	○	○
② 공동해손	○	○	○
③ 구조비, 손해방지비용, 특별비용	○	○	○
④ 좌초·침몰·대화재가 발생된 경우의 단독해손	○	○	○
⑤ 선적·환적·양화중의 매 포장 단위당의 전손	○	○	○
⑥ 화재·폭발·충돌·접촉 및 피난항에서의 양화로 인한 단독손해	○	○	○
⑦ 상기 ④~⑥ 이외의 단독손해	×	○	○
⑧ 악천후에 의한 해수손	×	×	○
⑨ 아래 면책사항이외의 모든 외부적·우발적인 위험에 의한 손해	×	×	○

【신협회적화약관의 담보위험】

보상하는 손해 \ 구분	ICC(C)	ICC(B)	ICC(A)
① 화재 또는 폭발	○	○	○
② 본선 또는 부선의 좌초·교사·침몰·전복	○	○	○
③ 육상운송용구의 전복·탈선	○	○	○
④ 본선·부선·운송용구의 타물과의 충돌·접촉	○	○	○
⑤ 피난항에서의 화물의 하역	○	○	○
⑥ 지진·화산의 분화·낙뢰	×	○	○
⑦ 공동해손희생	○	○	○
⑧ 투화(Jettison)	○	○	○
⑨ 갑판유실(Washing Overboard)	×	○	○
⑩ 본선·부선·선창·운송용구·컨테이너·리프트 밴 또는 보관장소에의 해수·호수·강물의 유입	×	○	○
⑪ 본선·부선에의 선적 또는 양륙작업 중 바다에 떨어지거나 갑판에 추락하여 발생한 포장·단위당의 전손	×	○	○
⑫ 상기 이외의 멸실·손상의 일체의 위험	×	×	○
⑬ 공동해손·구조비	○	○	○
⑭ 쌍방과실충돌	○	○	○

예시 VIII 해상보험증권

GOODWILL FIRE & MARINE INSURANCE COMPANY CO., LTD.

30 SOGONG-DONG, CHUNG-GU
SEOUL 100-070, KOREA
MARINE CARGO INSURANCE POLISH

C.P.O. BOX 130
FAX :774-2190

Policy No. 2001HG22035	Assured(s) etc.	PUKYUNG TRADING CO., LTD

Freight amount GOODWILL FIRE & MARINE INSURANCE CO., LTD LOS ANGELES BRANCH 320 WEST 3RD ST. L.A. CA 90023 U.S.A. IN U.S. DOLLAR	Freight amount L/C No. 99/80000 INV. NO. DH-2001-015
Freight amount GOODWILL FIRE & MARINE INSURANCE CO., LTD LOS ANFWLWA BRANCH 320 WEST 3RD ST. L.A. CA 90023 U.S.A	Freight amount US$10,450,000.00 (US$9,500,000.00×110%)

Lcal vessel of conveyance	From(interior port or place of loading)	Conditions Subject to the following Clauses as per back here of Institute Cargo Clauses (ICC[A]) Special Replacement Clause (applying to machinery) On-Deck Clause
Ship or Vessel called the QUEEN V. 100	Sailling on or about JULY 25, 2015	
Freight amount PUSAN, KOREA	transhipped at	
arrived at LOS ANGELES, U.S.A.		

Subject-matter insured
10,000 SETS OF COLOR TELEVISIONS DCT-1526
5,000 SETS OF REFRIGERATIONS DRF-F600
Marks and Number as per invoice No. specified above.

Place and Date signed in	SEOUL, KOREA JULY 23, 2015	No. of Policies issued DUPLICATE

For GOODWIL FIRE & MARINE INSURANCE CO., LTD.

Marlin R. laulman

AUTHORIZED SIGNATURE

7
결제방식

1. 송금방식

송금방식은 무역계약을 체결한 수입상이 수출상에 대하여 대금지급을 직접 현금으로 송부하지 않고 은해의 환거래를 통하여 송금하는 방식으로, 수출상이 물품을 선적하기 전에 수입상이 그 결제대금의 전액을 송금하거나, 수출상이 물품 또는 선적서류를 인도한 후 수입상이 스스로 대금을 송금하는 방식으로 대금결제가 이루어지는 것을 말한다.

송금방식은 대금지급시기에 따라서 수출상이 물품을 선적하기 전에 수입상에게 미리 대금을 지급하는 사전송금(advance remittance), 수출상이 물품 또는 서류를 인도 후 수출상에게 대금을 지급하는 사후송금(later remittance)으로 나눌 수 있다.

2. 추심방식

국제상거래에서 추심방식은 수출상이 수출대금을 회수하기 위하여 물품을 선적한 후 자신의 위험과 비용부담으르 수입상을 지급인(drawee)으로 히는 화환어음(documentary bill)을 발행하고, 자국에 있는 거래은행에게 수입상 소재지의 환거래은행(correspondent bank)을 통하여 대금을 회수하라는 지시와 함께 관련 서류를 인도한다. 이때 거래은행은 추심의뢰은행이 되어 추심은행에게 선적서류를 송부하여 추심을 의뢰하고, 추심은행이 환어음의 지급인인 수입상에게 선적서류와 환어음을 제시하여 대금을 징수한 후 추심의뢰은행에 송금하면, 추심의뢰은행이 이를 추심의뢰인인 수출상에게 지급함으로써 대금결제가 이루어지는 역환방식을 말한다.

이와 같이 추심방식은 수입상거래은행의 지급확약 없이 단지 수입상과 수출상 간의 매매계약에 따라 수입상의 신용을 바탕으로 은행을 통하여 선적서류와 상환으로 대금의 결제가 이루어지는 방식이다.

• 추심거래절차

1. 수출상과 수입상이 매매계약에서 대금결제를 추심결제방식으로 합의
2. 수출상은 계약조건에 따라 물품 선적 및 선적서류를 작성
3. 수출상은 수입상을 지급인으로 환어음을 발행하고 추심의뢰은행에 추심지시서 및 선적서류를 제시하여 추심의뢰
4. 추심의회은행은 수입지의 추심은행에 추심지시서와 서류를 송부하여 취심을 의회
5. 추심인행은 수입상에게 서류도착을 통지
6. 수입상은 어음대금 지급 후 서류인수 하고 추심은행은 대금을 추심의뢰은행으로 송부
7. 수입상은 서류를 인수한 후 운송서류 제시하여 물품을 인수

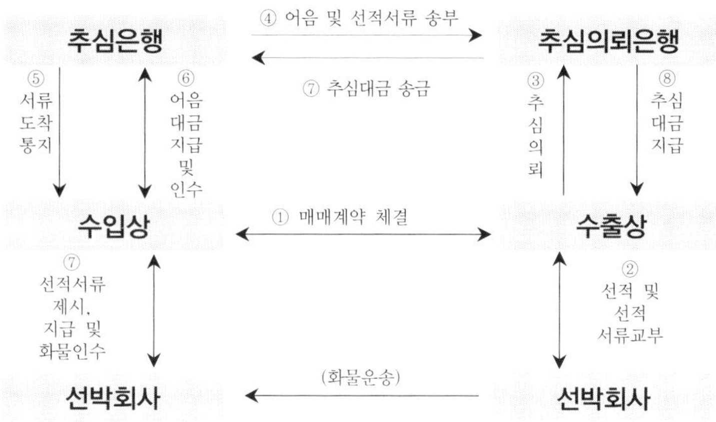

3. 화환신용장방식

1) 의의

국제상업회의소는 화환신용장 통일규칙 및 관례를 공표하였다. 신용장이란 "그 명칭과 상관없이 일반적으로 개설은행(issuing bank)은 수출상이 신용장의 조건에 일치하는 선적서류의 제시(complying presentation)에 대하여 결제하겠다는 조건부 지급확약으로서 취소가 불가능한 모든 약정을 의미한다."라고 규정한다.

신용장의 정의에서 알 수 있듯이 수출상이 신용장의 개설은행에 대하여 권리를 행사함에 있어서는 제시한 서류가 신용장의 제 조건과 일치하는지 여부가 관

건이 되는데, 이를 "엄격일치의 원칙"이라 하며, 이는 독립성·추상성의 원칙과 함께 신용장거래의 가장 본질적인 특징이다.

2) 신용장거래의 당사자

① 주요당사자

❶ 개설의뢰인

무역거래에서 매매계약을 체결한 수입상이 수출상과 대금결제방식을 신용장방식으로 약정한 경우에는 수입상은 수출상을 수익자로 하는 신용장을 약정기일까지 수출상에게 개설할 의무를 부담한다. UCP 600 제2조에서는 개설의뢰인은 신용장 개설을 신청하는 당사자라고 정의하고 있다.

❷ 수익자

신용장에 의하여 권리와 이익을 획득하는 자를 수익자라 한다. 수익자는 개성은행 또는 확인은행에게 매입, 지급 또는 인수를 요구할 권리가 있다. 따라서 개설은행 또는 확인은행은 신용장조건에 일치한 서류의 제시가 있다면 매입, 지급 또는 인수를 거절할 수 없다.

❸ 개설은행

개설은행은 개설의뢰인의 요청과 지시에 따라 수익자 앞으로 신용장을 개설하는 은행이다. 개설은행은 개설의뢰인으로부터 신용장의 개설 및 이에 따른 일련의 업무를 위임받고, 그것을 이행한 경우에는 신용장거래에 수반되는 수수료와 비용, 그리고 손해가 발생한 경우에는 이에 상당하는 금전을 개설의뢰인에게 청구할 권리를 가진다.

❹ 확인은행

확인은행은 개설은행의 수권 또는 요청에 의하여 신용장에 확인을 한 은행을 의미한다. 수입상 측면에서 확인은행은 신용장 개설은행의 신용도가 낮거나 수입국의 대외지불금지 등에 대비하여 수출상의 요청에 따라 신용장에 개설은행과 별도로 지급확약을 하는 은행이다.

② 기타당사자

❶ 통지은행

통지은행은 개설은행의 요청에 따라 신용장을 통지하는 은행을 의미한다. 여기서 통지란 수입지의 개설은행이 신용장의 개설이나 이미 발행된 신용장의 취소 및 조건변경을 직접 또는 수출지의 은행을 통하여 수익자에게 통지하는 것을 말한다.

❷ 매입은행

매입신용장에 의거하여 수익자가 발행한 환어음 및 서류를 매입하는 은행을 매입은행이라 한다. 여기서 매입이란 일치하는 제시에 대하여 지정은행이, 지정은행에 상환하여야 하는 은행영업일 또는 그 전에 대금을 지급함으로써 또는 대금지급에 동의함으로써 환어음(지정은행이 아닌 은행 앞으로 발행된)및/또는 서류를 매수(purchase)하는 것을 의미한다.

❸ 지급은행

지급신용장에 의거하여 신용장조건에 부합되게 발행된 서류가 제시되면 지급할 것을 확약한 은행을 지급은행이라고 한다. 지급은행은 개설은행 자신이거나 개설은행으로 지정받은 예치환거래은행 또는 개설은행이 결제대금의 전액을 미리 위탁해둔 은행이 될 수 있다.

지급신용장은 지급시기에 따라 일람출급지급(sigth payment)과 연지급(defferde payment)이 있다.

❹ 인수은행

인수신용장에 의하여 수익자가 선적서류에 추가하여 지정된 인수은행 앞으로 기한부어음을 발행하여 제시할 때 이를 인수하는 은행이다. 기한부어음을 인수한 인수은행은 인수 후 당해 어음의 만기에 어음대금을 지급할 의무를 가진다.

❺ 상환은행

상환은행은 개설은행으로부터 위임을 받아서 매입, 지급 또는 인수를 행한 은행으로부터의 상환청구에 응해서 개설은행을 대신하여 대금상환을 행한 은행이다. 또한 상환청구은행에 대금을 결제한다는 의미에서 결제은행이라고도 한다.

• 화환신용장거래절차

1. 매매계약의 결제방식을 화환신용장방식으로 체결
2. 수입상은 자신의 거래은행에 신용장 개설을 의뢰
3. 개설은행은 개설의뢰인의 요청과 지시에 따라 신용장을 개설하고 통지은행 앞으로 신용장 개설 통지
4. 통지은행은 수익자에게 신용장을 통지
5. 수익자는 물품을 인도하거나 선적을 완료하고 운송서류를 발급
6. 수익자는 신용장에서 요구하는 서류를 준비하고 완어음을 발행하여 매입은해에 매입을 의뢰
7. 매입은행은 신용장조건과 수익자가 제시한 서류를 심사하고 수익자에게 대금지급
8. 매입은행은 매입한 환어음과 서류를 개설은행 앞으로 송부하여 대금결제를 요청
9. 개설은행은 서류심사 후 신용장조건과 일치할 경우에 개설의뢰인에게 신용장관련 서류를 인도
10. 개설의뢰인은 수입대금을 지급하고 개설은행은 선적서류를 인도
11. 개설의뢰인은 개설은행으로부터 인도받은 선적서류를 가지고 화물을 인수

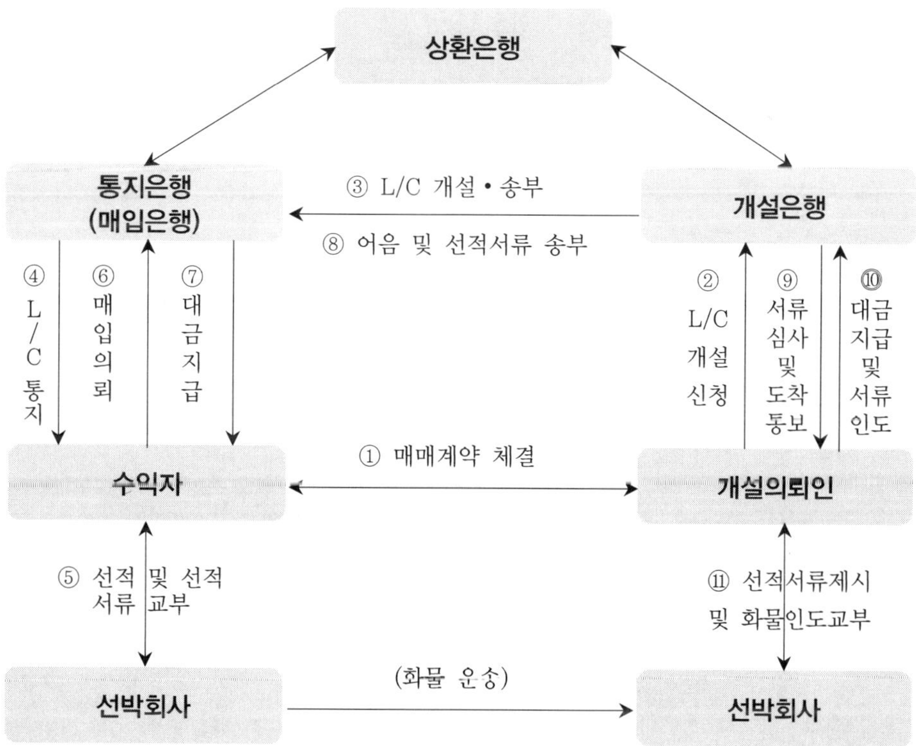

8
무역분쟁

1. 무역클레임의 개념

무역거래에서 클레임이란 매매당사자 간의 어느 일방이 매매계약내용을 불이행함으로써 상대방에게 손해를 입힌 경우 손해를 입은 당사자가 상대방에 대하여 손해배상을 청구하는 것이라고 정의할 수 있을 것이다. 그러나 불평이나 불만도 클레임으로서의 요건을 갖추어 구체성을 가지게 되면 정식의 클레임으로 될 수 있는 소지를 항상 내포하고 있기 때문에 무역거래에서 상대방의 불평이나 불만에도 항상 주의를 기울여야 할 것이다. 무역클레임은 매매당사자 중에 피해자가 가해자에게 제기하게 된다. 무역클레임은 매매계약 당사자 중 어느 일방이 제기할 수 있지만, 대부분의 무역클레임은 수입상이 수출상에게 계약불이행, 물품의 하자, 선적지연 등의 사유로 무역클레임을 제기하게 된다. 반면에 수출상이 수입상에게 제기하는 클레임은 무역대금결제와 관련된 것이 대부분이다.

무역클레임발생원인

직접원인	• 계약체결과정에서 클레임이 발생하는 경우. 계약의 성립여부, 협상과정에서 당사자 간의 과실, 부주의 및 문서의 해석상의 차이에 의하여 발생 • 계약서의 내용의 불충분으로 인하여 클레임이 발생. 품질, 수량, 가격, 선적, 지급, 보험, 포장, 불가항력 및 클레임 등에 관한 조건에 대한 합의가 불명확할 경우에는 분쟁이 발생할 가능성이 높음 • 계약의 이행과정에서 클레임이 발생. 선적지연, 품질하자, 포장하자, 지급지연, 신용장 개설지연 등
간접원인	• 언어의 상이로 인하여 발생 • 법률 및 상관습의 상이로 인하여 발생 • 신용조사의 불비로 인하여 발생 • 국가 간 도량형의 상이로 인하여 발생 • 상대방 국가에 대한 법률에 대한 부지로 인하여 분쟁이 발생

클레임의 실태

원인	품질불량(inferior qality), 품질상위(different quality), 규격상위(different specification), 등급저하(inferior grade), 손상(damage), 변질(deterioration) 및 변색(discloration) 등
품질	적화부족(short shipment), 착화부족(short landing), 중량부족(under weight), 감량(diminution) 등
수량	초과지급(over payment), 대금미지급(non-payment), 수선비(repairing charge), 재포장비(repacking charge), 벌과금(penalty) 등
가격	선적지연(delayed shipment), 선적불이행(non-shipment), 하역불량 (bad handing), 적부불량(bad stowage), 환적(transshipment), 분실(missing) 및 유실 (drifting away), 발화(pilferage) 등
운송 및 인도	선적지연(delayed shipment), 선적불이행(non-shipment), 하역불량(bad handing), 적부불량(bad stowage), 환적(transshipment), 분실(missing) 및 유실 (drifting away), 발화(pilferage) 등
포장	포장불량(inferior packing), 포장불충분(insufficient packing), 불완전포장(incomplete packing) 등
서류	송장과오(error in invoice), 기재사항상이(misdescription), 서류미비(lack of documents) 등
기타	신용장발행지연(delayed issue of L/C), 계약불이행(breach of contract), 계약취소(cancellation of contract) 등

2. 클레임의 해결방안

당사자 간의 해결방법

화해 (Amicable Settlement)	매매당사자 쌍방 간에 합리적인 선에ㅐ서 타협을 통하여 클레임 청구내용을 합의하는 것. 양보와 타협을 통하여 이루어지는데 실무적으로 분쟁해결을 위한 가장 바람직한 방법
클레임포기 (Waiver of Claim)	경미한 클레임에 대해서는 클레임을 포기하고 단순한 경고를 함으로써 다음부터는 그렇게 하지 않도록 주의를 촉구하는 방법. 피해자가 일방적으로 가해자에게 클레임 제기를 철회(Withdrawal)함으로써 일단락

제3자 개입에 의한 해결방법

알선 (Intermediation)	거래당사자 사이에서 해결될 수 없을 때 당사자 중의 어느 일방이 제3자에게 의뢰하여, 다른 당사자에게 원만한 해결을 위해서 권로해 줄 것을 요청하는 방법. 상공회의소, 국제상사중재협의회, 대사관, 영사관과 같은 공적 기관에 의회하는 경우가 많다.
조정 (Mediation)	알선에 의하여 클레임이 해결하지 못하면 양 당사자가 공정한 제3자를 조정인으로 하여 조정인이 제시하는 해결안에 대하여 합의함으로써 클레임을 해결하는 방법.
중재 (Arbitration)	조정과 마찬가지로, 당사자의 합의에 의하여 중재인(Arbitrator)을 선정하여, 중재인이 행한 판정 즉 중재판정에 복종함으로써 분쟁을 해결하는 방법이다.
소송 (Litigation)	법원의 재판에 의하게 되면 비용과 시간이 가장 만히 소요되므로 극히 예외적인 경우에 사용된다. 비용 당사자의 일바이 상대방에게 강제를 가하기 위하여 국가기관인 법원에 제소함으로써 국가 공권력 발동을 요청하는 것을 말한다.

3. 상사중재제도

무역거래에서 분쟁이 발생하는 경우 소송보다는 중재에 의하여 해결하는 경우가 많다. 중재란 중재합의에 의하여 사법상의 권리, 기타 법률관계에 관한 분쟁을 법원의 소송절차에 의하지 않고 사인인 제3자를 중재인으로 선정하여 그 분쟁의 해결을 중재인의 결정에 맡기는 동시에 최종적으로 그 결정에 복종함으로서 분쟁을 해결하는 제도를 말한다.

상사중재제도의 장·단점

장점	중재계약의 자율성 신속성 중재인의 전문성 비공개 저렴한 비용 중재판정효력의 국제성
단전	법률문제 예측가능성이 결여 상소제도의 결여

Part Ⅲ

비즈니스레터 55선

비즈니스 제의, OEM계약 제의, 대리점 계약 전 주요사항 확인, 신용조사 의뢰, 거래제의에 대한 회신, 상품소개, 확정오퍼, 오퍼의 승낙, 발주서, 신용장 개설 통보, 해상보험가입 요청, 선적완료 및 환어음 발행 통지, 대금의 수취, 클레임 제기, 클레임의 해결, 가격인상 통보, 신규사무소 개점 인사, 초대 수락 및 거절 서신, 추천서 …

1 비즈니스 제의 ▶ 수출

To whom it may concern

We have been introduced by KOTRA that you are one of the large importers of electronic components in New York. We wish to establish a friendly business relation with you to enjoy a mutually profitable business by offering our products into USA market.

We have been an exporter of electronic components since 1971. Our close business relationship with the leading manufacturers in Korea enables us to supply you with high quality products at the lowest possible price. Currently, our products are enjoying a very good reputation in Europe.

We are enclosing our price list for your information and reference.

If you like to have additional information about our company regarding our credit and financial standing, you may contact Korea First Bank, Wolgok branch, Seoul, Korea. We will provide the phone number and contact person upon your request.

Your cooperation in this matter would be much appreciated.

Best regards,

1 Translation

담당자 귀하

우리는 대한무역투자진흥공사로부터 귀사가 뉴욕에서 거대한 전자부품 수입업자라는 것을 들었습니다. 우리는 미국시장에 있어서 우리 제품을 통해서 상호 수익성 있는 비즈니스를 향유할 친근한 비즈니스 관계를 설정하기를 희망합니다.

우리는 1971년 이후부터 전자부품을 수출하고 있습니다. 한국의 선두적인 제조업자들과의 가까운 관계는 우리가 가장 저렴한 가격에 고품질의 제품을 귀사에 공급할 수 있도록 합니다. 당사의 제품들은 현재 유럽에서 호평을 받고 있습니다.

귀사의 정보와 참고를 위하여 당사는 가격표를 첨부합니다,

당사의 신용과 재무상태에 관하여 더 많은 정보를 얻으시려면 제일은행 월곡지점에서 조회하실 수 있을 것입니다. 귀사의 요청을 받으면 전화번호와 담당자를 알려드릴 것입니다.

귀사의 협조에 감사드리겠습니다.

2 비즈니스 제의 ▶ 수입

Your letter dated August 21, 2015 to the Chamber of Commerce in Seoul has been forwarded to us. We are very happy to hear about your company since we are currently expanding suppliers and products in this field. In fact, we have been actively searching for overseas suppliers such as your company to expand our scope of business and to increase the number of supply sources for the past few years.

We are one of the largest distributors of domestic electronic parts with a unique sales network throughout the Republic of Korea. Our nationwide network would be a great assistance to you in expanding your market. We would like to offer you our services as your Korean partner for the control device products that you manufacture. We would very much like to receive further detailed information about your products together with latest price list.

As to our credit standing, you can refer to The Korea First Bank, Wolgok branch, Seoul, Korea.

We look forward to a very prosperous business relationship with you in the future.

2 Translation

서울 상공회의소로의 8월 21일자 (비즈니스제안)서신은 당사에 전달되었고, 현재 이 분야로의 확장을 원하고 있기 때문에 귀사관련 소식을 듣게 되어 대단히 기쁩니다. 사실, 저희는 지난 몇 년 동안 공급처의 수를 늘리고 사업범위를 확장하기 위해서 해외 공급업자를 적극적으로 물색 중에 있었습니다.

당사는 대한민국 전역에 독자적인 판매망을 가진 규모 있는 전자부품 판매점입니다. 우리의 전국적인 판매망이 귀사의 시장 확대를 크게 도울 것입니다. 당사는 귀사가 제조하는 분야의 제어기기 (부품)들의 한국파트너로서 귀사를 위해 일하기를 바라기에 귀사 제품들에 대한 최신가격표와 상세한 정보를 받기를 원합니다.

당사의 신용 및 재정 상태에 대해서는 귀사가 한국 서울에 있는 제일은행 월곡지점에서 조회하실 수 있습니다.

향후 귀사와 전향적인 비즈니스 관계를 갖게 되기를 기대합니다.

3 비즈니스 제의 ▶ 합작 혹은 대리점 지명

We are interested in narrow-pitch connectors that you advertised in the December issue of 「IT World」. First of all, we would like to inquire whether you would be interested in setting up a joint venture with us or appointing us as your exclusive sales agent in Korea.

As you know, Korea is ranked as one of the ten economically advanced countries in the world and has the population of 50million. Korea was the successful host of the Seoul Olympics and the co-host with Japan of the World Cup Soccer Games in 2002. Additionally, cellular phones made in Korea are enjoying its reputation as the best quality phones in the entire world these days.

We are a sales company handling electronic components like your products. One of our major customers is a huge cellular phone maker very famous in the world. We believe your narrow-pitch connectors appeal to their need. If we are appointed as your sole business partner in Korea, large sales could be generated. We would be happy to have your latest catalog together with your best quotation on the products.

We look forward to receiving good news from you soon.

3 Translation

당사는 「IT 월드」지 12월호에 귀사가 광고한 협핏치 컨넥터에 관심을 가지고 있습니다. 우선 귀사가 한국에서 당사와의 합작회사를 설립하거나 당사를 귀사의 총판대리점으로 지명해 주는데 관심이 있는지를 문의 드립니다.

귀사도 알다시피, 한국은 이미 세계 10위권의 경제대국으로서 인구 5,000만의 나라입니다. 올림픽을 개최하였고 일본과 함께 2002월드컵도 성공적으로 개최하였습니다. 또한 오늘날 전 세계에서 한국산 휴대전화는 최고의 품질을 보증합니다.

당사는 귀사 제품과 같은 전자부품을 취급하는 판매회사입니다. 특히 당사의 주된 고객 중에는 전 세계적으로 잘 알려진 거대 휴대전화 제조업체도 있습니다. 우리는 귀사의 협핏치 컨넥터가 그 들의 마음에 들 것이라고 생각합니다. 귀사가 당사를 한국 내 유일한 업무파트너로 지명한다면 높은 매상고를 보장 할 수 있습니다. 귀사의 최근 상품 목록과 함께 최저 견적을 보내주시면 기쁘겠습니다.

당사는 곧 귀사의 호의적인 소식을 듣기를 기대합니다.

4 OEM 계약 체결 제의

We visited the twelfth international electric appliances exhibition in Pusan last month. We were deeply impressed with your thermostats and we are greatly interested in importing goods made in Korea. We have several business opportunities on thermostats from our business partners on an OEM basis.

As here are growing demands for such goods in the large quantity, we are confident that your products will have a more than 20% market share in a short period of time. If the quality of your product meets our expectation, we are prepared to place large regular orders.

Please let us know the following.

(1) Possibility that you supply on an OEM basis.
(2) Your lowest CIF price California including our 3% commission and the minimum order quantities.
(3) Your terms of payment and possible reductions in price for regular orders.
(4) Whether you are able to supply from stock, if not, how soon can you fulfill an order.
(5) Full information on prices, quality and other relative particulars

One of our business partners is also interested in receiving your goods of samples of this product for testing. Thus, please send us some samples.

We hope to hear from you regarding these matters at your earliest convenience.

4
Translation

당사는 지난달 부산에서 개최된 제12회 국제 전기기구 박람회를 참관하였습니다. 본사는 귀사의 자동온도조절장치에 깊은 인상을 받았고, 한국산 제품의 수입에 깊은 관심을 가지고 있습니다. 본사는 우리의 거래당사자로부터 주문자 생산방식(Original Equipment Manufacturing)으로 자동온도조절장치를 수입할 수 있는지를 문의하는 몇몇 조회를 받았습니다.

이곳의 이러한 상품에 대한 수요가 높아지고 있으므로, 당신의 제품은 금방 20% 이상의 시장점유를 할 것입니다. 당신의 상품품질이 우리의 기대대로라면, 대량으로 정기적 주문을 할 용의가 있습니다.

다음의 사항을 우리에게 알려 주세요:

1. 주문자생산방식제품으로 공급가능성
2. 최소주문수량과 우리의 3%의 수수료를 포함한 캘리포니아도착 운임보험료 포함조건의 최저가
3. 징기주문에 대한 가격인하와 지불조건
4. 재고로부터 공급 할 수 있는지, 할 수 없으면 얼마나 빨리 주문을 이행할 수 있는지
5. 가격, 품질, 기타 관계사항에 대한 상세한 정보

또한 우리 거래처 중 한 곳이 제품테스트를 위하여 귀사 제품의 견본입수를 희망하고 있습니다. 그러니 우리에게 몇 개의 견본을 보내주세요.

우리는 이에 관하여 귀사의 가능한 빠른 회답을 바랍니다.

5 잡지광고를 보고 난 후 거래 제의

We have read your advertisement in September issue of 「Electronics World Magazine」 about the ceramic condenser with great interest. We would like to offer you our services as an importer of your products. As you will see in the enclosed company guide, we are one of the major importers of electronic parts in Korea.

As our recent market survey indicated, especially in the Seoul metropolitan area of Korea, our market research department found out that there is a growing demand for ceramic condenser made in U.S.A. We are confident that your goods will sell well if you can supply us with the goods of superior quality at reasonable prices.

Would you please send us your catalogs and samples of ceramic condenser? We will make a payment for the sample charge by TT on receiving your invoice. We also like to receive your best price quotation based on FOB New York.

We hope to make every effort to enter into the successful business relations with you and we will eagerly await your favorable reply.

5 Translation

「일렉트로닉스 월드 매거진」 9월호에 나와 있는 세라믹 콘덴서에 관심을 가지고 읽었습니다. 귀사 제품의 수입업자로서 당사의 서비스를 제공하고 싶습니다. 동봉한 회사 안내서에서 보시는 바와 같이 당사는 전자부품의 주요 수입업자 중 하나입니다.

특히 한국의 수도권에서 시장 조사에서 나타나듯이, 당사의 마케팅 조사부는 미국제 세라믹 콘덴서에 대한 수요가 높아지고 있다고 보고하였습니다. 귀사가 최고 품질의 제품을 합리적인 가격으로 공급할 수 있다면 귀사의 제품은 잘 팔릴 것이라고 확신합니다.

귀사 세라믹 콘덴서의 견본과 상품목록을 당사에 보내주세요. 당사는 귀사의 송장을 접수하는 대로 전신환(telegraphic transfer)으로 견본대금을 송금하겠습니다. 또한 FOB 뉴욕기준으로 최상의 견적을 받으면 좋겠습니다.

귀사와 거래관계를 맺기 위하여 모든 노력을 다하겠으며 귀사의 유리한 회답을 고대합니다.

6 대리점 지명 요청

Ladies and Gentlemen:

We understand from JETRO that you are looking for reliable importers in Korea.

We have been a large importer of electronic components since 1971. We have a broad network in Korea. We will be able to provide a wide range of customers for your products if you appoint us to be a sole agent in Korea.

Our recent research reports show that the market seems to be getting active as the demands of dip switches increase. Furthermore, Korean manufacturers are currently experiencing a smaller-sized and lighter-weighted product boom. We believe that your products seem to fit the current market trend.

For any information regarding our credit and financial standing, please refer to The Korea First Bank, Wolgok branch.

We hope to hear from you real soon with your approval in the very near future.

Very truly yours,

6
Translation

신사숙녀 여러분

당사는 일본무역진흥회(Japan External Trade Organization)로부터 귀사가 한국에서 믿음직한 수입업체를 찾는다는 것을 알았습니다.

당사는 1971년 이래 전자부품을 취급하고 있으며 한국에 넓은 판매망을 가지고 있는 규모 있는 수입상입니다. 귀사가 당사를 한국의 총대리점으로 지명한다면 귀사제품을 훨씬 광범위한 고객에게 공급할 수 있을 것입니다.

당사의 최근 조사에서는 최근 딥스위치의 수요가 급격히 늘어나 앞으로도 시장이 점차 활황이 될 것이라고 보고되었습니다. 더 나아가 현재 한국 제조업자들의 소형화/경량화 붐에 힘입어, 귀사의 제품이 시장 트렌드에 적합하다고 믿고 있습니다.

당사의 신용상태에 관해서는 제일은행 월곡지점에 조회하시기 바랍니다.

귀사의 신속하고 만족할만한 답변 기다리겠습니다.

7 대리점 계약 전 주요사항 확인

We would like to confirm the agency agreement reached at our business meeting in Seoul between your General Manager, Jason Grebe and our Vice President, Sang-hyun Park. We hope this agreement will bring us many mutually beneficial and successful transactions.

Before the contract is formally signed, we would like to confirm the following conditions of the agreement.

1. The period of exclusive selling agency is to be five years from the date of agreement.
2. We get paid a commission of 10% on all sales of your products in Korea.
3. We accept your drafts on us for the payment of the commission.
4. We will not sell any other imported product other than your products in Korea.
5. We will not resell the goods to any other countries other than Korea.

We look forward to receiving your prompt confirmation regarding the above conditions.

7 Translation

귀사의 제이슨 그레브 부장과 당사의 박상현 부사장 사이에 서울에서 있었던 회합에서 합의를 이룬 대리점계약서를 확인하고자 합니다. 이번 합의가 상호간에 유익하고 성공적인 거래관계를 가져올 것으로 기대합니다.

계약이 정식적으로 서명되기 전에 다음과 같이 주요 조건을 확인하고자 합니다.

1. 총판대리점으로 활동하는 기간은 계약 체결일로부터 5년으로 한다.
2. 당사는 한국에서 판매한 귀사 제품에 대하여 10%의 수수료를 취한다.
3. 당사는 수수료를 귀사의 환어음으로 수취한다.
4. 당사는 대한민국 내에서 귀사 이외의 다른 외국제품은 취급하지 않는다.
5. 당사는 대한민국 이외의 다른 나라에 귀사 제품을 되팔지 않는다.

위에 대한 귀사의 신속한 확답을 기대합니다.

*1 인사와 조직

회장	Chairman
사장	President
대표이사	Chief Executive Officer
상임감사	Standing Auditor
재무담당 최고임원	Chief Financial Officer
정보담당 최고임원	Chief Information Officer
부사장	(Executive) Vice President
전무이사	Executive Managing Director / Senior Managing Director
상무이사	Managing Director
이사	Director
사외이사	Outside Director
부장 / 총지배인	General Manager
지점장	Branch Manager
지사장	Chief Engineer
차장	Deputy General Manager / Assistant General Manager
과장	Manager
부장대리	Acting General Manger
계장	Group Chief
대리	Assistant Manager
부원 / 과원	Staff
정규직	regular employee
임시직	temporary employee
아르바이트	part-time employee / part-timer
이사회	Board of Directors
사업본부	Division
부	Department

실	Office
과	Section / Part
총무부	General Affairs Department
경영기획실	Management Planning Office
인사부	Personnel Department
교육부	Education & Training Department
감사실	Auditing Office
법규부	Legal Department
홍보실	Public Relations Office
경리부	Accounting Department
자금부	Finance Department
영업부	Sales Department / Marketing Department
영업지원실	Sales Support Office
상품기획실	Product Development Office
생산관리부	Product Control Department
구매부	Purchasing / Procurement Department
(신용)채권팀	Credit & Arrears Team
연구소	R&D Center (Research and Development)
특무팀 / 프로젝트팀	Task Force Team / Project Team
노동조합	Labor Union 《미국》 / Trade Union 《영국》
업무분장	work allotment
파견	dispatch
휴직	lay-off
승진	promotion
포상	award

8 신용조사 의뢰

Yonsei E&C, located shinchon, Seoul, has recently made a proposal to open a business with our company and designated you as a credit reference.

We will appreciate very much it if you will inform us of your business experience and opinion on their credit standing.

Especially, your comments on the following points would be appreciated.

(1) How many years Yonsei E&C has been a customer of yours?
(2) Have you ever given them more than US $500,000 worth of credit to them within a year?
(3) Were there any past due? Please provide the brief history if they have.

We like to assure you that this information that you provide will be kept strictly confidential and for our own use only.

A self-addressed and stamped reply envelope is enclosed for your convenience. Your early and favorable reply will be very much appreciated.

8 Translation

서울 신촌에 있는 연세E&C사가 최근에 우리 회사와 거래관계를 맺을 것을 제의하여 왔고 귀행을 신용조회처로 선정하였습니다.

이 회사의 신용상태에 대한 귀행의 기탄없는 영업경험과 의견을 통지해 주시면 고맙겠습니다.

특히 귀행에서 다음 사항에 대하여 언급해 주시면 고맙겠습니다.

1. 몇 년 동안 연세E&C사가 귀행의 고객이었는지.
2. 연 미화 50만 불까지 이 회사와 신용거래를 하신 경우가 있으신지.
3. 과거에 연체가 있었는지. 있었다면 간략히 가르쳐주세요.

귀사가 당사에 제공하는 어떠한 정보도 극비로 당사 용도로만 취급될 것을 확약합니다.

귀행의 편의를 위해서 주소를 적고 우표를 붙인 반신용 봉투를 동봉합니다. 귀행의 조속하고도 유익한 회답을 기대합니다.

9 신용조사서

Responding to your letter dated July 1, 2015, regarding your request for credit history and status of Yonsei E&C, we would advise that Yonsei E&C has been doing business with us since 1987. During the whole twenty four-year period, they have regularly paid their debt. According to our record of their payment history of recent years, their electronic equipment business has been managed and controlled under a satisfactory circumstance.

We are confident that their honesty and perseverance in managing business have resulted in reputable position among the wholesalers in our region. In view of the results so far demonstrated to our bank, we are pleased to say that the credit standing of the company is very stable.

We give you this information in the strictest confidence with the understanding that it is only our opinion and we disclaim any responsibility or liability resulting from providing this information.

9 Translation

2015년 7월 1일자 귀사 서한에서, 신용상태를 조회해 달라고 당사가 요청받은 연세 E&C는 1987년 이래로 당행과 거래를 유지하고 있습니다. 28년 기간 내내, 꾸준히 채무를 이행해오고 있다고 하겠습니다. 근년의 채무이행기록에서는 그들의 전자기기 사업이 만족스런 환경 하에서 관리되고 통제 되어 지고 있다는 것을 보여주고 있습니다.

당행은 그들의 정직하고 꾸준한 사업태도가 이 지역 도매업자들 사이에서 호평 받는 위치를 얻게 했다고 확신합니다. 지금까지 얻어진 결과로 보아, 이 회사의 신용상태가 매우 안정적이라고 말씀드릴 수 있어서 기쁩니다.

이 정보는 어디까지나 당행의 의견일 뿐이며, 이에 대해 당행이 일체의 책임을 지지 않는다는 이해를 바탕으로 한 극비사항입니다.

10 신용조사 후 거래 승낙

We have received your letter dated October 10, offering to act as our agent for Korea.

As this is the first business between Yonsei and Ewha, we have contacted The Korea First Bank you have provided as the reference. As we are satisfied with the credit research report from the reference, we are considering your business proposal very carefully and positively.

As you may know already, our company has continuously conducted a distinguished business strategy in the expansion of exports of automation controls. Due to our very close association with the best and biggest providers in the United States, we are in strong position to provide you with the great quality and superbly performing products at reasonable costs. Regarding your business proposal, we will present the concrete next time.

Enclosed are the Agreement on Terms and Conditions in duplicate, both signed, to understand entire agreement between us about our further business. If you consent to all of the clauses, would you please send back one of them formally signed by yourselves.

If you have any questions or need further assistance, please feel free to contact us at any time. We look forward to a prompt reply.

10 Translation

당사의 한국대리점 사업을 제안하신 10월 10일자 귀사 서한을 정히 수취하였습니다.

이번이 연세와 이화 사이의 첫 비즈니스이기에 당사는 귀사가 신용조회처로 지명한 한국의 제일은행과 접촉하였습니다. 당사는 그 곳으로부터의 신용조사보고서에 만족하고 있으므로 귀사가 말한 사업제안은 조심스럽고도 긍정적으로 검토 중에 있습니다.

귀사가 이미 알고 계시는지 모르지만, 당사는 자동제어기기의 수출확장에 뛰어난 사업전략을 지속적으로 수행해왔습니다. 당사는 미국 최고, 최대의 공급업자들과 친밀한 관계를 갖추고 있기 때문에 납득할만한 가격으로 최고의 품질과 최상의 성과를 귀사에 공급하기에 유리한 위치에 있습니다. 이상과 관련하여 구체안을 다음에 제시해 보이겠습니다.

추후의 거래에 있어서 양사간의 완전한 이해를 위해 양사가 서명해야 할 거래조건협정서 정부 2부를 함께 보냅니다. 귀사가 협정서의 모든 조항에 동의한다면 귀사가 정식 서명한 두 부 중의 한 부를 반송해 주시기 바랍니다.

기타 문의사항이나 도움이 필요하시면 언제든 연락 바랍니다. 귀사의 즉각적인 답변을 기대하겠습니다.

11 거래제의에 대한 회신

Thank you for the interest in our products that you have shown in your letter of December 19. We are enclosing our illustrated 2015 catalogue of J&L series power relays and price list No.365, giving the details you ask for. We will be able to make you a 2 percent discount off the current price if you place regular orders. Additionally, we are enclosing a sample (for appearance only) of a new slim style relay for you.

In fact, it is difficult to meet the demand because some products in catalog are rapidly becoming popular. However, if you place your order by the end of this week, we can guarantee shipment within 2 weeks of receipt of it.

We also invite your attention to our other products. We are proud that for many years our customers have enjoyed the superior quality and reliability of our power relays world renowned for excellent performance and strong technical support. Today, in response to a growing global market place, we have established three international manufacturing facilities. These facilities will enable us to respond quickly by providing products that will meet world-class standards and global market demands. You will find the details of information in our catalogue and our web site 'www.uswjnl.com.'

We hope that mutually pleasant business relations with you will follow shortly.

11
Translation

12월19일자 귀사 서한에서 당사의 제품에 표시한 귀사의 관심에 대하여 감사합니다. J&L 시리즈 파워릴레이의 2015년판 카탈로그와 가격표 제365호를 동봉합니다. 거기에는 귀사가 요구한 건이 상세하게 기재되어 있습니다. 만약 귀사가 정기적으로 주문을 하면 현행가격에서 2% 할인을 제공할 수 있습니다. 또한 새로운 얇은 모양의 릴레이 견본(전시용)을 하나를 보냅니다.

사실 카탈로그의 몇 가지 제품들은 현재 빠르게 주문량이 늘고 있어 그 수요를 맞추기가 어렵습니다만, 귀사가 이번 주까지 주문을 해주시면 주문 접수 후 2주일 이내의 선적을 보장할 수 있습니다.

또한 당사의 다른 제품에도 주목을 해주시기 바랍니다. 탁월한 성능과 강력한 기술지원으로 세계적으로 알려진 당사의 파워릴레이가 오랫동안 고객들에게 월등한 제품 성능과 내구성으로 만족을 드려왔던 것에 자부심을 가지고 있습니다. 오늘날 성장하고 있는 세계시장에 부응하여 당사는 세 곳의 해외 생산공장을 설립하였습니다. 이 생산공장의 설립으로 당사는 세계수준의 규격과 시장수요에 맞는 제품을 빠르게 생산할 수 있게 되었습니다. 그 상세한 내용은 보내드린 카탈로그와 웹사이트 'www.uswjnl.com'에서 찾아보실 수 있습니다.

귀사와 상호간에 즐거운 거래가 곧 이루어질 것을 희망합니다.

12 상품소개 ①

We are delighted to inform you of our newly developed product which we have highly successful sales result in the market.

We are sure that you will be interested in knowing more about our new product since we have every confidence that you will find our product has remarkable efficiency and great features. So if you like to have an opportunity for a special demonstration for you, we will be happy to provide it to help you fully evaluate our product for its excellent capacity.

To provide you with information and reference, we are enclosing our illustrated catalog and price list together with complete technical information and specification. This will provide you a good knowledge of our new product.

We believe that this is a great business opportunity for you and we hope that you don't miss it. We look forward to receiving your early orders in the near future.

12 Translation

당사는 우리의 개발된 새 제품이 아주 성공적인 매상고를 올렸음을 알려드립니다.

당사는 귀사가 이 제품의 우수한 능력과 특징을 인정할 것이라고 자신하기 때문에 귀사가 신제품에 대해서 더 알고 싶어 할 것이라고 확신합니다. 만약 제품을 실제로 보고 싶다면, 당사는 기꺼이 귀사가 우리 제품의 우수한 성능을 충분히 평가 하는 것을 돕겠습니다.

귀사에 정보와 참고자료를 제공하기 위하여 당사는 완벽한 기술자료 및 명세서와 함께 도해 카탈로그 및 가격표를 동봉합니다. 이것은 당사의 신제품에 대한 훌륭한 기술적인 지식들을 제공해 줄 것입니다.

귀사가 이런 좋은 기회를 놓치지 않으리라 믿습니다. 조속한 주문을 받기를 고대하겠습니다.

13 상품소개 ②

We would like to introduce our new PhotoMOS relays which are AQY282SX, AQW282SX, AQY282EH, and AQW282EH. These items created a sensation at the 30th International Wireless Communications Expo (IWCE) in Las Vegas, NV.

The sales points of the above are as follows:

- Reasonable cost
- Ultra low design : Height 2mm
- High sensitivity
- Low on-resistance
- Various package types (four different package types are available)

We have enclosed five copies of the brochure giving detailed specifications about these new PhotoMOS relays. We are sure that you will agree the products are attractive and have good potential. If you let us know your interest in the sample of the products, we will send them to you as soon as possible.

We are also planning to provide you with more promotional materials in the future. We will keep you informed of any future developments.

13 Translation

우리는 새로운 포토모스 릴레이 AQY282SX, AQW282SX, AQY282EH, AQW282EH를 소개하게 된 것을 기쁘게 생각합니다. 이들은 제30회 네바다주 라스베가스 무선통신전시회에서 센세이션을 일으켰습니다.

상기 제품의 판매 포인트는 다음과 같습니다.

- 납득할만한 가격
- 초저형 설계 :높이 2mm
- 고감도
- 낮은 on저항
- 다양한 포장방식 (네 가지의 다른 방식이 가능)

우리는 이 새로운 포토모스 릴레이들의 구체적인 사양을 담은 안내책자 5부를 동봉합니다. 이 제품들이 매력적이며 잠재력을 가지고 있다는 것을 귀사에서도 동감하시리라고 확신합니다. 만약 샘플제품에 대한 관심을 표명해 주신다면, 가능한 한 빨리 보내겠습니다.

당사는 더욱 (매출이) 증진될 제품들을 공급할 향후 계획도 가지고 있습니다. 다른 개발이 이루어지는 대로 알려드리겠습니다.

14 업그레이드 제품에 대한 소개

Thank you for the interest you have expressed in your letter of May 22 for Intertec's buzzer KMB N80 AC12V.

We regret to say that our supplier no longer produces KMB N80 AC12V, but we would recommend a KMB N82 type buzzer, an improved version, as a good substitute.

You will see from the enclosed price list and catalog that the new models are quoted with very competitive prices. Moreover, if you compare KMB N82 with KMB N80, you will be convinced of its technical superiority.

We are confident that our goods will bring excellent sales results because there is a growing demand for such goods in the electronic industry in the United States.

We are sure these goods will meet your requirements and look forward to your prompt instructions.

14 Translation

5월 22일자 귀사의 서한에서 Intertec의 버저 KMB N80 AC12V에 표시한 귀사의 관심에 대하여 감사드립니다.

유감스러우나 당사 공급업자는 KMB N80 AC12V를 이미 제조하고 있지 않으나 좋은 대체품으로서 그 개량품인 KMB N82 타입 버저를 권유하고자 합니다.

동봉한 가격표 및 카탈로그를 보면 당사가 우수한 새 모델들을 대단히 경쟁력 있는 가격으로 제시하고 있다는 것을 알 것입니다. 또한 KMB N80과 KMB N82를 비교해 보신다면 KMB N82의 기술적인 탁월함을 확신하게 될 것입니다.

미국의 전자산업에 있어서 이러한 상품에 대한 수요가 높아지고 있기 때문에, 당사의 상품들이 훌륭한 판매성과를 가져올 것입니다.

이 물품이 귀사의 요구를 충족하고 있다고 확신하기에 조속한 지시를 고대하겠습니다.

15 확정오퍼 ①

Thank you for your letter of November 7th and your interest in our relay switches. Per your requirement, we are sending you the firm offer which subject to your answer received here by November 21st as follows:

Commodity: AGN2004H relay
Quantity: 200,000 pieces
Price: US$ 1.10 per a piece
Payment: Draft at 30 d/s under an irrevocable L/C
Shipment: Within three weeks after receipt of an L/C

We are confident to tell you that the quality and the price of our relay switches are very attractive. There are definitely great demands for our products at home and abroad as they are small and light yet durable. We also want to let you know that the prices of our products will go up in the near future. Therefore, the prices quoted above will be valid until the end of this month only.

We strongly suggest you to accept the offer and place your order immediately. We will look forward to your favorable reply.

15 Translation

귀사의 11월 7일자 서한과 당사 릴레이스위치에 대한 귀사의 관심에 대해 감사합니다. 귀사 요구에 따라, 당사는 11월 21일까지 귀사 회답 당사 도착 조건부로 다음과 같이 확정오퍼합니다.

품목 : AGN2004H 릴레이
수량 : 200,000 개
가격 : 한 개당 미화 1.10 달러
지급 : 취소불능신용장에 의거한 일람 후 30일 출급어음
선적 : 신용장 수령 후 3주 이내

당사는 당사의 릴레이스위치의 품질과 가격이 매우 매력적이라고 확신합니다. 작고 가벼우면서도 튼튼하기 때문에 우리나라와 해외에서도 당사 상품의 큰 수요가절대적으로 요구되고 있습니다. 당사는 또한, 가까운 장래에 우리 상품의 가격이 올라갈 것임을 알려드립니다. 그러므로 위에 제시한 가격은 이번 달 말까지만 유효하겠습니다.

당사는 귀사가 이 오퍼를 승낙하고 즉시 발주하실 것을 강력히 권유합니다. 귀사로부터의 좋은 답변을 간절히 기다리고 있겠습니다.

16 확정오퍼 ②

We are pleased to receive your inquiry of December 13 regarding an offer for our micro switches. As requested, we have today faxed you copy of the following firm offer subject to your acceptance reaching back to us by December 23.

Item: NH1212
Quantity: 5,000 units
Price: As per enclosed Price list No.3
US$ 2.00 per unit FOB California

Shipment: In one shipment to be dispatched no later than 15 days after receiving order sheet.

We are sending you a couple of samples of AH1460, the most popular switch in our market, by T.N.T Express. We are sure you will be satisfied of this model because this model has sophisticated and compact design with high switching reliability.

Unfortunately, we are forced to raise our price in the future because we have a lot of demands for this product and the cost increase in raw materials. This is the best offer we can make at present and we trust that you will accept this offer without any loss of time.

16 Translation

우리는 당사 마이크로스위치에 대한 오퍼발행을 요구한 12월 13일 귀사 서한을 접수하였습니다. 요청하신 대로, 우리는 오늘 동봉된 사본대로 12월 23일까지 귀사 회답 당사도착 조건부로 다음과 같은 확정오퍼 합니다.

품목: NH1212
수량: 5,000개
가격: 동봉된 가격리스트 3페이지대로
캘리포니아주 지역 항만 본선인도가격 1개당 미화 2달러
선적: 발주서 수취 후 15일 이내 일괄선적

우리는 귀사에게 현지 시장에서 가장 인기 있는 스위치 모델인 AH1460의 견본 두 개를 TNT 익스프레스로 보낼 것입니다. 우리는 이 모델이 세련되고 콤팩트한 디자인과 높은 절체신뢰성을 가지고 있기 때문에 만족하리라 확신합니다.

불행하게도, 당사제품은 현재 수요가 많고 원자재 가격의 상승으로 가격을 인상하지 않을 수 없습니다. 이상은 현재 우리가 만들 수 있는 가장 좋은 확정오퍼이며 귀사가 시간의 지체 없이 이 오퍼를 받아들일 것으로 믿습니다.

17 가격인하와 납기단축 요청

We deeply appreciate your offer of November 11 together with the details of trade terms.

Your JV relays are very good products which coincide with the Korean heater makers' demands for 16A high capacity and flat type design. Also, we are satisfied with its TÜV approval.

Nevertheless, its energy efficiency is a bit below the other famous products of other companies and the price is not reasonable. As the economy here is not as good as before, lower price will enhance the product's competitiveness in the market.

Therefore, we like to request to reduce the price down to 90 percent of the stated price. Also, shorten the delivery time. According to weather forecast, a cold wave will sweep over Korea within a month.

If you accept those two requirements, we will place our orders. Please give us your favorable reply.

17 Translation

거래조건의 명세와 함께 11월11일자 귀사의 오퍼에 진심으로 감사드립니다.

귀사의 JV릴레이는 16암페어(ampere)의 높은 용량과 납작한 디자인이라는 한국의 난방장치 제조업자들의 요구에 부응하는 매우 좋은 제품입니다. 또한 당사는 릴레이의 TÜV승인에도 만족하고 있습니다.

하지만 이곳의 유명한 타 제품들에 비해 에너지 효율 면에서 떨어지고 가격 또한 비싼 편입니다. 이곳의 경기가 예전 같지 않기에 가격을 낮추어 제품의 경쟁력을 갖추어야 할 것입니다.

그래서 귀사가 제시한 가격의 10%를 할인해주길 요구합니다. 그리고 기상정보에 의하면 1달 이내로 한국전역에 한파가 닥칠 것이기에 인도기일도 앞당겨주시기 바랍니다.

이 두 가지 조건을 받아들인다면 당사는 주문을 할 것입니다. 귀사의 승낙의 회답을 기다리겠습니다.

18 저가품목 안내

We duly received your counter offer of December 1 regarding offer to moderate a price for our Model OJS-55 DVD player.

As you know that we are one of the best suppliers that provide you with high quality products. We have exported our products to many European countries for many years and recently there are increases in orders from North America. Also, recent increase in raw material prices and high oil prices force us to offer you a quoted price that we cannot reconsider any more. Please understand our situation and this is the best price we could offer you at this time.

We are sorry to say that we can't offer you discount but we can suggest another substitution Model OJS-05. The price of this model is lower by 10%. Also, it is easier to work with than Model OJS-55 and has a very simple design which many customers like.

We have enclosed our latest catalog. If you have any questions or need more information, Please call us at 349-2435.

We look forward to hearing at your earliest convenience.

18 Translation

모델 OJS-55 DVD player에 관하여 가격을 낮추어 달라는 12월 1일 Counter offer 잘 받아 보았습니다.

귀사도 아시다시피, 당사는 귀사에 좋은 품질의 제품을 납품하는 공급업체 들 중 하나임을 아실 것 입니다. 당사는 유럽 국가들에 수 년 동안 제품을 수출해 오고 있으며, 최근에는 북미에서의 주문이 증가하고 있습니다. 또한, 최근 원자재 값 상승과 높은 원유 값 때문에 당사는 더 이상 제시한 가격을 재고할 수 없습니다. 당사의 상황을 이해해 주시기 바라며, 이 가격은 당사가 제시 할 수 있는 최상의 가격입니다.

가격인하가 불가하다는 말씀을 드리게 된 것을 유감스럽게 생각하며, 당사는 모델 OJS-05를 대체품으로 제안합니다. 이 모델의 가격은 10%저렴합니다. 또한, 모델 OJS-55보다 작동하기 쉽고 많은 고객들이 좋아할 만한 디자인을 갖고 있습니다.

최신 카탈로그를 보내드리며, 궁금한 사항이나 좀 더 정보를 원하시면, 349-2435로 전화해 주십시오.

빠른 회신 부탁드립니다.

19 오퍼의 승낙

We are glad to accept your firm offer dated November 7 for 50,000 piece micro switches SH0624 at US$0.65 a piece, CIF Vancouver for December delivery. All of the terms and conditions mentioned in your letter are agreeable to us.

We are enclosing our purchase order No.2015231 in duplicate to confirm this business. Please sign and return one of them to us.

In order to cover the amount of this purchase, we have just instructed Bank of Nova Scotia to open an irrevocable letter of credit for US$32,500.00 in your favor and we hereby attach a copy for your information.

We would, therefore, request you to expedite the delivery and guarantee the quality of the product.

19 Translation

마이크로스위치 SH0624 밴쿠버도착 도착 운임보험료 포함가격 1개당 미화 65센트 12월 배송의 11월7일자 귀사 오퍼를 승낙합니다. 귀사로부터의 서신에 기재된 모든 조건에 동의합니다.

확인을 위해 구매계약서 제2015231번 정부 2통을 동봉합니다. 서명을 하시고 그 중 한 통을 반송해 주세요.

이번 구매의 대금을 결제하기 위하여 미화 32,500달러의 취소불능신용장을 귀사를 수익자로 하여 개설하기 위해 노바스코샤은행에 지시하였고 귀사의 확인과 정보차원에서 사본을 첨부하였습니다.

따라서 품질과 신속한 인도를 보장하는 것에 관해 가능한 최선의 노력을 해주길 요구하는바 입니다.

20 발주서

We appreciate your prompt quotation of December 14, and we are pleased to place an initial order with you for the following items:

Article : Dip switch KSD10
Quantity : 50,000 unit
Price : US$0.85 per unit FOB Pusan
Payment : Draft at sight under an irrevocable letter of credit
Delivery : Within 30 days after the date of this letter
Shipment : By sea in one shipment
Packing method : Strong Export Packing

An irrevocable letter of credit will be opened through the New York City Bank according to the terms and conditions in your previous firm offer.

20 Translation

12월 14일자 귀사의 즉각적인 견적에 대해 감사드리며, 귀사에게 아래의 품목을 초도발주 하는 것에 대해 기쁘게 생각합니다.

품목 : 딥스위치 KSD10
수량 : 50,000개
가격 : 부산항 본선인도 단가 미화 0.85달러
지급 : 취소불능신용장에 의거한 일람출급 환어음
인도 : 본 서신의 일자 후 30일 이내
선적 : 해상수송에 의한 일괄선적
포장 방법 : 강력 수출 포장

귀사의 지난번 확정오퍼에 기재된 조건에 따라 이곳의 뉴욕 시티 은행을 통해서 취소불능신용장이 개설될 것입니다.

21 요청납기 대응 불가

We thank you for your order dated June 10, asking for the shipment during this month.

Unfortunately, after thoroughly considering our operation schedule, we regret to inform you of our inability to expedite your order. In fact, to comply with your requested delivery of the order, we would have to adjust our production process or set up a new product line. However, at present, we cannot afford to alter our production schedule due to a substantial backlog of orders. Please kindly understand our awkward situation.

If you revise your delivery requirement, we would do our best to shorten the delivery of the order.

We apologize that we are not able to comply with your request at this occasion.

21 Translation

이 달 내로 선적을 요청한 귀사의 6월 10일자 주문 감사합니다.

불행히도 그러나 당사의 생산일정을 철저히 고려해 본 결과, 이 주문을 받아들일 수 없음을 유감스럽게 생각합니다. 요청된 물품의 납기에 부응하려면 당사는 생산 공정을 조정하거나 새로운 생산라인을 세워야 합니다. 그러나 현재는 상당한 양의 주문 잔량을 처리하는 것만으로도 바쁘기 때문에 이러한 대안에 주의를 기울일 여유가 없습니다. 부디 당사의 난처한 상황을 이해해 주시기 바랍니다.

만약 귀사의 납기요청을 재검토 해주신다면, 제품배송을 신속히 처리하도록 최선을 다하겠습니다.

이번에 귀사의 요구에 부응하지 못해서 죄송합니다.

22 대체품 주문제의

We appreciate your Order No.17 of November.

Unfortunately, we are afraid that model number TF2-DC48V has been discontinued last September. As substitutes for TF relay, we would like to suggest TQ2-DC48V or DS2E-M-48V. Both models are more efficient in operating power and compact in size. However, the prices are nominally higher than TF relay. We believe these smaller size and power saving relays justify a small difference in price.

We have enclosed our illustrated catalog which has listing of these substitute articles and the price list. We have sufficient quantities in stock and can ship them to you right away.

We hope these will satisfy your requirements and we look forward to hearing from you soon.

22 Translation

당사는 11월 11일자 귀사 주문에 감사합니다.

불행히도 당사는 지난 9월부터 귀사 주문 가운데 TF2-DC48V를 생산중지 하게 되어 유감입니다. TF릴레이의 대체품으로서 TF릴레이보다 약간은 비싸지만 정격소비전력 면에서 더 효율적이며 크기 면에서 더 간소한 TQ2-DC48V 나 DS2E-M-48V를 제안합니다. 이들 작은 절전형 릴레이들은 근소한 가격 차이를 정당화하고 있다고 당사는 믿습니다.

이 대체품들이 열거된 삽화카탈로그와 가격표를 첨부합니다. 당사는 충분한 재고를 가지고 있으므로 당장 선적할 수 있습니다.

이들이 귀사의 요구를 만족시키기 바라며 귀사로부터의 연락을 기다리겠습니다.

23 신용장 개설 통보

Thank you for your acceptance of our Order No.717

We are pleased to inform you that we have issued an irrevocable letter of credit covering our order No.717 for the amount of US$ 10,000. We have instructed our bank, The Korea First Bank of Wolgok branch to open the L/C in your favor and we are enclosing a copy of the application for your reference. The L/C will be valid until November 30, 2015 and it will be sent to you through our advisory bank, The Chase Manhattan Bank of New York.

We ask you to ship the product no later than November 20 as the validity of the credit is up to November 30. We will be waiting for your prompt shipping advices.

*3 FAX의 송수신 분쟁 대응

송수신분쟁의 예방조치:

Please call me if the message is illegible or incomplete.

받은 fax의 매수부족:

I am missing pages of No.7 and 11 of your fax.
Please resend it as soon as possible.

받은 fax의 판독불가:

Your fax dated December 12 is not legible.
Please send it again.

23
Translation

당사 주문 제717호의 귀사 승낙에 대하여 감사합니다.

당사의 주문서 제717호의 미화 1만 달러를 결제하기 위하여 취소불능신용장을 개설하였음을 알려드립니다. 당사는 거래은행인 제일은행에 당사를 수익자로 신용장을 개설하도록 지시하였고, 귀사의 참고를 위해 신용장 개설 신청서 사본을 동봉합니다. 신용장은 2015년 11월 30일까지 유효하며 통지은행인 체이스맨하탄은행 뉴욕지점을 통하여 귀사에 송부되어 질 것입니다.

신용장의 유효기간이 11월 30일까지이므로 늦어도 11월 20일까지는 선적을 요청합니다. 신속한 선적 통지를 기다리고 있겠습니다.

만약 내용을 읽을 수 없든가 불완전하면 전화해 주세요.

저는 당신이 보낸 fax의 7과 11페이지가 없습니다.
즉시 재송신해 주세요.

12월 12일사로 당신이 보낸 fax를 읽을 수가 없습니다.
다시 보내주세요.

24 신용장수령 통지

We thank you very much for your prompt arrangement of the L/C.

We have duly received the original L/C No. 710821 through our bank today. We will do our best to ship this order by the beginning of November 2015.

When we have the actual shipping schedule, we will send you the following documents.

- Bill of Lading
- Invoice
- Packing list
- Insurance policy

We promise you that we will pay our utmost attention to promptly execute your order for the photo coupler.

24 Translation

귀사의 즉각적인 신용장개설 지시에 감사드립니다.

당사는 당사의 거래은행을 통하여 오늘 원본 신용장 제710821호를 (정히) 받았습니다. 당사는 2015년 11월 초순 이내에 이 건을 선적하기 위해 최선을 다할 것입니다.

정확한 선적 스케줄에 맞춰, 당사는 아래 서류들을 보내드리겠습니다.

- 선화증권
- 상업송장
- 포장목록
- 보험증권

당사 포토커플러의 즉각적인 주문이행에 극도의 주의를 기울일 것을 약속드립니다.

25 신용장 개설의 독촉

We would like to invite your attention to your order No. DDENC09091002 amounting to US$230,000 which we acknowledged by our letter dated September 11.

In early October, we sent a fax requesting you when the Letter of Credit for this order would be issued. You have replied on the letter of October 17th that you would issue the L/C within 2 weeks. However, we have received neither the L/C nor any information on this matter so far. Please recheck this promptly and let me have the names of the opening bank and the advising bank here so that we may check with them.

If you have difficulties in making full payments ever in future due to your financial situation, we would be more than willing to discuss an adjustment of the terms and conditions regarding pay arrangement.

We would remind you that on time payment for the products is always essential to on time delivery for your order.

25 Translation

당사의 9월 11일자 서한에서 당사가 승낙한 미화 230,000달러 금액의 귀사 주문서 DDENC09091002호에 대해 관심을 기울여 주시기 바랍니다.

10월 초 당사는 이 주문에 대한 귀사의 신용장을 언제 개설하였는지를 조회하는 fax를 귀사에 보냈습니다. 10월 17일자 서한에서 귀사는 2주 내에 신용장을 발행하겠다고 당사에 통지하였습니다. 그러나 지금까지 신용장을 받지 못하였고 또한 귀측의 어떠한 소식도 듣지 못했습니다. 즉시 이것을 신속히 재확인하시고 신용장 개설은행명과 당사가 조회를 할 수 있는 통지은행명을 알려주시기 바랍니다.

혹시 귀사의 재정상태 때문에 차후에도 일괄지불에 어려움이 있으시면 결제와 관련된 계약조건들의 조정에 기꺼이 응하겠습니다.

항상 정시에 대금을 지불하여 주셔야 정시에 납품할 수 있다는 것을 상기시켜드리는 바입니다.

26 신용장 불일치 수정요구

Today, we received the facsimile of the L/C application No. 52896701 stamped by the Korea First Bank covering your order No. OJS730505 for our photoMOS relays. We thank you for your opening of the L/C.

However, we have found discrepancies: the description "relay" should be amended to read "photoMOS relay" and the destination "Incheon Port" should be amended to read "Incheon International Airport".

If you don't revise these two parts, the details of the L/C will disagree with those of the inspection certificate and other documents and the bank, which usually does not overlook even the slightest discrepancy, will decline to negotiate our draft. Also, Incheon Airport Customs may be confused because the tariff rate of usual relay is 8% while that of photoMOS relay is 0%.

We would appreciate your prompt attention to this matter.

26
Translation

당사 포토모스릴레이에 대한 귀사 주문 OJS730505에 해당하는 제일은행 도장이 찍힌 수입신용장개설신청서 제52896701호의 팩스를 접수하였습니다. 감사합니다.

그러나 "릴레이" 기재는 "포토모스릴레이"로 목적지 "인천항"은 "인천국제공항"으로 수정되어야할 불일치를(신용장에서) 발견했습니다.

만약 이 두 군데를 수정하지 않으면 신용장 세목들이 검사증명서 및 기타 서류와 불일치할 것이며 약간의 불일치도 봐주지 않는 당사의 거래은행은 어음의 매입을 꺼릴 것입니다. 또한 인천공항세관은 포토모스릴레이의 관세율이 0%인데 반하여 보통의 릴레이는 8%라서 혼란스러워 할지도 모릅니다.

이 건에 대한 귀사의 신속한 관여를 감사드릴 것입니다.

27 신용장 만료일 연장요청

We have duly received your L/C No.55435698 covering your order No.DDENC09111021 for various relays. We thank you for it. However, we are afraid of that there will be a delay in the shipping of your order.

Due to a conflict between labor and management in the factory, the product line for your ordered products has been stopped for the time being. The employees are on strike for higher wages starting from last Monday. Unfortunately, there is a possibility that the sit-down demonstration will not be over within this week.

Due to the reason stated above, we would like request you to extend the expiry date of the above mentioned L/C for fifteen days. Only two-thirds of your products based on the order No.DDENC09111021 have been produced. We promise you that your order will be expedited as soon as the strike ends.

We hope this matter doesn't cause you too much inconvenience and we like to ask for your understanding and cooperation at this difficult time.

27 Translation

여러 종류의 릴레이에 대한 귀사 주문 DDENC0911121에 해당하는 귀사 신용장 제 55435698호를 잘 받았으며 그것을 감사하게 생각합니다. 그러나 그 발주분의 선적이 늦어질 것 같아 우려됩니다.

공장에서의 노사분규 때문에 귀사로의 제품 생산라인이 한동안 멈춰 있습니다. 종업원들은 지난 월요일부터 임금인상을 위해 파업 중이며 불행히도 연좌농성이 금주 내로 끝날 것 같지 않습니다.

그래서 당사는 위에 언급한 신용장의 만료일을 15일 연장하여 주실 것을 요청 드립니다. 단지 발주 받은 제품의 2/3정도만이 생산되어져 있습니다. 당사는 파업이 끝나는 대로 귀사의 발주분을 서두를 것을 약속합니다.

당사는 이 일로 귀사에 너무 많은 불편이 있으시지 않기를 기원하며 어려움에 대한 이해와 협조를 부탁드립니다.

28 해상보험 가입요청

We thank you for your letter dated November 25 about marine insurance for your order No. DDENC09111033.

Since we made the contract on an FOB basis, marine insurance on the consignments has to be covered by you. We will be able to load the shipments of 4,000 units worth US$40,000 by the M/S "Ginkgo Tree" sailing from Osaka on December 4. As soon as the shipment has been finished, we will send you the shipping advice by fax. As an easy reference, the remainder of 1,000 units worth US$10,000 will be forwarded in January of the next year.

We trust that the goods will arrive in very fine condition and we look forward to receiving your further order in the near future.

28 Translation

당사는 귀사의 주문번호 DDENC09111033을 위한 해상보험에 관한 11월 25일자 편지에 대하여 감사드립니다.

당사는 본선인도조건을 바탕으로 계약을 체결했기 때문에, 적하품의 해상보험은 귀사에 의해 보험가입 되어야 합니다. 미화 40,000달러 분의 4,000개의 적하품은 12월 4일에 오사카 출항 예정인 기선(motor ship) "은행나무"에 의해서 선적되어질 것입니다. 선적이 끝나자마자 당사는 팩스로 귀사에게 선적통지를 보내 드릴 것입니다. 참고로 미화 10,000달러 상당의 나머지 1,000개는 내년 1월에 발송되어질 것입니다.

당사는 매우 좋은 상태로 상품이 귀사에게 도착되는 것을 확신하며 가까운 미래에 귀사로부터 추가주문을 받기를 고대합니다.

29 전위험 담보보험 가입요청

We have duly received your letter dated November 28, the export price list including T.L.O insurance and the brochure.

Regarding the marine cargo insurance, we wish to insure the commodities against A.R. or on ICC(A) terms on your account. As is generally known, our PhotoMos relay is electrically delicate item and they are subject to casual damage during sea transportation. According to the test report provided by our laboratory, its destructive shock resistance is approximately 50G only.

Furthermore, we will annex a special TPND and Breakage Risk on our account.

We hope that you will accept our proposal and look forward to hearing from you shortly. Thank you.

29 Translation

당사는 11월 28일자 서신, 전손담보조건(Total Loss Only) 보험료가 포함된 수출 가격표와 귀사 소책자를 받았습니다.

해상적하보험과 관련하여, 당사는 귀사의 계정으로 상품의전위험 담보조건(舊협회적하약관 - Institute Cargo Clause- 상의 All Risks) 이나(新협회적하약관 상의)ICC(A)보험가입을 희망합니다. 주지하고 계시다시피 당사 포토모스릴레이는 전기적으로 섬세한 품목이며 해상운송 중에 파손되기 쉽습니다. 당사 시험소에서 제공한 시험조사서에 따르면, 그 충격내성은 겨우 50G(중력가속도) 정도 입니 다.

더 나아가 당사는 도난발하불착(Theft, Pilferage and Non-Delivery) 및 파손위험 담보의 특약보험을 당사 계정으로 부가하겠습니다.

우리의 제안을 받아들일 것으로 기대하며 빠른 연락 기다리겠습니다. 감사합니다.

30 선적완료 및 환어음 발행통지

We have the pleasure of informing you that we have shipped your order of 300,000 pieces of PNH1212 relay by the ship, M/S "Cotton Flower" sailing from Hong Kong on December 16. The goods are arranged to arrive at your port around December 20.

We are enclosing copies of relevant shipping documents for this order as follows:

	Number of copies
Commercial Invoice	3
Bill of Lading	3
Insurance Policy	2
Packing List	1
Inspection Certificate	2
Certificate and List of Measurement and Weight	2

Against this shipment, we have drawn a draft at 30 days after sight for the invoice amount of US$66,000 under their L/C, No.12548232 at the Korea First Bank, Wolgok branch and negotiated it with the Hongkong and Shanghai Banking Corporation Limited, Hong Kong office. Please honor the draft when presented to you.

We trust that the goods will reach you in the best condition and meet your full satisfaction.

30 Translation

당사는 12월 16일 홍콩항을 출항하는 "목화"호 편에 귀사가 주문한 PNH1212 릴레이 300,000개를 선적하였음을 알리게 되어 기쁩니다. 그 제품들은 12월 20일 귀사가 지정한 항구에 다다르도록 조치되어져 있습니다.

당사는 이 주문에 대한 관련 선적서류의 사본들을 다음과 같이 동봉합니다.

상업송장	3통
선하증권	3통
보험증권	2통
포장명세서	1통
검사증명서	2통
용적/중량 명세 및 증명서	2통

이 선적품에 대하여 신용장 No.12548262에 의거하여 송상금액 미화 66,000달러에 해당하는 일람 후 30일 출급어음을 한국의 제일은행 월곡동지점 앞으로 발행하였으며 이를 홍콩상하이은행 홍콩사무소에서 환어음의 매입을 의뢰하였습니다. 귀사에 어음이 제시되면 거두어 주시기 바랍니다.

당사는 물품이 최상의 상태로 귀사에 도착되고 귀사의 충분한 만족에 부응하리라 믿습니다.

31 선적일자 연장요청

Torrential rain and winds reaching up to 100 mph buffeted New England for a third straight day and the factory in Rhode Island which we placed your order has suffered serious injury. The rainstorm inflicted damages estimated at over 2 billion dollars, mostly in Rhode Island, Connecticut, and Massachusetts. The enclosed is the copy of this morning's the Providence Phoenix, one of the major regional newspapers in Rhode Island area for your reference.

We are sorry that we are not yet in a position to accomplish your order No.DDENC09081009. We have no other choice but to ask you to extend the shipment date to the end of September. We are confident the goods will arrive to you before the extended due date. We hope that you will understand and take the circumstances into consideration as the delay has been caused by a case of force majeure.

Thank you for your patience in this matter and we look forward to hearing from you again in the near future.

31 Translatio

갑작스런 폭우와 시속 100마일(1mph =1.6Km/h)의 강풍이 사흘 내내 미국북동부(New England : Maine, New Hampshire, Vermont, Massachusetts, Rhode Island, Connecticut)를 휩쓸었으며 귀사의 물품이 제조되기로 한 로드아일랜드의 공장이 심각한 손상을 입었습니다. 이 폭풍우는 주로 로드아일랜드, 코네티컷, 매사추세츠에 미화 20억 달러로 추산되는 손해를 입혔습니다. 동봉물은 귀사의 참조를 위한 로드아일랜드 지역 주요 지방신문의 하나인 프로비던스 피닉스지의 오늘 조간 사본입니다.

당사는 아직 귀사의 주문 DDENC09081009를 완성하기 위한 처지에 있지 않습니다. 당사는 9월말까지 선적일자를 연장할 것을 귀사에게 요청할 수밖에 없습니다. 당사는 물품이 귀사에게 연장된 날짜에 도착할 것이라고 확신합니다. 지연의 원인은 불가항력의 사정이므로 귀사가 정상을 참작해 주시기를 희망합니다.

귀사의 인내에 감사드리며 다시 곧 연락 받기를 고대합니다.

32 미납대금 청산요청

We would like to remind you that we have had no answer to our letter of December 5th regarding your account which is overdue by one month. In the light of your excellent credit history, we presume that a clerical error must have been a cause regarding this unusual case.

Enclosed is the copy of your outstanding balance sheet for your reference. If you have overlooked or misplaced it, please make your prompt remittance in full as soon as possible.

If you already have made your payment, please disregard this letter and forgive us for our impatience.

Thank you in advance for your assistance.

32 Translation

한 달 기한이 지난 귀사의 결제에 관한 12월 5일자 당사의 서한에 대하여 귀사의 회답을 받지 못하였음을 상기시키고자 합니다. 귀사의 신용실적으로 미루어 볼 때, 이와 같은 이례적인 일은 사무착오와 관련되어 있다고 추측합니다.

알아보시기 편하시도록 미청산잔액표를 첨부합니다. 모르고 지나치셨던 것이면 즉각적으로 전액을 지불하여 주시기 바랍니다.

이 서한을 귀사가 송금한 후에 받는다면, 이를 무시하시고 당사의 성급함을 용서해 주시기 바랍니다.

앞으로의 협조에 감사드리겠습니다.

33 대금의 수취

Thank you for your immediate response.

Today, we duly received your check for US$100 and we have enclosed a receipt for your remittance.

We are glad to hear that your R&D center will test our tact switch. Please let me know if you have any problem during examining this product. Upon having a satisfied result, we look forward to having more amicable business relationship with you.

*4 Douglas MacArthur's Address to Congress

The world has turned over many times since I took the oath on the plain at West Point, and the hopes and dreams have long since vanished, but I still remember the refrain of one of the most popular barrack ballads of that day which proclaimed most proudly that old soldiers never die; they just fade away.

33 Translation

귀사의 즉각적인 대응에 감사드립니다.

오늘 당사는 미화 100달러의 수표 잘 받았으며 송금에 대한 영수증을 동봉합니다.

우리는 귀사의 연구개발 부서에서 우리의 제품을 시험할 것이라고 하니 반갑습니다.

제품 검사 시에 문제가 생기면 알려 주시기 바랍니다. 만족할 만한 결과가 나오는 대로, 우리가 더욱 우호적인 비즈니스 관계를 가지게 되기를 고대합니다.

제가 웨스트포인트의 평원에서 선서한 이래 세상은 여러 번 바뀌었으며, 희망과 꿈이 사라진지 오래되었습니다만 그 당시 자신 있게 외쳤던 최고의 병영 애창곡들 가운데 한 곡의 후렴구를 저는 아직도 기억합니다. '노병은 죽지 않는다. 다만 사라져 갈 뿐이다.'

34 불량품 대체요청

Thank you for your shipment based on our order No.300 of December 10.

Upon the initial visual inspection, the products seemed to be in fine condition. However, we found 10 inferior goods among 1,000 co-axial switches on further examination.

We presume that the quality trouble was made during production and commodities of different quality were shipped to us without your prior inspection. Only your early action to expedite the replacement of these co-axial switches would minimize any further losses to both companies.

Please accept our request and fax us the confirmation of the exchange today.

34 Translation

12월 10일자 당사 주문 제 300호에 근거한 선적에 감사드립니다.

육안으로 1차 검사한 결과 제품은 좋은 상태인 것 같았습니다만 심층검사에서 1,000개의 동축스위치 중에 10개의 불량품을 발견했습니다.

우리는 생산 중에 품질문제가 발생했으며 품질이 다른 것들이 사전검사 없이 선적되었던 것으로 추측합니다. 귀사가 이들 동축스위치들의 대체를 신속하게 처리하는 것만이 양 사의 추가손실을 최소화하는 것입니다.

우리의 요청을 받아들여 주시고 (불량품)교환을 확정하는 팩스를 보내주세요.

35 불량품 반송에 따른 비용청구

We have received your shipment of resisters covering our order No. 701 dated April 3. Upon unpacking the case, we found that the goods were much inferior in quality to your original sample. We are returning the product back to and you should be responsible for the expenses of returning the product back to you.

The expenditures we have paid for processing the order are US$4,050 including freight, tariff, V.A.T. and storage charges. Among these expenditures, tariff and V.A.T. amounting to US$3,600 which will be refunded to us after returning the commodities back to you. Hence, we are enclosing an invoice for US$450 of the expenses incurred. We will ship back and return the resisters by collect upon receipt of the expense from you.

We look forward to your prompt response.

35 Translation

4월 3일자 당사 주문 제701호에 해당하는 저항의 선적품이 도착하였습니다. 상자를 풀어보니 물품이 귀사의 원래 견본보다 매우 열위에 있다는 것을 알게 되었습니다. 당사는 제품을 돌려보내며 반송비용은 귀사가 부담하여야 할 것 입니다.

당사가 발주를 진행하느라 지불한 비용은 운임, 관세, 부가가치세(value added tax), 창고료를 포함하여 미화 4,050달러입니다. 이들 중에서 미화 3,600달러에 달하는 관세와 부가세는 상품반송 후 당사로 환불될 것입니다. 그러므로 당사는 추가 비용 미화 450달러의 상업송장을 동봉합니다. 귀사로부터 비용을 받는 대로 착불로 그 저항들을 돌려보내겠습니다.

귀사의 즉각적인 답변을 기대합니다.

36 파손품에 대한 클레임 제기

Today, we have received Celduc's ICs which we ordered on November 19. Upon unpacking the case, we were surprised to find that the goods were badly damaged. We would advise you to use thicker carton in the future.

Meantime, as we notified you on our telephone conversation a little while ago, we request your immediate agreement on settlement. We will keep the product in our facility until we receive your reply.

We will look forward to receiving your prompt response by telephone.

*5 Mohandas Karamchand Gandhi's Non-cooperation with Non-violence

I believe in the doctrine of non-violence as a weapon of the strongest. I believe that a man is the strongest soldier for daring to die unarmed with his breast bare before the enemy.

36 Translation

당사는 12월 9일 발주한 셀덕 IC(집적회로: Integrated Circuit)를 오늘 접수하였습니다. 상자를 풀었을 때, 상품이 심하게 손상된 것을 발견하고 당황하였습니다. 귀사가 앞으로는 더 두꺼운 상자를 사용해 주실 것을 조언합니다.

그건 그렇고, 조금 전 전화통화에서 귀사에 통지한 바와 같이 당사는 (클레임)해결을 위한 귀사의 즉각적인 동의를 요구합니다. 당사가 귀사의 회답을 받을 때까지 그 물품은 당사에 귀속될 것입니다.

귀사의 조속한 전화회답을 고대합니다.

나는 비폭력주의가 최강의 무기라고 믿습니다. 나는 무장도 하지 않은 채 적의 앞에서 가슴을 드러내고 과감하게 죽을 수 있는 사람이야말로 가장 최강의 군인이라고 믿습니다.

37 수량부족 클레임

On March 15, we took delivery of your NaPiOn motion sensors.

Much to our dismay, we found a considerable deficiency in quantity of the products during checking the contents against your invoice. Although we ordered 550 units of NaPiOn in our order No.135, only 500 units were in the box. We are enclosing a copy of the modified invoice and packing list to show the quantities of the sensors actually delivered.

We have sustained a loss by the shortage of the goods. Please let us have your prompt reply as to when we can receive the deficient quantity of the product. Please settle this claim by fax.

*6 Martin Luther King, Jr. on the March on Washington

I have a dream that my four little children will one day live in a nation where they will not be judged by the color of their skin but by the content of their character.

I have a dream today.

37 Translation

3월 15일 당사는 귀사의 나피온 동작센서를 인수하였습니다.

어이없게도 송장과 비교해가며 내용물을 확인하자 상당한 수량부족이 발견되었습니다. 당사가 발주번호 135에서 550개의 나피온을 주문했음에도 단지 500개만이 상자에 들어있었습니다. 당사는 실제로 도착한 센서의 수량을 나타내는 수정된 송장사본을 동봉합니다.

당사는 물품부족으로 인해 손해를 입은 상태입니다. 언제 당사가 부족분을 입수할 수 있는지에 관하여 즉각적인 답변을 보내주시기 바랍니다. Fax를 통하여 이 클레임을 해결해 주세요.

나에게는 언젠가 나의 네 명의 아이들이 피부색에 의해서 판단되는 것이 아니라 그들의 인간됨됨이로 판단 받는 나라에서 살게 될 것이라는 꿈이 있습니다.

오늘도 나에게는 꿈이 있습니다.

38 배송지연에 대한 불만

We have neither received the goods we ordered from you on November 1 nor received any notification from you regarding the delay. It will cause us a heavy loss in our business. We would like to request that you send the products no later than 20th of this month.

Since we have done the business with you, we never had occasion of delayed delivery of products without any explanation. We think manager in charge of orders made this mistake.

We have enclosed the copy of the order for your information. We would like to take immediate action upon receipt our letter. If you have already sent the products so that we will receive the product by 20th of this month, please disregard this letter.

We are looking forward to a prompt reply.

38 Translation

귀사에 11월 1일에 주문한 물품이 아직 도착하지 않았고 당사는 이 지연과 관련한 아무런 답변을 받지 못했습니다. 이 지연은 당사에 막심한 손실을 일으킬 수 있습니다. 이번 달 20일 까지 주문한 물품을 보내주십시오.

당사가 귀사와 거래를 맺은 이래, 당사는 지연에 아무런 설명 없는 물품을 받아 본 적이 없습니다. 당사가 생각하기로는 주문을 담당 매니저가 실수한 것 같습니다.

우리는 귀사의 정보를 위해 당사가 작성한 주문서 사본을 동봉합니다. 이 서신을 받으신 즉시 조치를 취해주시기 바랍니다. 만약 귀사가 이번 달 20일 까지 도착 할 수 있도록 이미 물품을 발송하셨다면, 이 서신을 무시해 주십시오.

귀사의 빠른 답변을 부탁드립니다.

39 물품상위(相違) 클레임의 해결

After receiving your letter dated May 25, we are surprised and embarrassed about the wrong delivery.

We found that the mistake was indeed made by a rookie in our Shipping section of the Export department due to a confusion of part Nos. We will get the wrong products back at our cost and arrange for the dispatch of your correct consignment at once.

We sincerely apologize for any trouble caused by us. We will take all possible steps to ensure that such a mistake will not be made in the future.

*7 Bill Clinton's Inaugural Address

Let us never forget: The greatest progress we have made, and the greatest progress we have yet to make, is in the human heart. In the end, all the world's wealth and a thousand armies are no match for the strength and decency of the human spirit.

39 Translation

귀사의 5월 25일자 서한에 놀랐으며 잘못된 배송에 몸 둘 바를 모르겠습니다.

신입이 품번들을 혼돈하여 당사 수출부의 선적과에서 실수가 저질러졌음을 방금 확인했습니다. 당사의 비용으로 잘못 발송된 상품들을 회수하고 당장 주문품과 같은 적송품의 발송을 조치하겠습니다.

당사는 귀사에 발생하는 문제에 대하여 진심으로 사과드립니다. 향후 그러한 실수가 재발되지 않도록 가능한 모든 조치를 취하겠습니다.

우리가 이루어 낸 가장 위대한 진보와 앞으로 이루어야 할 가장 위대한 진보는 인간의 마음속에 있다는 것을 결코 잊지 맙시다. 결국 전 세계의 부와 막강한 군대도 인간정신의 힘과 품위에는 상대가 되지 않습니다.

40 파손품 클레임에 대한 회답

We regret to hear from you that you have received the case of damaged products of Celduc's ICs. To avoid such problem in future transactions, we would accept your proposal to use thicker carton.

We thoroughly investigated this damage claim and found out that we didn't have any problem handling this order. We are certain that the products were in good condition when they left us. It can be proved by the clean B/L. Therefore, we would suggest that you make a claim against the shipping company.

If you will send us the documents which show the bad condition of the ICs, we will take care of the matter for you with the shipping company.

We hope this matter will not hurt the amicable business relationship we have enjoyed between Ewha Trading and Cosmo.

40
Translation

당사는 귀사가 셀덕 IC의 손상된 상자를 받았다는 소식을 듣고 매우 유감스럽게 생각합니다. 당사는 차후에 그런 문제가 없도록 더 두꺼운 상자를 사용하라는 귀사의 제안을 받아들이겠습니다.

당사는 이 손상에 대해 면밀히 조사하였고 당사는 이 건에 대해 아무런 잘못이 없다는 것을 알아냈습니다. 우리는 제품이 출항할 때 양호한 상태였음을 확신합니다. 그것은 무사고선하증권으로 증명됩니다. 따라서 당사는 귀사가 선박회사에 배상청구하기를 제의합니다.

만약 귀사에서 IC의 안 좋은 상태를 나타내는 서류들을 보내신다면 귀사를 위해 당사가 선사에 문제제기를 하겠습니다.

당사는 이 일로 이화무역과 코스모간의 우호적인 비즈니스 관계가 손상되지 않기를 희망합니다.

41 중재합의

Submission to Arbitration

We the undersigned parties, hereby agree to submit all disputes to the Korean Commercial Arbitration Board for arbitration in Seoul, Korea in accordance with the Arbitration Rules of the Korean Commercial Arbitration Board and under the Laws of Korea with impeccable understanding that the arbitral award to be rendered on the dispute shall be final and binding upon all the parties concerned. This submission takes effect from the undersigned date.

Party(A)

Name of Corporation : Infotech GmbH
Address : Erdingerstrasse 45, D-71821 Freising, GERMANY
Name of Representative : Christiana Penger, General Manager

Signed by : ______________________

Date of Signature : ___, ___, _________

Party(B)

Name of Corporation : Dong Sung E&C
Address : 130-1, Jangsa-dong, Jongro-ku, Seoul, KOREA
Name of Representative : Woo-jin Park, President & CEO

Signed by : ______________________

Date of Signature : ___, ___, _________

41
Translation

중재합의

아래 당사자들은 아래 내용의 분쟁을 대한상사중재원의 중재규칙 및 대한민국 법에 따라 대한상사중재원에서 중재에 의하여 해결하기로 하며, 본 분쟁에 대하여 내려지는 중재판정은 최종적인 것으로 모든 당사자에 대하여 구속력을 가지는 것에 합의한다. 이 합의는 서명일로부터 발효한다.

당사자(A)

상호명 : 유한회사 Infotech

주소 : Erdingerstrasse 45, D-71821 Freising, GERMANY

대표자명 : 총지배인 크리스티아나 펭거

서명 : ____________________

서명일자 : ___, ___, ________

당사자(B)

상호명 : 동성 E&C

주소 : 대한민국 서울 종로구 장사동 130-1

대표자명 : 대표이사 사장 박우진

서명 : ____________________

서명일자 : ___, ___, ________

42 가격인하 요구의 일부 승낙

We have read the letter of complaint very carefully on that incident of terrible delivery delay which has caused you a great loss of business. Also, we have received your request to cut down the FOB price by 15% to share the loss.

As we have informed you already in our letter of November 27, the deferred shipment was caused by the conflagration at our storage, which is a case of a force majeure which we had no control over. Normally, that means we are not responsible for your loss.

However, we sympathize with you in a bad situation and we decided to give you a 10% price discount. We hope this will meet your expectation. We deeply apologize for the inconvenience.

42 Translation

심각한 배송지체가 귀사의 비즈니스에 막대한 손실을 끼쳤다는 불만서신을 주의 깊게 읽었습니다. 또한 그 손실을 분담하기 위하여 FOB를 15% 삭감하자는 요청을 받았습니다.

11월 27일자 당사 서한에서 이미 알려드린 바와 같이 선적의 지연은 당사창고의 대형화재에 의한 것이고 그것은 불가항력의 경우에 해당합니다. 따라서 당사가 귀사의 손실을 부담하는 입장에 있지 않습니다.

그러나 귀사의 안 좋은 상황을 공감하여 10%의 가격인하를 결정하였습니다. 이것이 귀사의 요청에 어느 정도 부응하기를 바라며 귀사가 갖게 된 불편에 고개 숙여 사과드립니다.

43 가격인상통보

We have an announcement and a request to you – We need to make a price increase of J & L series relays produced by KNU Thailand and Khon Kaen due to the material price increase. These two factories have been making every effort to absorb the cost increase to meet the market prices of the products and leave the price at current level. However, the impact of the cost increase has become more than manageable –10 percent up in cost of production. For stability and continuity of J & L relay business, we would like our sales agencies to share the impact of cost increase on the two manufacturing companies.

After a very careful consideration on the situation, we are to raise FOB Thailand prices in US dollar by 5% effective January 1, 2015(ex-factory shipment basis). We are requesting you to accept a half-and-half burden of the increase.

We are determined to strengthen the future cooperation with you for further expansion of the relay business.

Your understanding would be very much appreciated.

43 Translation

당사는 자재가격의 상승 때문에 KNU 태국과 콘캔에서 생산되는 J시리즈와 L시리즈 릴레이들의 가격인상을 요청 드려야만 합니다. 두 공장은 제품의 시장가격을 맞추기 위하여 가격상승의 (악영향을) 흡수하고 현재의 가격수준을 유지하려 모든 노력을 다하여 왔습니다. 그러나 가격상승의 영향은 관리 가능한 수준 이상입니다 – 약 10% 상승. J시리즈와 L시리즈 릴레이 비즈니스의 안정성과 영속성을 위하여, 판매대리점들이 두 제조 (자)회사로의 가격상승 충격을 분담해 준다면 좋겠습니다.

이 문제에 대한 심사숙고 끝에, 2015년 1월 1일부터(공장출하 기준) 미국달러화로 된 FOB 태국 가격을 5% 올리기로 하였습니다. 상승분에 대한 반반씩의 부담을 수용하시기를 요청합니다.

당사는 릴레이 판매의 확대를 위해 앞으로 귀사와 더욱 협력을 강화해 나갈 것입니다.

귀사의 이해를 바랍니다.

44 품질보증조항

Warranty

The Goods shall conform to the specification set forth in this

Contract and free from defects in material and workmanship for [ ] months from the date of shipment. The extent of Seller's liability under this warranty shall be limited to the repair or replacement as herein provided of any defective Goods or parts thereof. Provided, however, this warranty does not extend to any of the said Goods which have been : (a) subjected to misuse, neglect, accident or abuse, (b) improperly repaired, installed, transported, altered or modified in any way by any other party than Seller or (c) used in violation of instructions furnished by Seller. Except for the express limited warranties set forth in this article, seller makes no other warranty to buyer, express or implied, and herby expressly disclaims any warranty of merchantability or fitness for a particular purpose. In no event shall Seller be liable to Buyer under this Contract or otherwise for any lost profits or for indirect, incidental or consequential damages for any reason.

44 Translation

품질보증

상품은 본 계약에 규정된 명세에 부합해야 하며 선적일로부터 [ ] 개월간 소재 및 제조공정에 하자 없음을 보장한다. 매도인의 본 보증에 따른 책임한도는 하자상품 또는 그 부품의 수리 또는 교환에 그친다. 본 보증은 (a) 상품이 오용되거나, 허술히 다뤄지거나, 사고가 나거나, 또는 남용된 경우 (b) 매도인 이외의 자가 부적절히 수리, 설치, 운반, 변경한 경우 (c) 매도인의 지시사항을 위반하여 사용된 경우에는 적용되지 아니한다. 본 조항에 규정된 명시적 보증을 제외하고는 매도인은 매수인에 대하여 명시적이든 묵시적이든 다른 어떤 보증도 하지 아니하며 상품성보장 및 특정목적 적합성

보장은 하지 않음을 선언한다. 어떤 경우에도 매도인은 매수인에게 본 계약상 또는 기타 사유로 영업이익상실, 간접적 · 우연적 · 결과적 손해에 대한 책임이 없다.

45 계약해지조항

Remedy

Buyer shall, without limitation, be in default of this Contract, if Buyer shall become insolvent, bankrupt or fail to make any payment to Seller including the establishment of the letter of credit within the due period. In the event of Buyer's default, Seller may without prior notice thereof to Buyer exercise any of the following remedies among others :

(a) terminate this Contract;

(b) terminate this Contract as to the portion of the Goods in default only and resell them and recover from Buyer the difference between the price set forth in this Contract and the price obtained upon resale, plus any incidental loss or expense; or

(c) terminate the Contract as to any unshipped balance and recover from Buyer as liquidated damages, a sum of (　) percent of the price of the unshipped balance.

45
Translation

계약의 해지

매수인이 지급불능, 파산 또는 적시의 신용장개설을 포함하여 매도인에 대한 지급을 하지 않는 경우, 매도인은 매수인에 대한 사전 통보 없이 다음의 권리를 행사할 수 있다.

① 본 계약의 해지(해제)

② 불이행 부분에 대하여 계약을 해제하고 이를 재매도하여 매수인으로 부터는 계약금액과 재매도가액과의 차액을 징구

③ 미선적부분에 대하여 계약을 해제하고 매수인으로부터 미선적 금액의 [ ] %를 손해배상액으로 징구

46 클레임과 중재조항

Claims

Any claim by Buyer of whatever nature arising under this Contract shall be made by facsimile or cable within [ ] days after arrival of the Goods at the destination specified in the bills of lading. Full particulars of such claim shall be made in writing, and forwarded by registered mail to Seller within [ ] days after such fax or cabling. Buyer must submit with particulars the inspection report sworn by a reputable surveyor acceptable to the Seller when the quality or quantity of the Goods delivered is in dispute. Failure to make such claim within such period shall constitute acceptance of shipment and agreement of Buyer that such shipment fully complies with applicable terms and conditions.

Arbitration

Any dispute arising out of or in connection with this contract shall be finally settled by arbitration in Seoul in accordance with the Arbitration Rules of the Korean Commercial Arbitration Board.

46
Translation

클레임

본 계약 하에서 발생하는 매수인의 모든 클레임은 선하증권에 기재된 도착항에 상품이 도착한 날로부터 [ ] 일 이내에 fax나 cable로 제기한다. 클레임의 상세한 내역은 서면으로 작성하여 위 fax나 cable 일자로부터 [ ] 내에 등기우편으로 매도인에게 제출한다. 매수인은 상품의 수량과 품질에 관한 다툼이 있는 경우 위 클레임상세와 함께 매도인이 인정한 검사인이 작성한 검사보고서를 제출한다. 위 기한 내에 위 클레임을 제기하지 못할 경우는 선적품의 인수로 되고 동 선적이 해당 조건을 충족시키고 있음을 매수인이 동의한 것이 된다.

중재

본 계약 및 그 불이행과 관련하여 발생되는 모든 분쟁은 대한민국 서울에서 대한상사중재원의 중재규칙에 따라 중재로 해결한다. 중재인이 내린 판정은 최종적인 것으로 관련당사자 쌍방을 구속한다.

47 신규사무소 개점 인사

It is our great pleasure to announce that we are opening Gumi office, in Gumi-shi, Kyungsangbuk-do. We have made a decision to supplement our Pusan office with this new office in Gumi due to expanding demands for electronic components from customers in Gumi Digital Electronics Industrial Complex.

This will enable us to efficiently handle your orders and provide quicker deliveries. The new Gumi office is open for business now and our capable staffs are on duty full time. Our office is located at the following address:

15 block
Gumi Digital Electronics Industrial Complex
164 Gongdan-dong, Gumi-shi,
Kyungsangbuk-do, 730-030, Korea
Telephone number: (054) 467-0715
Fax number: (054) 467-0716

All of the staffs in Gumi office are looking forward to serving you in the near future.

47 Translation

당사는 경상북도 구미에 사무실을 열게 된 것을 알리게 되어서 대단히 기쁩니다. 구미공단에 있는 고객들의 전자부품 수요가 늘어나기 때문에 당사는 부산사무실에 더하여 구미에도 새로운 사무실을 두기로 하였습니다.

이는 보다 효과적인 주문 처리와 빠른 배송을 가능하게 할 것입니다. 새 구미사무실은 현재 영업 중이며, 모든 직원들이 정상 근무 중입니다. 사무실은 아래의 주소에 위치해있습니다.

우편번호 730-030
한국 경상북도 구미시
공단동 164번지
구미공단 15구역
전화 : (054) 467-0715
팩스 : (054) 467-0716

구미사무소 직원 모두는 근간에 여러분들을 모시게 되기를 기대하고 있습니다.

48 매장주소 이전

We are pleased to announce that the sales shop of Kangnam E&C will relocate to Kukje Electronics Center located at 1445-3 Secho-dong, Seocho-ku, Seoul on April 16. In addition, our warehouse and Import Department will be near the new sales shop. This move makes us more convenient and faster for us to process the orders from our major customers located at southern Seoul area.

The new phone numbers of the shop will be (02)581-2321 and 2322. Also, its fax number will be changed to 581-5321. These will be installed on April 15.

We will be glad if you can stop by our new sales shop when you happen to be near our new shop area. We will give away a small souvenir to our visitor to celebrate the moving.

48 Translation

4월 16일자로 강남E&C의 매장을 서울 서초구 서초동 1445-3번지의 국제전자센터로 이전합니다. 또한 당사의 창고와 수입부서도 새로운 매장의 근처로 할 것입니다. 이로써 서울 남부지역에 위치한 당사의 주요 고객들의 주문을 당사가 진행함에 있어서 보다 편리하고 빨라지게 될 것입니다.

새 전화번호는 (02)581-2321 와 2322이며, 팩스번호 또한 581-5321로 바뀔 것이며, 이들은 4월 15일에 개설될 것입니다.

당사는 귀사에서 당사의 새로운 매장 근처에 계실 경우 들러 주신다면 기쁘겠습니다. 우리는 이전을 기념하여 방문객에게 작은 기념품을 드릴 것입니다.

49 승진축하인사

I was delighted to read the report about your advance to the director of Kuala Lumpur office in USW Business News. I would like to offer you my hearty congratulations on your achievement and your continuing success in USW Trading.

Your rapid promotion reflects your capability and remarkable contribution in your company. Also nobody can think of a better person more deserving of that duty.

I am proud of your right attitude and passion. I believe you will continuously have great accomplishment in your new position and I wish you great success and all the best in your future endeavors.

49 Translation

USW 비즈니스 뉴스에서 당신이 쿠알라룸푸르사무소의 소장으로 영전했다는 소식을 읽고 기뻤습니다. 귀사에서 당신의 성취업적과 승승장구에 진심으로 축하를 보냅니다.

당신의 빠른 승진은 당신의 능력과 두드러진 공헌이 적절하게 반영된 것입니다. 누구라도 당신 보다 그 직무에 더 어울리는 인재를 생각해 볼 수 없습니다.

저는 올바른 자세와 열정을 갖추고 있는 당신이 자랑스럽습니다. 당신은 새로운 직책에서 변함없이 잘 해나갈 것이라 믿으며 당신의 향후 노력이 크게 성공하고 모든 것이 최상이 되시기를 빕니다.

50 창사기념파티 초청

It is getting close to fortieth anniversary of Kangnam E&C. On this meaningful occasion of our company, we would like to thank you for your impressive support and professionalism. We would like to take this time to express our thanks to you and invite you to a party.

The gala party will be held at the Grand Ballroom of Alexis Hotel from 7:00pm on November 2. The directional map to the hotel is enclosed with this invitation.

Your presence at the evening party will be a great honor to all of us at Kangnam E&C. Your R.S.V.P.(to Ms. Na-hyun Park no later than October 31) will be of great help us.

This party is by invitation only.

50 Translation

서서히 강남E&C의 창립40주년이 다가오고 있습니다. 당사의 의미 깊은 행사를 맞이하여 귀하의 인상적인 지원과 직업의식에 감사들 드립니다. 그래서 당사는 이번에 고마운 마음을 나타내면서 당신을 저희 파티에 초청하고자 합니다.

11월 2일 오후 7시부터 알렉시스호텔 그랜드볼룸에서 축하만찬을 열 것입니다. 초대장과 함께 호텔 약도를 동봉합니다.

이 파티에 있어서 당신의 참석은 저희 강남E&C 임직원 모두에게 큰 영광이 될 것입니다. 당신의 조속한 회신(Repondez s'il vous plaît: 10월31일까지 박나현씨에게)은 큰 도움이 될 것입니다.

이 파티는 초청 받은 분만 참석하실 수 있습니다.

51 전시회 참가

Dear Business Partners,

We, Infotech GmbH, will participate at the upcoming exhibition in November of this year .

ELECTRONICA MUNICH EXHIBITION
FROM 11TH NOVEMBER TO 14TH NOVEMBER 2011

We are looking forward to your visit to our Booth B5-500.

Do you plan an appointment with one of our sales people during the time at the Electronica? Please don't hesitate to contact me or my colleague, Ms. Andra Riemhofer (a.riemhofer@infotec.de) for time schedule.

In case you need more information about this trade show, you can visit their homepage www.electronica.de

We appreciate your kind attention.

Yours sincerly

Martina Penger

Infotech GmbH
Erdinger Straße 223 D-71821 Freising
Tel: +49 (0)8565 / 7721-29 Fax: +49 (0)8565 / 7730-33

51
Translation

협력사 귀하

폐사, 인포테크 GmbH(Gesellschaft mit beschränkter Haftung : 유한회사)는, 금년 11월 전시회에 참가합니다.

일렉트로니카 뮌헨 전시회
2011년 11월 11일부터 14일까지

귀사가 폐사 부스 B5-500에 내방해 주실 것을 기대합니다.
일렉트로니카 기간 동안 폐사 영업사원과의 일정을 계획하고 계십니까? 스케쥴 조정을 위하여 저 혹은 저희 동료직원 안드라 리엠호퍼(a.riemhofer@infotec.de)에게 연락바랍니다.

혹시 이번 상업전시에 관한 더 많은 정보를 원하신다면, 홈페이지 www.electronica.de로 방문하시면 됩니다.

주목해 주셔서 감사합니다.

52 초대 수락 서신

Thank you very much for your friendly invitation for the party on the 40th anniversary of Kangnam E&C. I can not think of any more pleasant way to spend the evening than seeing all of you again. Furthermore, the party will give me a chance to converse with your President, Woo-jin Park.

I have heard that many popular singers will appear in the gala dinner. I am really excited about the party and I am sure to attend the party

I will see you on November 2.

52 Translation

강남E&C의 창사 40주년 기념 파티에 초대해 주셔서 대단히 감사합니다. 그 날 밤에 여러분들과 만나는 것보다 더 큰 기쁨은 없습니다. 더 나아가 저는 파티에서 귀사의 박우진사장님과 대화를 나눌 기회도 얻을 수 있을 것입니다.

저는 축하만찬에서 많은 유명가수들이 출연한다고 들었습니다. 저는 정말 파티가 기대되며 파티에 틀림없이 참석할 것입니다.

11월 2일에 뵙겠습니다.

53 초대 거절 서신

I very much appreciate the honor of being invited to the party for the fortieth anniversary of Kangnam E&C.

Although I would very much like to attend the party, I am afraid that I will be unable to do so. Unfortunately, according to my schedule, I will be on a business trip to China from October 30 and will not be back on that very day to attend.

I would like to take this opportunity to congratulate you on 40 years of your achievement and the anniversary party. Perhaps, I will give you a call when I return from China, then we will set up a dinner.

53 Translatio

강남E&C의 창사 40주년 기념 파티에 초대되는 영광을 주셔서 대단히 감사합니다.

저는 그 파티에 꼭 참석하고 싶지만 그럴 수 없을 것 같아 아쉽습니다. 불행히도 제 일정에 따르면, 저는 10월 30일부터 중국출장을 가서 그 날 돌아올 수 없습니다.

이번 기회를 빌려 발전된 40년이라는 시간과 기념파티를 축하드립니다. 아마도 제가 중국에서 돌아오면 전화를 드리고 저녁식사 날이라도 정하도록 하겠습니다.

54 추천서(LETTER OF RECOMMENDATION)

FEBRUARY 8, 2010

Dear Sir or Madam,

I would like to recommend Ms. Yuna Kim in the highest terms. For the past half year, she was the best intern in my company, a Korean agency for Matsushita Electric Works.

I like to point out that she can speak Japanese and English although her native language is Korean. Additionally, she maintains the best relationship with Matsushita on her Management duty. I was greatly satisfied with her performance.

Personally, I like her sense of responsibility and open-minded nature. In her work, she had positively completed her task all the time. I rate Ms. Kim to be an excellent intern and strongly recommend her to your company. I hope that you will give favorable attention to her application.

I am sure that she hopes to devote herself in electronic industry. As I mentioned above, I am certain that she can be an enthusiastic member of your firm. Any further information about Ms. Kim will be available upon your request.

Faithfully yours,

Ji-sun Oh
President
Woo Jin Electric Controls

54
Translation

저는 김연아씨를 추천하고자 합니다. 지난 반년동안, 그녀는 마츠시타의 한국대리점인 폐사에 있어서 최고의 인턴사원이었습니다.

저는 그녀의 모국어가 한국어임에도 일본어와 영어를 구사할 수 있다는 점을 강조하고 싶습니다. 더욱이 그녀는 관리업무에 있어서 마츠시타와 최상의 관계를 유지했습니다. 저는 그녀의 성과에 대단히 만족했습니다.

저는 개인적으로 그녀의 책임감과 개방적인 성품을 좋아합니다. 회사에서 그녀는 항시 긍정적으로 그녀의 업무를 완수했습니다. 저는 그녀를 최고의 인턴으로 등급을 매기며 귀사에 강력히 추천합니다. 그녀의 입사지원에 호의적인 관심을 기울여주시기를 희망합니다.

저는 그녀가 전자산업에 스스로를 헌신하기를 바란다고 확신합니다. 위에서 말씀드린 것처럼 그녀가 귀사의 열성적인 일원이 될 수 있다고 확신합니다. 요청하신다면 그녀에 관한 더 많은 정보를 드릴 것입니다.

우진전기제어
사장 오지선 드림

55 이력서의 cover letter

Dear Mr. Brake,

Recently I have been researching the leading companies in dealing electronic components for a job. My search has been for companies that are respected in the field and provide effective training programs. As the result, my research shows that USW Trading is the second to none in the all aspects. This is the reason why I am applying for a job at your company.

I am a prepared international trading specialist with internship experience in Woo Jin Electric Controls. I also have knowledge in economics and strong analytical techniques to deal with market fluctuations. If you have recruited someone in this area, your perspicacity enables you to see that my resume demonstrates a person of unusual dedication, proficiency, and energy.

I enclose a copy of my resume and look forward to examining my background and skills that can benefit USW. I can be reached at 822-536-6000 to initiate contact.

Yours truly,

55
Translation

브레이크씨께,

근래에 저는 구직을 위하여 전자부품을 취급하는 선두 기업들을 조사하고 있었습니다. 저의 탐색은 효과적인 훈련과정을 제공하는 업계에서 선망 받는 기업에 대한 것이었습니다. 그 결과, 저의 조사에서 USW 무역이 모든 면에서 최고였습니다. 이것이 제가 귀사에 지원하는 이유입니다.

저는 우진전기제어에서 직업연수 경력을 갖은 준비된 국제 거래 전문가입니다. 저는 경제학 지식과 시장변동을 다루는 강력한 분석기술도 가지고 있습니다. 만약 귀하가 이 분야에서 누군가를 채용하려 한다면, 귀사의 통찰력을 통해 평범하지 않은 헌신과 능력 그리고 정력적인 한 사람을 증명하는 제 이력서를 볼 수 있을 것입니다.

저는 이력서를 첨부하며 USW에 이익이 될 저의 경력과 기량을 검증 받기를 기대합니다. 822-536-6000으로 첫 연락을 취하실 수 있습니다.

*8 이력서(RESUME)

Yuna Kim
#1378 Seocho4-dong, Seocho-Ku
Seoul, 137-780, Korea
(822)536-6000 e-mail:kimyuna@skku.edu

* NATIONALITY Republic of Korea

* DATE OF BIRTH September 25, 1987

* PERMANENT ADDRESS

#1378 Seocho4-dong, Seocho-ku
Seoul, 137- 780, Republic of Korea
TEL: (82)-(2)-536-6000

* PRESENT STATUS

Candidate for an BBA degree in Sungkyunkwan University, Seoul, Korea (Present GPA : 4.05 / 4.5 , Major : Global Business)

* OBJECTIVE

To be the world's best CEO who has various management skills, understands cultural diversity, and speaks many languages. Especially, I want to follow my father's way, who is the Vice President of Hyundai Corporation, one of the biggest international trade companies in Korea.

* LANGUAGE TRAINING

Sisa Language Academy(English), Seoul, Korea, 2007-09

Wiz Language School(Japanese), Tokyo Japan, Dec.2008-Feb. 2009
ESL course at University of Portland(English), Oregon, USA, Jun.-Aug. 2010

* AWARDS

Academic Scholarship in Sungkyunkwan University for six semesters

Academic Excellency Award (GPA: 4.43/4.5) in 2nd-semester 2008, Sungkyunkwan University

First runner-up in Writing Proficiency Contest hosted by Kangnam University 2009

* LANGUAGES

1st language - Korean (Native)

2nd language - Japanese
(passed 1st level(Ikkyu-370/400) of Japanese-language Proficiency Test administered by the Japan Foundation and the Association of International Education, Japan: Feb. 23, 2009)

3rd language - English (TOEIC score 905 by ETS: October 30, 2009)

* SKILLS

Computing : Word processing, Excel, Interne, etc

Taekwondo : Black Belt (1st level)

Others : CPR Certification by Korea Red Cross

* EMPLOYMENT HISTORY

Part-timer in Accounting Department, Seocho-ku City Office Winter 2008

Internship in Trade Department, Woo Jin Electric Controls Fall/Winter 2010

* AFFILIATIONS & COMMUNITY INVOLVEMENT

Community — Volunteer at Eunpyoung Angel's Orphanage, Seoul, Korea 2008 - 2010

Dongduk Women's University — Vice President of International Culture Club 2009-2010

*2 숫자 관련

연호

1999 nineteen ninety nine
2009 two thousand nine/ twenty o nine
1900 nineteen hundred

시각

2:00 two o' clock
2:30 two thirty/half past two
24:00 midnight
2:15 two fifteen/ a quarter past two
2:45 two forty-five/ a quarter to three

기수

6,271,453
Six million two hundred seventy-one thousand four hundred fifty-three
2,581,921,505
Two billion five hundred eighty-one million nine hundred twenty-one thousand five hundred five

서수

1st ; first
2nd ; second
3rd ; third
4th : fourth
5th ; fifth
9th ; ninth
12th ; twelfth
20th ; twentieth
21st ; twenty-first
30th ; thirtieth
100th ; one hundredth

Part Ⅳ

Practical Conversation

담당자변경안내, 업무진행지체, 승진, 장기출장통보,
음료권유, 업무미숙에 대한 사과, 지각에 대한 해명,
전화업무, 잔업, 업무고충상담, 담당자평가, 해외사무소,
경영기획회의, 제품 포지셔닝, 판매전략, 가격전략

1. 담당자변경안내

Blake: Thank you for your constant patronage.

Unfortunately, I will be transferred to our office in Toronto soon.

So I would like to introduce a new salesperson who will take over my position and I would like to say farewell to you also.

Park: Oh, thank you for your kindness.

Janet: Nice to meet you, sir. My name is Janet.

Park: My name is Park. Nice to meet you.

A young person has taken over our account.

Blake: Though she is young, she is a reliable person.

Please help guide her in her new responsibility.

Janet: Please grant me your kind assistance.

지속적인 협조에 감사드립니다.

아쉽지만, 저는 조만간 토론토에 있는 사무실로 옮길 예정입니다.

그래서 제 직책을 떠맡을 새로운 영업사원을 소개하고 저는 작별하고자 합니다.

당신의 배려에 감사드립니다.

반갑습니다, 저는 Janet이라고 합니다.

저는 Park입니다. 반갑습니다.

젊은 분께서 우리 업무를 맡으셨군요.

그녀는 젊지만 믿음직한 사람입니다

그녀에게 새로운 직무를 안내하여 주세요.

잘 부탁드립니다.

2. 업무진행지체

Kim: Ahh, it's just not working out right.

Liz: What's wrong?

Kim: That deal with Bangkok Trading Company.

Liz: Oh, that. Well, there's no use in getting all worked up about it now. It's best to just let it go.

Kim: Yeah, but I spent a year and a half going back and forth to them.

I had thought we were ready to sign a contract.

Liz: Yeah, it's hard to believe they wouldn't. But it was those other guys- MSH production-that were at fault. It appears that they have been in tight with Bangkok for a long time.

이런, 잘 되지 않는군요.

무슨 문제입니까?

Bangkok무역회사와의 거래요.

아, 그거요. 지금 현재는 잘 풀리도록 할 수 있는 방법이 없어요. 그냥 자연스럽게 흘러가도록 두는 것이 최선의 방법입니다.

네, 하지만 전 이번 일에 일 년 반이나 이리저리 뛰었습니다.

저는 계약에 사인할 준비가 다 되었다고 생각했어요.

네, 저도 이렇게 된 것이 믿기지 않아요. 하지만 MSH 프로덕션에도 문제가 있습니다. 그들은 오랫동안 Bangkok과 관계를 가지고 있는 것 같아 보입니다.

3. 승진

Kate: Mr. Underwood, congratulations!

Underwood: Thanks.

Kate: So you're going to be the vice president of the Korea branch.

Underwood: Yeah.

Kate: That's really wonderful. I wish you the best of success.

Underwood: Thanks you. But I'll be living away from my family, so it's going to be tough.

Underwood씨 축하드립니다.

감사합니다.

당신이 한국지사의 부사장이 되는군요.

그렇습니다.

멋지네요. 당신이 성공하길 바랍니다.

감사합니다. 하지만 전 가족과 떨어져 지내야 하는데, 쉽지 않은 일일 것 같아요.

4. 장기출장통보

Thompson: I appreciate your constant patronage.

I have to go to England for one month starting next week, so I came to express farewell to you.

Sarah: Oh, thank you very much.

Thompson: Mr. Simpson will take care of your company in my place for a while.

If you have any questions, please do not hesitate to ask him.

Sarah: Okay. Have a safe trip.

Thompson: Thank you very much.

지속적인 협조에 감사드립니다.

전 다음 주에 한 달간 영국에 갑니다. 그래서 인사하기 위해 왔습니다.

감사합니다.

당분간 Simpson씨가 저를 대신하여 당신 회사와 관련된 업무를 처리할 것입니다.

의문사항이 있으면 그에게 요청하세요.

조심히 다녀오세요.

감사합니다.

5. 음료권유

Kaori : I have finished. Is this O.K.?

Woojin : Thanks. You've really helped me.

Kaori : Would you like some drink? I will go out and get it.

Woojin : What?

Kaori : Coffee, tee, or juice.

Woojin : Oh, well, OJ, please.

(Kaori brings some orange juice.)

Kaori : Here you go, sir.

Woojin : Thanks.

완료했습니다. 괜찮은가요?

감사합니다. 정말 도움이 많이 되었습니다.

음료하시겠습니까? 나가서 사오겠습니다.

네?

커피, 차, 아니면 주스.

오렌지주스 부탁드립니다.

(Kaori가 오렌지주스를 가져온다)

여기 있습니다.

감사합니다.

6. 업무미숙에 대한 사과

Lee: Hey, Misaki. About the project files which I borrowed from the data office.

Misaki: Yes?

Lee: The project files.

Misaki: To tell the truth, I have lost them…

Lee: What? The ones for the product samples, too?

Misaki: Yes, I tried hard to find it, but I couldn't.

Lee: Oh, those were just some copies. You do not need to worry so much.

Misaki: I am terribly sorry. I will be careful from now on.

Misaki씨. 자료실에서 빌려온 프로젝트 파일을요.

네?

프로젝트 파일들.

솔직히 말해, 그것들을 잃어버렸습니다.

뭐라고? 제품 샘플에 대한 것들도 말인가요?

네, 그것들을 도저히 찾을 수가 없었어요.

그것들은 복사본입니다. 너무 걱정할 필요 없어요.

정말 죄송합니다. 앞으로는 조심하겠습니다.

7. 지각에 대한 해명

Sakuraba: I'm very sorry I'm late for our appointment.

Choi: What happened?

Sakuraba: To tell the truth, the taxi which I took was involved in a traffic accident on the highway.

Choi: What? Are you O.K.?

Sakuraba: I am O.K. It was just a little fender bender. But then I couldn't contact you at all.

Choi: That's O.K. Anyway, now, I'm just glad you weren't injured.

Sakuraba: Thank you very much. I now feel strongly about the importance of having a cellular phone.

Choi: Yeah. It wasn't a big deal this time, but there certainly are times when it's necessary to have one.

정말 죄송합니다. 약속에 늦었네요.

무슨 일 있었나요?

솔직히 제가 탄 택시가 고속도로에서 사고가 났습니다.

괜찮아요?

전 괜찮아요. 약간의 접촉사고였어요. 하지만 그때 연락할 수가 없었어요.

됐어요. 아무튼 당신이 다치지 않아서 다행이네요.

감사합니다. 오늘 휴대폰 소지의 중요성을 크게 느꼈습니다.

네. 오늘은 그리 크게 문제되지 않았지만 분명 그게 필요할 때가 있을 겁니다.

8. 전화업무

(1) 전화업무 ①

Dupont: Hello. This is Dupont of Sloe Gin Trading Company.

Kilpatric: Hello, can I help you?

Dupont: Is Mr. Kilpatric of Sales Section 2 there?

Kilpatric: This is Kilpatric speaking.

안녕하세요. 저는 슬로우진 무역의 Dupont입니다.

안녕하세요, 무엇을 도와드릴까요?

영업2부에 Kilpatric씨 계십니까?

제가 Kilpatric입니다.

(2) 전화업무 ②

Cindy: Heart Motors, Sacramento Branch.

Park: This is Park of Dongseo Motors. Ms. Hudson?

Cindy: Oh, Mr. Park? This is Cindy.

Ms. Hudson is away from her desk right now.

Park: Oh, is that you Ms. Cindy Hayward?

Thanks for your assistance the other day.

Heart Motors의 Sacramento지점입니다.

저는 동서자동차의 Park입니다. Hudson씨인가요?

Mr. Park? 저는 Cindy입니다.

Hudson씨는 지금 자리를 비우셨습니다.

아, Cindy Hayward씨세요?

지난번에 도와주셔서 감사합니다.

(3) 전화업무 ③

Wang: Sharon Electricity, Sales Department, Section4.

Ohara: This is Ohara.

Wang: Hi, how are you doing?

Ohara: I'm still here at the client's office. Is the section chief there?

Wang: Just a moment. (Putting the line on hold) Sir, Ohara's on line5.

Sharon전자 영업4과입니다.

저는 Ohara입니다.

안녕하세요. 어떻게 지내세요?

전 아직 고객 상담실에 있습니다. 과장님 계신가요?

잠시만요. (대기상태) 부서장님, Ohara씨가 5번 라인에서 대기 중입니다.

(4) 전화업무 ④

Nash: Mr. Park, please.

Abraham: I'm sorry, but he's in a meeting right now.

Nash: This is urgent, so could you please show him a note saying that I'm calling.

Abraham: Yes, just a moment, please.

(He takes a note to the person being called, and then returns to the phone)

Abraham: Sorry to have kept you waiting. I'm sorry, but it's not possible for him to leave the meeting now, so he will return your call.

죄송하지만, 그는 지금 회의 중입니다.

긴급해서 그러는데, 제가 전화했었다고 전해주시겠습니까?

알겠습니다. 잠시만요.

(메모를 전달하고 전화기로 돌아온다)

기다리게 해서 죄송합니다. 죄송하지만 그는 지금 미팅에서 나올 수 없습니다. 그래서 그가 전화를 드리겠다고 합니다.

(5) 전화업무 ⑤

Johnson: I just sent you a fax. Has it arrived OK?

Higgins: No.

Johnson: Sorry? Could you tell me your fax number?

Higgins: 5444-7017. Did you dial the wrong number?

Johnson: Ah! I thought that I had dialed 7070, I'm sorry.

지금 방금 팩스 보냈는데 제대로 도착했나요?

아니오.

네? 팩스번호 좀 불러주시겠어요?

5444-7017. 번호를 잘못 눌렀나요?

아, 저는 7070번으로 했습니다. 죄송합니다.

(6) 전화업무 ⑥

Howard: This is the software business department.

Monroe: Hello, I'd like to ask you about the operation of your new product

Howard: Ahh... The support center will take care of your question. The center has a direct number. Could you please call there. The number is 555-1234.

Monroe: O.K. Thank you.

소프트웨어사업부입니다.

안녕하세요. 신제품의 작동법에 대해 묻고 싶습니다.

고객센터에서 당신의 궁금한 점을 처리해 줄 것입니다. 센터 직통번호로 전화하시겠습니까? 번호는 555-1234입니다.

좋아요. 고맙습니다.

(7) 전화업무 ⑦

Sauls: I'd like to speak with Eugene. This is Sauls. I heard that he just called me.

Bassett: Eugene? There's no one here by that name.

What number did you call?

Sauls: Isn't this California System Service?

Bassett: No, it isn't. This is California Service Systems.

Sauls: Oh, I'm sorry. I have the wrong number.

Eugene과 통화하고 싶습니다. 전 Sauls입니다. 그가 저에게 전화했다고 들었습니다.

Eugene씨요? 여긴 그런 이름이 없는데요.

몇 번으로 전화하셨나요?

캘리포니아 시스템서비스 아닌가요?

아닙니다. 여긴 캘리포니아 서비스시스템입니다.

아 시스템서비스 아닌가요?

아, 죄송합니다. 번호를 잘못 눌렀네요.

(8) 전화업무 ⑧

Park: Excuse me.

Ishida: Yes, Dr. Park?

Park: About that data I'm supposed to get by Monday…

Ishida: Oh, that. Could you wait a little longer?

Park: When can I get it?

Ishida: Hmm…How about by the end of today?

Park: Okay. I know you're busy, but I need that data urgently.

Ishida: All right. I'll get it to you as soon as possible. Sorry.

Park: Thanks.

실례합니다.

네, 박 박사님?

데이터를 월요일까지는 받아야 하는데요.

아, 그거요? 조금 더 기다리시면 안 되나요?

언제 받을 수 있을까요?

흠…오늘업무 끝나기 전까지 보내드리면 어떨까요?

알겠습니다. 당신이 바쁜 건 알지만 그 데이터가 급하게 필요합니다.

좋아요. 가능한 빨리 드리겠습니다. 죄송합니다.

감사합니다.

(9) 전화업무 ⑨

Buchanan: Hello. This is Buchanan Office Supplies.

Grant: This is East-West travel. We'd like to order some paper for our copier.

Buchanan: We are always indebted to you.
You'd like copier paper, right?

Grant: Yes, 5 of A4, 3 of B4, and 3 bottles of toner.

Buchanan: So that's 5 boxes of A4 and 3boxes of B4, right?

여보세요. Buchanan 사무용품점입니다.

여기는 동서여행사입니다. 복사용지를 주문하고 싶은데요.

귀사에는 항상 도움만 받고 있습니다.

복사용지 필요하신 것이 맞습니까?

네, A4 5박스, B4 3박스 그리고 토너 3개 부탁합니다.

4 5박스, B4 3박스 맞습니까?

(10) 전화업무 ⑩

Garfield: This is Garfield of Dong Sung E&C.

We have some sample of the image poster that we talked about the other day, so I'd like to take them to your company to show you.

Arthur: Really? That was quick. Sure, I'd like for you to show me them.

Garfield: Well, how would 2:00 tomorrow be?

Arthur: Sorry, but I have a meeting at 2:00.

Garfield: Okay, What time would 4:00 be?

Arthur: That will be fine, I'll visit there at 4:00.

동성E&C의 Garfield입니다.

우리는 지난번에 얘기했던 이미지 포스터에 대한 샘플이 있고 당신이 볼 수 있도록 당신 회사에 가지고 가고 싶습니다.

정말입니까? 매우 빠르군요. 좋습니다. 제가 볼 수 있게 해주세요.

내일 오후 2시 어떻습니다.

죄송하지만 저는 2시에 미팅이 있습니다.

알겠습니다. 4시는 어떻습니까?

그게 좋겠군요. 4시에 방문하겠습니다.

9. 잔업

Harrison: It's not finished yet?

Wilson: No, it's not. I think it'll get done in about another hour.

Harrison: Shall I help?

Wilson: No, that's all right, It's 9 o'clock already. Besides, your home is pretty far away, isn't it?

Harrison: Yeah. But the subway trains are still running, and I thought we would get the work done more quickly between the two of us.

Wilson: No, it's okay, really. Thank you for the offer.

아직 끝나지 않았나요?

네, 아직 끝내지 못했습니다. 한 시간은 더해야 끝낼 것 같은데요.

제가 도와드릴까요?

아뇨, 괜찮습니다. 벌써 9시네요. 당신 집은 여기서 멀지 않나요. 그렇죠?

네, 하지만 지하철이 계속 운행합니다. 그리고 둘이 하면 더 빨리 끝낼 것 같은데요.

아뇨, 정말 괜찮습니다. 그렇게라도 말씀해 주셔서 감사합니다.

10. 업무고충상담

McKinley: Hobson, what's wrong? You look depressed.

Hobson: Yeah, I'm going to meet with the GM at JS Design, Mr. Yamazaki, but I have heard he is a terrible man.

McKinley: Oh, Yamazaki. I know him. I have met him before.

Hobson: Do you know him? Do you have any idea?

McKinley: He's just very shy in front of strangers, so people think they're being ignored by him.

Why don't you tell some joke to ease the tension? You're good at that, aren't you.

Hobson: Even if you say so, my jokes aren't sophisticated.

Hobson씨, 괜찮습니까? 안 좋아 보이네요.

네, 전 JS 디자인사의 부장인 Yamazaki씨를 만날 예정입니다만 그는 까다로운 사람이라더군요.

아, Yamazaki. 저도 알고 있습니다. 전에 몇 번 만났습니다.

그를 아시나요? 어떻게 하면 될까요?

그는 낯익지 않은 사람들 앞에서는 매우 조용합니다. 그래서 사람들은 그가 그들을 무시한다고 생각합니다.

긴장감도 없앨 겸 농담을 던져 보는 것은 어때요? 당신은 그 방면에 소질이 있잖아요. 그렇죠?

당신이 말한 것처럼 제 유머가 그렇게 뛰어나지는 않아요.

11. 담당자 평가

White: I got back from my business trip yesterday.

Baek: Thanks for going. Does it look like the agency there will do it?

White: Well, the person in charge doesn't seem to have the basic knowledge necessary for it.

Baek: The actual person in charge is just that one guy?

White: So it seems. Also, it's not the case that he is in charge of this product only.

Baek: So, he hasn't really done anything for us?

White: Yeah, and his product isn't in operating condition.

Baek: Is that so? Well, I'll put in a few words myself.

저는 어제 출장에서 돌아왔어요.

수고했어요. 에이전시가 잘 할 것 같아 보이나요?

글쎄요, 담당자는 그 일에 필요한 기초지식을 가지고 있어 보이지 않았어요.

실질적인 담당자가 그 사람뿐인가요?

그래 보였어요. 게다가 그는 이 제품만 담당하는 것은 아니었어요.

그렇다면 그는 우리를 위해 어떠한 것도 한 것이 없단 말인가요?

네 그리고 그의 제품은 작동 가능한 상태가 아니었어요.

그랬어요? 저도 얘기를 좀 해야겠네요.

12. 해외사무소

Harding: What's happened at the branch office in Shenzhen?

Taft: I can't say it out loud, but I think they have a serious problem.

Harding: Because they have had poor sales?

Taft: I think so. One reason is that we opened the Chinese twelfth branch office near Shenzhen.

Harding: You mean the Guangzhou branch office, right?

No matter how much you say it's to increase a spirit of competition, companies can do some harsh things.

Taft: That's right.

Shenzhen(深圳) 사무소에 무슨 일 있나요?

크게 애기할 순 없지만 심각한 문제가 있다고 생각합니다.

낮은 판매실적 때문인가요?

그런 것 같아요. 그 이유 중 하나는 Shenzhen 근처 열두 번째 중국사무소의 오픈입니다.

Guangzhou(廣州) 사무소 말인가요?

그것이 심리적 경쟁심을 증가시킨다고 할 수 있지만 회사가 혹독한 일을 하는 것일 수 있어요.

맞습니다.

13. 경영기획회의

Owens: It has been proposed that a service center be opened. What do you think about it?

Parker: I basically agree, but I think it should occur in the future rather than now or within the year.

Owens: But with the way things stand now, there's a heavy burden on the sales department, and a lot of consumers have complained that they can't get through on the phone to us, and the switchboard's practically overloaded. I think that the sales department can't handle it alone.

Parker: How would this be? Have the customers direct their inquiries to us by phone, fax, or letter, rather than by going to a service center. Then we could partition off some of the sales department room and hire two or three people to help handle the inquiries.

Owens: How does everyone feel?

서비스센터가 오픈될 예정입니다. 어떻게 생각하나요?

전 기본적으로 찬성합니다. 하지만 지금 보다는 일 년 혹은 좀 더 나중에 오픈될 것 같은데요.

하지만 이대로는 영업부에게 과중한 부담을 주고 있고 많은 소비자들이 우리에게 전화통화를 할 수 없다고 불만을 토로하고 있습니다. 또한 전화 교환에 현실적으로 과부하가 걸리고 있습니다. 저는 영업부 혼자 이것을 감당할 수 없다고 생각합니다.

이건 어떤가요? 소비자들의 문의는 서비스센터 방문이라기보다는 전화나 팩스, 또는 편지 형태죠. 그렇다면 영업 부실을 파티션으로 구분하고 문의사항을 다룰 인원을 두세 명 고용하는 겁니다.

모두들 어떻게 생각하나요?

14. 제품 포지셔닝

Greenly: The price of the new product is too high isn't it?

Park: Do you think so? I think it is going to sell well as we have changed the style. And it has a lot of new functions also.

Greenly: But, we can not compete since it is 20 dollars higher than Patterson's similar product.

Park: I do not think so. Well, the new style is good, isn't it? And, consumers like it even if it is a little expensive.

The important thing is how to advertise extensively. In other words, we should show how special this product is.

We should ask the sales department and the public relations to push its uniqueness.

Greenly: That's right. If we emphasize that, the new product may be accepted by consumers.

신제품 가격이 너무 높지 않나요?

그렇게 생각하나요? 전 우리가 스타일을 바꿨기 때문에 잘 팔릴 것 같은데요. 그리고 새로운 기능도 많아졌잖아요.

하지만 Patterson사의 유사제품 보다 20달러나 비싸기 때문에 경쟁하기 어려울 것 같은데요.

전 그렇게 보지 않아요. 글쎄요, 새로운 스타일은 좋아요. 그리고 소비자들도 가격이 조금 비싸지만 그 제품을 좋아할 겁니다.

중요한 점은 어떻게 폭넓게 광고하느냐 입니다. 다시 말해, 우리는 제품이 특별하다는 것을 보여줘야 합니다.

우리는 영업부와 홍보부에 제품의 특별한 점을 수입시켜야 합니다.

맞아요. 우리가 그것을 강조한다면, 새 제품은 소비자들도 받아들일 겁니다.

15. 판매전략

Matthew: I'd like to speak about the discount rate of the new product.

Theodore: You mean for selling it to wholesalers?

Matthew: Yes. We have discount 35% on all products when we sell to wholesalers at the previous meeting, as you know.

Theodore: Right. What is the problem?

Matthew: After the previous meeting, I checked the cost of the project. Won't it be hard to sell at this price?

Theodore: Can I see it? Maybe you overestimated?

Matthew: Yes. But I think that we are too optimistic in our salse expectations.

신제품의 할인율에 대해 말하고 싶습니다.

도매상에게 판매하는 것에 대해 말하는 건가요?

그렇습니다. 알다시피 지난 회의에서 도매상에게 판매할 때 모든 제품에 대해 35%를 할인하고 있습니다.

맞습니다. 무슨 문제라도 있나요?

지난 회의 후, 저는 그 프로젝트에 따른 비용을 확인했습니다. 그 가격에 판다는 것은 어렵지 않을까요?

제가 볼 수 있을까요? 아마도 당신이 과도하게 추정한 것 일수도 있어요.

네, 하지만 저는 우리가 판매예상을 너무 긍정적으로 하고 있다고 생각합니다.

16. 가격전략

Sean: About the new product ...

Naomi: Yes?

Sean: As we're still in the process of planning its sales promotion, there's some people who feel that the price is too high.

Naomi: Well, I just felt that it would be best to make it a little high.

Sean: Yeah, but they think that the price would be too much of a burden for the age group we're targeting.

Naomi: Couldn't we get them to buy it if we give it a high-class image and make it very appealing?

Sean: But compared to the Mash Corporation's similar product, I can't help but feel that ours is over-priced. Besides, because of the recession, consumers' purse strings are drawn tight, so they aren't going to go for something just because it's high-class.

Naomi: Yeah, maybe so.

Sean: In the first place, there's little difference to distinguish our product from Mash's, other than just a novelty in design. With just that, it'd be difficult for sales staff in stores to explain the difference from that of Mash. Also, today's young people are much more clever when it comes to shopping.

Naomi: All right. We'll have an urgent meeting on this, so I'd like for you too explain this again to everyone.

Sean: Sure.

신제품이요…

네?

우리는 여전히 판매촉진을 계획하는 단계에 있는데 가격이 너무 높다고 느끼는 사람들이 있습니다.

글쎄요, 저는 가격을 조금 더 높이는 것이 좋을 것 같은데요.

네 하지만 그들은 우리가 타깃으로 잡은 연령대에게 그 가격을 다소 부담스럽게 느끼는 것 같아요,

우리가 고품격 이미지로 그들에게 어필한다면 그들이 구입하지 않을까요?

하지만 Mash사의 유사제품과 비교하자면 우리제품의 가격이 너무 높다고 생각합니다. 게다가 최근 경기침체 때문에 소비자들의 지갑도 쉽게 열리지 않고 있고, 그래서 그들은 고품격 때문에 구입하려 들지 않을 것 같아요.

네 아마도 그럴 거예요.

처음에는 디자인을 제외하고는 우리제품이 Mash사의 제품과 구별되는 차이점이 거의 없었습니다. 그 점에서 영업사원들이 Mash사의 제품과의 차이를 설명하는데 어려움을 겪게 합니다. 현재 젊은이들은 매우 현명하게 쇼핑합니다.

좋아요. 이점에 대한 긴급미팅을 갖겠습니다. 따라서 모두에게 이점을 다시 알려주시길 바랍니다.

알겠습니다.

Part V

국제통상영어

1. What is the WTO?
2. OECD
3. ICC
4. IMF
5. World Bank
6. ASEM
7. APEC
8. EU

1
What is the WTO

The WTO is the only international body dealing with the rules of trade between nations. At its heart are the WTO agreement, the legal groundrules for international commerce and for trade policy. The agreements have three main objectives: to help trade flow as freely as possible, to achieve further liberalization gradually through negotiation, and to set up an impartial means of settling disputes.

Principles of the Trading system

A number of simple, fundamental principles run throughout all the WTO agreements. They are the foundation of the multilateral trading system. They include: non-discrimination (most-favored-nation treatment and 'national' treatment) freer trades, predictable policies, encouraging competition, and extra provisions for less developed countries.

The Case for Open Trade

The economic case for an open trading system based upon multilaterally agreed rules is simple enough and rests largely on commercial common sense. But it is also supported by evidence. Protectionism leads to bloated inefficient companies and can in the end lead to factory closures and job losses. One of the WTO's objectives is to reduce protectionism.

The WTO's Roots : from Havana[1)] to Marrakech[2)]

The WTO's creation in 1995 marked the biggest reform of international trade since 1948. During those 47 years, international commerce had come under GATT[3)] which helped to establish a prosperous multilateral trading system. But by the 1980s an overhaul was due.

The Uruguay Round

The UR[4)] brought about that overhaul. It was the largest trade negotiation ever. At times the talks seemed doomed to fail, but in the end, the UR was successful. The task was so immense that some people wondered whether there would ever be another negotiation like it－was it the round to end all rounds?

WTO and GATT: Are they the same?

No. The WTO is GATT plus a lot more. GATT (the institution) was small and provisional, and not even recognized in law as an international organization.

---

1) 공식 명칭은 하바나 헌장(Havana Charter)으로 일명 국제무역기구 헌장이라고도 한다. 1947년 11월 쿠바의 하바나에서 54개국이 참가한 가운데 체결된 것으로, 제2차 세계대전 후의 세계 경제질서 재구축에는 종전까지의 보호무역 대신 자유무역이 절대적으로 필요하다는 미국 측 인식에 따라 자유무역제제를 뒷받침할 실체적인 규범과 조직을 갖춘 국제무역기구 (International Trade Organization: ITO)를 설립하기 위한 헌장이었다.

2) 모로코의 지명. 1994년 그곳에서 열린 각료회의에서 UR 협상이 타결됨으로써 1995년 1월 1일부터 WTO체제가 출발했다.

3) 관세 및 무역에 관한 일반 협정(GATT)으로 불리며, 브레튼우즈 협정(Bretton Woods Agreement)에 의해 탄생된 국제무역에 관한 규칙이다. 하바나 헌장의 목표였던 국제무역기구(ITO)의 성립이 무산되자 우선 잠정적으로 채택하고자 하는 의도에서 협정 형식으로 성립되어 WTO 체제가 시작되기 전인 1994년까지 존속했다. GATT의 이념과 기본정신은 세계 무역의 확대를 통해 세계 전체의 번영과 발전을 도모한다는 것으로, 그를 위해 자유롭고 무차별적인 국제무역의 실현을 추구한다.

4) 흔히 UR로 약칭되며, 1986년 9월 남미 우루과이 푼타텔에스테에서 70여 개국의 통상장관이 참석한 가운데 개최되어 1994년 12월 마라케시에서 타결된 대규모 국제 통상 협상을 뜻한다. 기본목표는 시장개방 확대 · GATT 체제 및 규율 강화 · 새로운 분야에 다자간 규범을 통해 1990년대 및 2000년대의 국제무역질서를 강화하고자 하는 데 있다. UR의 협상대상은 농산물시장 개방, 서비스 무역, 지적재산권 보호, 무역 관련 투자 및 산업구조 조정 등이다.

It has now been replaced by WTO. GATT (the agreement) has been amended and incorporated into the new WTO Agreements. GATT deals only with trade in goods. The WTO Agreements now cover services and intellectual property as well.

(Form http://www.wto.org/about/facts0.htm)

Acronyms & Words

bloat	부풀게 하다, 팽창시키다
case	사건·사례 [法]소송근거, 소송사건 판례
GATT	관세 및 무역에 관한일반협정 (General Agreement on Tariffs and Trade)
impartial	공정·공평한
incorporate	통합·합병하다[美]법인조직화하다
international body	국제단체·기구
ITO	국제무역기구(International Trade Organization)
less developed country	저개발국
most-favored-nation treatment	最惠國 대우
multilateral trading system	다자간무역체제
national treatment	內國人대우
overhaul	분해·정밀검사
protectionism	보호주의
provision	지급·제공 [法]규정; 조항·조항
provisional	잠정적인; 임시의
round	한판의 게임·경기·시합
set up	시작·착수하다 ; 제공하다, 갖추다
Settle disputes	언쟁·논쟁·분쟁을 처리·해결하다
to be due	지불기일이 되다; (존경 등이)마땅히 주어져야한다.
trade negotiation	무역협상
UR	우루과이라운드(Uruguay Round)
WTO	세계무역기구 (World Trade Organization)

Fill in the Blanks with a Suitable Word

dispute, doom, multilateral, impartial, negotiation, overhaul, provisional, provision, set up

1. If an investigation is ________, it is fair to both parties.

2. If you say that an agreement needs an ________, you mean that it is out of date and needs to be checked carefully for possible improvement.

3. If you ________ a means to do something, you create a way or method for doing that thing.

4. If you say that the talks were ________ to fail, you mean that the talks were certain not to succeed.

5. An agreement which is described as ________ involves at least three different parties or nations

6. If you describe an agreement as ________, you mean that agreement is a temporary arrangement which will be replaced by something more permanent in the future.

7. If you talk about the ______ of an agreement, you are talking about that agreement's specific details or rules.

8. If you say that two countries have been involved in a lot of ________, you mean that those two countries have had a lot of arguments or disagreements.

9. If you say a country has been involved in ________ with another country, you mean that country has been talking to the other country over some disputed issue which is of importance to both sides.

2
OECD
Organization for Economic Cooperation and Development

The OECD and its Origins

The forerunner of the OECD[5] was the Organization for European Economic Cooperation(OEEC), which was formed to administer American and Canadian aid under the Marshall plan for the reconstruction of Europe after World War Ⅱ. Since it took over form the OEEC in 1961, the OECD vocation has been to build strong economies in its member countries, improve efficiency, hone market systems, expand free trade and contribute to development in industrialized as well as developing countries.

After more than three decades, the OECD is moving beyond a focus on its own countries and is setting its analytical sights on those countries–today nearly the whole world–that embrace the market economy. The Organization is, for example, putting the benefit of its accumulated experience to the service of emerging market economies, particularly in the countries that are making their transition from centrally–planned to capitalist systems. And it is engaging in increasingly detailed policy dialogue with dynamic economies in Asia and Latin America.

But its scope is changing in other ways too. The matrix is moving from

5) 정식 명칭은 경제협력개발기구(Organization for Economic Cooperation and Development). 1948년 마샬 플랜에 의해 탄생한 유럽경제협력기구(OEEC)를 발전적으로 해체하고, 유럽 외의 지역 국가도 회원으로 받아들임으로써 선진 산업민주국가 간의 경제 · 사회 정책 공조를 강화하기 위해 1961년 9월 30일자로 발족한 선진국 중심의 국제기구.
OECD의 3대 목적은 ①통화 안정을 유지하면서 고도의 경제성장을 촉진함으로써 고용증대 및 생활수준 향상을 도모하고 ②개발도상국의 건전한 경제개발을 지원하며 ③무차별 · 다각적 기초 위에서 세계무역의 확대에 기여하는 데에 있으며, 우리나라는 1997년에 가입했다.
OECD는 유엔이나 WTO처럼 모든 국가에 가입자격이 주어지는 것이 아니라, 민주주의 · 자유시장경제라는 공통적인 가치관을 가진 국가 중에서 기존회원국의 초청에 의해 가입할 수 있는 동질성이 강한 모임이다.

consideration of each policy area within each member country to analysis of how various policy areas interact with each other, across countries and even beyond the OECD area. How social policy affects the way economies operate, for example. Or how globalization will change the world's economies by opening new perspectives for growth, or perhaps trigger resistance manifested in protectionism.

As it opens to many new contacts around the world, the OECD will broaden its scope, looking ahead to a post-industrial age in which it aims to tightly weave OECD economies into a yet more prosperous and increasingly knowledge - based world economy.

What is the OECD?

The OECD is a Paris-based intergovernmental organization whose purpose is to provide its 29 Member countries with a forum in which governments can compare their experiences, discuss the problems they share and seek solutions which can then be applied within their own national contexts. The Organization is thus entirely at the service of its Member countries. It forms a homogeneous entity in that each Member country is committed to the principles of the market economy and pluralistic democracy.

The fundamental task of the OECD is straightforward: namely to enable its members to consult and cooperate with each other in order to achieve the highest sustainable economic growth in their countries and improve the economic and social well-being of their populations.

The OECD offers advice and makes recommendations to its members to help them to define their policies. On occasion it also arbitrates negotiations of multilateral agreements and establishes legal codes in certain areas of activity.

The organization is a forum for objective, skilled and independent dialogue which permits a thorough understanding and true assessment of the problems posed in today's increasingly complex world. The great comparative advantages of the OECD are its multidisciplinary approach — a capacity to cover all areas of government activity in a consistent way — and its system of consensus building through peer pressure. Within the different committees the peer pressure system encourages countries to be transparent, to provide explanations and justifications, and to be self-critical where necessary, the practice of self-assessment being the most original characteristic of the OECD.

How the OECD Works?

The purpose of the OECD is to boost prosperity by helping to knit a web of compatible policies and practices across countries that are part of an ever more globalized world.

It accomplishes this purpose through a systematic review and analysis of nearly every element that can affect economic and social policy — from agriculture to environment, education to trade and foreign investment.

The OECD collects and analyzes a unique body of data that allows comparisons of statistics across countries and provides macro-economic and micro-economic research and policy advice in fields that mirror policy-making ministries in governments. This works, which is often made public in publications, underpins discussions by Member countries, who send experts and policy makers to meet in specialized committees and groups for each of about 200 subject areas.

Committee discussions can lead to formal agreements or rules to foster international fairness in particular parts of the economy, such as international investment, capital movements or export credits, environmental protection and combating bribery.

More often, however, discussion at the OECD is designed to contribute to better domestic policy making and more coordinated international practice — both of which build healthier economies, create more employment, and foster trade for the benefit of OECD and non-OECD countries alike.

This role is at least as important today as it was when the OECD was formed more than three decades ago.

(From http://www.oecd.org/about)

Acronyms & Words

boost	후원하다, 밀어주다 [經濟]경기를 부양하다.
bribery	贈收賄와 부정부패행위
compatible	서로모순이 없는, 양립 가능한, [電算]호환 가능한
embrace	포옹하다, 껴안다 ; (사상·주의 등을) 받아들이다
emerging market economy	신흥시장경제
forerunner	선구자; 선인 선배; 전조, 예보
homogeneous	同種의, 同質의
hone	숫돌로 갈다
intergovernmental organization	정부 간 기구
knit a web	피륙을 짜다; 만들다, 형성하다
knowledge-based	지식을 기반으로 하는
manifest	명백하게 하다
market economy	시장경제
matrix	자궁, 모체; 주형 모형; [數學]行列
multidisciplinary	(연구 등의) 여러 분야에 걸친
peer	동배 ,동료; 대등한사람
pluralistic	다양한; [政治]다당제의
policy-marking	정책수립, 정책입안
postindustrial	脫 공업화
straightforward	똑바른; 간단한, 수월한; 정직한, 솔직한
thorough	철저한, 완전한, 절대적인
trigger	(방아쇠를 당겨) 쏘다, 폭발시키다; 일으키다, 촉발하다
underpin	버팀목을 대다, 토대를 보강하다
vocation	천직; 사명, 소명
weave	(피륙, 이야기 등을) 짜 맞추다, 엮어내다

Fill in the Blanks with a Suitable Word

boost, bribery, compatible, context, embrace, forerunner, forum, homogenous entity, interact, knit a web, matrix, peer, pluralistic, perspective, scope, straightforward, thorough, trigger, underpin, vocation

1. When you say that the ________ of the OECD was OEEC, you mean that the OEEC existed before and did a similar job to that of the OECD.

2. To talk about someone's ________ is to talk about the job that person was especially suited for because of the way that person feels or the kind of person he or she is.

3. When you ________ an idea, you accept it and make it your own.

4. If two things ________ with each other, this means that there is some kind of reaction between them which affects them both.

5. If reaction is ________, is made to start by something else.

6. If you open new ________ for growth, you uncover or discover new areas or fields where growth is possible.

7. The ________ of something is the area of jurisdiction or perspective that thing has.

8. When you talk about the ________ in which something is carried out, you are talking about the environment or context in which that thing gets done.

9. Another word for a ________ in which governments can compare their experiences is a meeting, a summit or a conference.

10. If you apply something in your national ________, you apply it in the situation or set of conditions which exists in your own country.

11. If an organization forms a ________, it means that all the parties within that organization are the same or share certain fundamental characteristics.

12. To talk about _________ democracy is to talk about a situation in which more than one official political party exists and in which free and fair elections take place at constitutionally stated intervals.

13. If you say that something is ________, you mean that thing is clear and easy to understand and does not contain any complications.

14. When someone has a ________ understanding of something it means that they have a complete understanding of that thing.

15. When someone talks about _______ pressure, that person is talking about the tendency of someone's social equals to offer advice and to expect a certain social conformity in the way that person behaves.

16. If you _______ prosperity, you increase it.

17. If two things are ________, they work well together.

18. To talk about ________ of policies is the same thing as talking about creating a system or network of policies.

19. If discussions are described as ________ the collection of data, it means that the kind of data collected is affected by the content of those discussions.

20. If you combat _________, you fight against the practice of businessmen paying illegal sums of money to governments or contractors to win contracts.

3
ICC
International Chamber of Commerce

What is the ICC?

ICC, the International Chamber of Commerce[6] is The World Business Organization. It promotes international trade, investment and the market economy system worldwide; makes rules that govern the conduct of business across borders; provides essential services, foremost among them the ICC International Court of Arbitration, the world's leading institution of its kind.

Members from 63 national committees and over 7,000 member companies and associations from over 130 countries throughout the world present ICC views to their governments and coordinate with their membership to address the concerns the business community.

Activities of the ICC Commissions

Most of the 500 commission members are senior executives of major companies who make critical assessments of legislative proposals and other developments affecting their fields, and communicate these views to governments and international organizations. They meet regularly to review issues affecting business, covering a wide range of sectors, such as banking,

6) 국제통상의 개선, 국가별 · 지역별로 상이한 상관습의 국제적 통일, 국제통상 관련 분쟁의 조정 및 각국 상업회의소의 친선 도모를 주요 목적으로 1920년에 설립. 성격상 선진국과 개발도상국 등 모든 국가의 상공업종사자로 구성된 순수 민간단체이나, 오늘날에는 국제 연합의 통상 관련 자문기관으로서의 역할을 수행하고 있다.

competition, the environment, financial services, insurance, intellectual property, marketing, air, maritime and surface transport, taxation, and trade and investment policy.

And they also harmonize trade practices; draw up voluntary codes for business which set ethical standards.

ICC Services

Foremost amongst the ICC's practical services to business is the International Court of Arbitration, the world's leading body for the resolution of international commercial disputes by arbitration.

The International Bureau of Chambers of Commerce(IBCC) strengthens cooperation between chambers in every part of the world, linking those in the industrialized world with their counterparts in the developing countries and transition economies of east and central Europe.

The ICC Conferences were created in 1996 to disseminate ICC expertise in international arbitration, trade, banking and commercial practice, through a worldwide program of conferences and seminars.

The institute for ICC international business law and practice conducts research and training, and facilitates information exchange between the legal academic community and practitioners.

(From www.iccwbo.org/what/what0.htm)

Acronyms & Words

arbitration	중재
chamber	공무를 집행하는 다양한 장소의; (貿易)각국에 설치된 상업회의소
commercial dispute	商事분쟁
commission	위임; 위임된 임무; 위원회
disseminate	(씨를) 뿌리다; (주장·의견 등을) 전파하다
duty-free	관세가 부가되지 않는, 면세의
ethical standards	윤리기준
executive	행정관; (기업체의)간부
foremost	맨 처음의 으뜸가는 ; 주요한
IBCC	국제상업회의소 사무국(International Bureau of Chamber of Commerce)
ICA	국제중재회의소(International Court of Arbitration)
ICC	국제상업회의소(International Chamber of Commerce)
insurance	보험
maritime	바다의, 바다와 관계있는; 海事의, 海運의
market economy system	시장경제체제
practitioner	개업의사; 변호사
surface transport	육상운송
taxation	조세

Fill in the Blanks with a Suitable Word

arbitration, coordinate, disseminate, ethical, facilitate, foremost, govern, harmonize, practitioner, resolution, surface transport

1. If a labor / management dispute goes to _______, it means a third neutral party is appointed, usually by the government, to resolve the dispute.

2. Another term for _______ standards is moral standards.

3. If two countries try to _______ their tax systems, it means that they try to get rid of the contradictions and differences between the two systems and make them more similar to each other.

4. If you _______ information, you publish it in some kind of form in order to make it widely available.

5. If a rule _______ the conduct of business, it means that business people accept that rule and abide by it.

6. If you _______ your efforts with someone else, it means that you try to work together.

7. When you talk about _______, you mean the various kinds of vehicles that move on roads as opposed to in the air or on the sea.

8. If you say that the International Court of Arbitrations is _______ among the ICC'spractical services, you mean that the Court is the most important service the ICC offers.

9. If you talk about the _______ of a conflict, you mean that the conflict has been finally solved or finished.

10. A _______ is normally someone who practices medicine but in this case means someone who practices something specialized.

11. If you _______ an information exchange between two parties, you make it easier for those two parties to exchange information.

4
IMF
International Monetary Fund

Organization

Many people view the IMF[7] as an institution of great authority and independence, and assume that it decides the best economic policies for its members to pursue, dictates these decisions to the membership, and then makes sure its members conform. Nothing could be further from the truth.

Far from being dictated to by the IMF, the membership itself dictates to the IMF the policies it will follow. The chain of command runs clearly from the governments of member countries to the IMF and not vice versa. In setting out the obligations of individual members to the IMF, or in working out details of lending arrangements with a member, the IMF acts not on its own but as an intermediary between the will of the majority of the membership and the individual member country.

---

7) 제2차 세계대전의 종전을 앞두고, 금본위제의 붕괴 · 보호무역주의의 대두 · 각국의 경쟁적인 평가절하 등으로 상징되는, 제1차 세계대전 이후의 대공황과 같은 전세계적 경제혼란의 재발을 방지하기 위해 영국과 미국이 각각 제출한 케인즈안과 화이트안을 바탕으로 1944년 뉴햄프셔주의 브레튼우즈에서 합의된 것이 국제통화기금(IMF), 국제무역기구(ITO, 1950년에 설립이 무산되었으나 그 정신은 1948년의 GATT 성립에서 이어짐), 국제부흥개발은행(IBRD 혹은 World Bank) 등의 국제기구를 설립하자는 것이었다.
이중 국제통화기금(International Monetary Fund: IMF)의 경우 일시적인 국제수지 적자상황에 직면한 국가에 단기성 외화자금을 공여해 주는 역할을 맡았고, 세계은행은 장기성 자금을 담당하게 됐는데, 이는 당시 미국을 제외한 다른 국가들이 경상수지 적자로 말미암아 경쟁적으로 환율을 절하하고 있는 상황에서 자칫 우려되는 경제 혼란의 악순환을 막기 위해서였다.
본부를 미국 워싱턴에 두고, 가맹국의 출자로 형성된 공공기금을 회원국이 필요시 이용할 수 있도록 함으로써 외환 안정 및 외환 거래의 자유화, 국제 유동성의 원활화를 통해 국제 통화협력을 증진하는 동시에, 국제무역의 확대와 세계경제의 균형적인 성장을 도모할 것을 목적으로 1947년 3월에 설립된 IMF는, 현재 세계은행(IBRD)과 함께 국제금융기구의 양대 축으로 꼽힌다.

The top link of the chain of command is the Board of Governors, one from each member, and an equal number of Alternate Governors. As the Governors and their Alternates are ministers of finance or heads of central banks, they speak authoritatively for their governments. The oddly named Interim Committee (it has existed since the 1970s) gives them advice on the functioning of the international monetary system, and a joint IMF/World Bank Development Committee advises them on the special needs of poorer countries. Since Governors and Alternates are fully occupied in their own capitals, they gather only on the occasion of annual meetings to deal formally and as a group with IMF matters.

During the rest of the year, the Governors communicate the wishes of their governments for the IMF's day-to-day work to their representatives who form the IMF's Executive Board at headquarters in Washington. The 24 Executive Directors, meeting at least three times a week in formal session, supervise the implementation of policies set by member governments through the Board of Governors. At present, eight Executive Directors represent individual countries: China, France, Germany, Japan, Russia, Saudi Arabia, the United Kingdom, and the US. Sixteen other Executive Directors each represent groupings of the remaining countries. The Executive Board rarely makes its decisions on the basis of formal voting, but relies on the formation of consensus among its members, a practice that minimizes confrontation on sensitive issues and promotes acceptance of the decisions ultimately made.

The IMF has a staff of about 2,600, headed by a Managing Director, who is also chairman of the Executive Board, which appoints him. By tradition, the Managing Director is a European, or at least a non-American. (The President of the World Bank is traditionally a US national.) The international staff comes from 122 countries and comprises mainly economists, but also statisticians, research scholars, experts in pubic finance and editors, and support personnel. Most staff members work at IMF headquarters in Washington, though a few are assigned to small offices in Paris, Geneva, Tokyo, and at the UN in New York, or represent the IMF on temporary assignment in member countries. (At present, 70 'resident representatives' are assigned to 64 member countries). Unlike Executive Directors, who represent specific countries, staff members are international civil servants; they are responsible to the membership as a whole in carrying out IMF policies and do not represent national interests.

Operations

On joining the IMF, a member country undertakes to keep other members informed about its arrangements for determining the value of its money in relation to the money of other countries, to refrain from restricting the exchange of its money for foreign money, and to pursue economic policies that will increase in an orderly and constructive way its own national wealth and that of the whole membership. Members obligate themselves to follow this code of conduct. As noted above, the IMF has no means of coercing them to live up to these obligations, although it can and does exert moral pressure to encourage them to conform to the rules and regulations they have freely agreed to observe. And the IMF does, of course, have somewhat greater leverage over the policies of members that borrow from it. If a country persistently ignores its obligations to the IMF, the rest of the membership working through the IMF may declare the offending member ineligible to borrow money or, as a last resort, can ask the member to resign from the institution. Normally, however, it is taken for granted that the member wishes to cooperate as far as it can with the general aims of the IMF (otherwise it would not have bothered to join), and that any lapse in fulfilling the self-imposed obligations of membership is a result of factors beyond the member's immediate control.

Over the years the membership has assigned to the IMF a variety of duties appropriate to the changing needs of the times, and the IMF has adapted flexibly within its mandate in carrying out these duties. The membership has charged the IMF with the responsibility of supervising a cooperative system for the orderly exchange of national currencies, lending money to members to reorganize their economies so as to cooperate better within the system, and providing other services – notably, technical assistance and training to assist members in implementing policies beneficial to the whole membership.

Services

Besides supervising the international monetary system and providing financial support to member countries, the IMF assists its membership by making technical assistance available to member countries in certain specialized areas of its competence; by running an educational institute in Washington and offering training courses abroad; and by issuing a wide variety of publications relating to all aspects of international monetary matters and IMF operations.

Because they sometimes lack expertise in highly technical areas of public finance and central banking, or wish to have a second opinion, many countries turn to the IMF for assistance in solving problems in these areas or in providing an expert to work with government financial agencies until sufficient domestic expertise is developed. Such calls for assistance were especially frequent during the 1960s and 1970s when scores of newly independent nations were suddenly faced with setting up central banks, issuing new currencies, devising tax systems, and organizing the other financial and monetary systems of a modern sovereign state. The IMF responded by sending out experts from its own staff or experienced consultants to impart the required knowledge and training.

During the 1990's the decision of the countries of Eastern Europe, the Baltic countries, Russia, and the other countries of the former Soviet Union to move from central planning to market-based economy and to enter the international monetary system has placed heavier demands than ever on the IMF's capacity to furnish technical assistance. More recently, technical assistance for these countries has eased somewhat while it has increased for developing countries in Africa and the Middle East. Current requests are for specialized assistance in accounting, budget preparation, public spending management, design of monetary instruments, social benefits and social security system, development of money markets, bank regulation and supervision, statistics, research, law, tax policy, and management. In financial year 1998(from May 1, 1997 to April 30, 1998), technical assistance accounted for 17 percent of the IMF's budget.

Since its founding at headquarters in Washington in 1964, the IMF Institute has offered courses and seminars to over 10,000 officials from virtually all member countries whose work is closely related to the work of the IMF. Most participants are employees of finance ministries, central banks, and other official financial agencies. The Institute has been highly successful over the years in acquainting its participants with how the monetary system works and what part the IMF plays in its operation. Training at the Institute has also helped to standardize throughout the world the methods of gathering and presenting balance of payments, monetary, and financial statistics to the benefit of the entire membership. In addition, IMF courses and seminars are offered at the Joint Vienna Institute operated by the IMF and other international organizations, and at the newly created IMF. Singapore Regional Training Institute. The IMF is also collaborating with training institutions in Africa, the Arab World, and in Latin America.

Access to each member's fiscal, monetary, and external debt data has made the IMF a unique conduit of such information to the entire membership. The IMF regards sharing statistical data as indispensable to the cooperative character of the institution. Almost since its inception, therefore, it has issued monthly and annual statistical publications, such as International Financial Statistics, that not only keep member countries informed of the financial position of their fellow members but also constitute an unrivaled source of statistical information for banks, research institutes, universities, and the media.

In an important initiative to develop standards to guide countries in disseminating more accurate and timely economic and financial statistics to the public, the IMF in 1996 opened an electronic bulletin board on the Internet.

This bulletin board is designed to identify countries that have adhered to the standards and inform users where they may obtain the relevant data. The publication of financial data helps to make members' economic policies more transparent. It reinforces a trend of recent years, in which international organizations, commercial banks, academics, non-governmental organizations, and the general public have increasingly looked to the IMF for information not readily available elsewhere.

In addition to its statistical publications – and the semiannual World Economic Outlook report and the annual International Capital Markets report – the IMF puts out an Annual Report with comprehensive information on its work during the year under review; occasional papers on issues of finance, monetary polish, and developments of a national or regional nature; collections of Press/Public Information Notices (which summarize consultations with member countries) three time a year; Economic Issues pamphlets that describe important IMF research topics clearly and concisely; books and seminar volumes on a wide range of economic, financial, and legal topics; a quarterly academic journal (Staff Papers) comprising the results of economic research by IMF staff; Staff Country Reports on recent economic developments in member countries; the IMF Survey, a biweekly publication featuring articles on the IMF's work and on national economies and international finance; the quarterly Finance & Development; and large numbers of working papers and other staff studies.

The IMF's website (http://www.imf.org) makes freely available all these datas.

(From www.imf.org/external/pubs/ft/exrp/what.htm)

Acronyms & Words

adhere	들러붙다, 부착하다; (계획 등을)고수·신봉하다
alternate	교대의 번갈아하는; [회의· 모임 등에서의]대리인, 대리자
apxpropriate	적당한, 적절한
authority	권위, 권력, 권한; [法] 판결, 판례
balance of payment	국제수지
biweekly	(간행물의 경우)격주로; (수송 일정표의 경우) 1주일에 두 번
Board of Governors	집행이사회
bother	괴롭히다, 귀찮게 하다; (부정문에서)일부러 ~하려 애쓰다
coerce	지배하다, 마음대로 하다; 강요하다
conduit	導管; 수도, 도랑
day-to-day	나날의 일상의
dictate	받아쓰게 하다; 규정하다; 명령·지시하다
during the rest of the year	총회 개최기간 이외의 기간
Executive Board	상무이사회
Executive Director	상무이사
Financial Statistics	금융통계
IMF	국제통화기금(International Monetary Fund)
minception	시초, 발단
indispensable	필요한, 불가결한
interim	중간기; 잠정조치, 假협정
lapse	(일시적)과오·타락
lending arrangement	대여 계획
leverage	지레장치, 지레작용; (목적달성의)수단, 효력
Managing Director	전무이사
oddly	홀수로 짝이 안 맞게; 기묘하게, 기이하게
offend	성나게 하다; 죄를 범하게 하다
persistent	고집 센, 완고한; 끊임없는, 불변의
resort	행락지; 의지, 의뢰; (최후의)수단
scores of	많은, 다수의
semiannual	반년마다의
sovereign	주권을 가진, 독립의, 자주의
supervise	지휘·감독하다; 관리하다
vice verse	거꾸로, 반대로, 역으로
World Bank Development Committee	세계은행개발위원회

Fill in the Blanks with a Suitable Word

appropriate, bother, coerce, collaborate, conduit, conform, grant, indispensable, ineligible, interim, lapse, leverage, mandate, oddly, offend, orderly and constructive, personnel, reinforce, refrain, sensitive, session, sovereign, statistician, supervise, undertake, vice versa

1. If you _______ to a decision, you follow it exactly.

2. If you say that the member countries control the IMF and not _________, you mean that the IMF does not control the member countries.

3. If you say that the Interim Committee is _______ named, you think that the name of the Committee is a strange or somewhat misleading choice.

4. An ______ committee is normally a committee which fulfills a temporary function.

5. When you say that the IMF meets in formal ________, you mean that it meets officially with all the IMF members present.

6. If you ______ the implementation of policies, you make sure that they are implemented correctly by watching the process closely.

7. A ______ issue is one which is controversial and tends to make people get upset if you talk about it.

8. If your job is that of a _______, you compile information on something in the from of statistics.

9. When you are a member of the support _________, you help people with more important jobs to carry out their work successfully.

10. If you ______ to keep someone informed about something, you make sure you keep that person informed.

11. When you _______ from doing something, you avoid doing that thing.

12. To increase national wealth in an _______ manner is to increase national wealth in a rational and progressive way which does not cause harm to other nations.

13. If you ______ someone into doing something, you force them to do that thing.

14. If you have _______ over someone, you have some kind of power to make that person do things.

15. An ______ member is a member that has broken some kind of rule.

16. When you are _______ to borrow money, it means that you cannot borrow money because of something you have done wrong or because you do not fit the requirements to borrow money.

17. If something is taken for ________, it means that everybody accepts that thing without having to discuss it.

18. If there is a ________ in fulfilling an obligation, it means that there is a short period of time when that obligation is not fulfilled.

19. If you cannot be _________ to do something, it means that you do not wish to take the time and trouble necessary to do that thing.

20. The _______ of an organization is its authority to carry out certain tasks based on its constitution or basis of agreement.

21. If you say that something is ______ at a given time, you mean that it is correct to do that thing at that time.

22. Another word for ________ is independent.

23. When you ________ with someone, you work together with that person towards some goal or end.

24. To say that IMF is a _______ for information to its membership means to say that the IMF is good means for getting that information across.

25. If you say that something is _____, you mean that it is absolutely necessary.

26. If something ________ a trend, it strengthens that trend of gives more reasons for that trend existing.

5

World Bank

International Bank for Reconstruction and Development

World Bank's Role

The bank[8] is a partner in strengthening economies and expanding markets to improve the quality of life for people everywhere, especially the poorest.

Unlike aid programs, the Bank doesn't make grant. The Bank lends money to developing countries – and the loans are repaid.

Developing countries borrow from the Bank because they need capital, technical assistance, and policy advice. There are two types of bank lending.

The first type is for developing countries that are able to pay near-market interest rates. The money for these loans comes from investors around the world. These investors buy bonds issued by the World Bank.

The second type of loan goes to the poorest countries, which are usually not creditworthy in the international financial markets and are unable to pay near-market interest rates on the money they borrow. The World Bank, therefore, cannot issue bonds to raise money that would finance lending to these countries.

---

8) 통칭은 세계은행(World Bank or IBRD), 정식명칭은 국제부흥개발은행(International Bank for Reconstruction and Development). 1994년 브레튼우즈 협정에 기초해 1946년 6월에 발족, 1947년 11월 UN 경제사회이사회의 전문기관이 된 국제금융기관의 중심적 기구이다.
제2차 세계대전으로 파괴된 국제경제를 부흥하고 개발도상국의 경제발전에 필요한 자금을 지원하기위해 설립되었으며, 상업 베이스로 장기의 하드론(hard loan: 조건이 엄격한 융자)을 행한다. 주요목적으로는 ①생산적 투자에 의한 경제개발 지원 ②사적 국제투자의 보증 혹은 참가 ③국제투자 장려에 의한 국제수지의 균형유지 및 생산력· 생활수준· 노동조건 향상 ④유용도가 높은 투자계획 수립 ⑤경기에 대한 투자영향 분석 및 전시경제에서 평화경제에의 이행지원 등을 들 수 있다.

Lending to the poorest countries is done by a World Bank affiliate, the International Development Association(IDA). More than 30 member countries periodically contribute the money needed to finance 'credits' to borrowers. IDA credits are free of interest, carry a low 0.75 percent annual administrative charge, and are very long term – 35 or 40 years including 10 years grace.

Countries with per capita incomes of less than US$925(in 1996 dollars) are eligible for IDA credits. In practice most IDA credits go to countries which are much poorer than this. But, again, the credits are repaid. They are not grants.

IDA lends an average of about US $6 billion a year to the world's poorest countries.

A Global Cooperative

The Bank is comparable to a global cooperative, which is owned by member countries. The size of a country's shareholding is determined by the size of the country's economy relative to the world economy. Together, the largest industrial countries(G–7) have about 45 percent of the shares in the World Bank – and they carry great weight in international economic affairs generally. So it true that the rich countries have a good deal in influence over the Bank's policies and practices. The US has the largest shareholding – about 17 percent – which gives the US the power to veto any changes in the Bank's capital base and Articles of Agreement (85 percent of the shares are needed to effect such changes).

However, virtually all other matters, including the approval of loans, are decided by a majority of the votes cast by all members of the Bank.

The Bank's Board of Executive Directors, which is resident at the Bank's headquarters in Washington, D.C. represents all the members. Policies and practices are regularly and frequently debated and decided upon by the Board, so every member's voice is heard. In fact, developing countries together have about half the votes in the Bank. And the Bank's cooperative spirit is reflected in the fact that voting is rare because consensus is the preferred way of marking decisions.

Only developing countries can borrow from the Bank. But all members, including the richer nations, gain from economic growth in developing countries.

A world increasingly divided between rich and poor is in no one's interest. We all benefit from increased trade and investment, higher incomes, fewer social tensions, better health and education, and environmental protection. The Bank's member countries – particularly the industrial countries – also benefit from procurement opportunities derived from World Bank – financed projects.

The World Bank Group at a Glance

The World Bank Group comprises five organizations: the International Bank for Reconstruction and Development(IBRD), the International Development Association (IDA), the International Finance Corporation(IFC), the Multilateral Investment Guarantee Agency(MIGA), and the International Center for Settlement of Investment Disputes(ICSID).

International Bank for Reconstruction and Development(IBRD)

The IBRD, founded in 1944, is the World Bank Group's main lending organization. It lends to developing countries with relatively high per capita incomes. IBRD loans are used to pay for development projects, such as buildings, highways, schools, and hospitals, and for programs to help governments change the way they manage their economies.

Interest rate charged on IBRD loans: 6.54 percent as of July 1, 1997. The rate is changed every six months.

Maturity on loans: 15 to 20 years, with a grace period of about five years.

Source of funds: The IBRD raises most of its money on the world's financial markets. It sells bonds and other debt securities to pension funds, insurance companies, corporations, other banks, and individuals around the world.

Ownership: IBRD is owned by its 180 member countries. Each of these countries has voting power in the institution. Voting power is based on a country's shareholding, which in turn is based on a country's economic strength.

Lending: During the past five years, the IBRD approved an annual average of US $15.4 billion in loans for development projects.

International Development Association(IDA)

The IDA was established in 1960 to provide assistance on concessionary terms to the poorest developing countries – those that cannot afford to borrow from the IBRD. IDA loans, known as 'credits', are provided mainly to countries with annual per capita incomes of about US $925 or less. By this criterion about seventy countries are eligible.

Interest Rate: IDA credits are interest free, but carry a small service charge.

Terms on credits: 35 or 40 years, with a 10 year grace period.

Sources of funds: IDA resources are derived from contributions from governments, IBRD profits, and repayments on earlier IDA credits.

Ownership: IDA has 159 member countries. A country must be a member of IBRD before it can join IDA.

Lending: During the past five years, IDA approved an annual average of US $6.1 billion in credits to help pay for development projects.

International Finance Corporation(IFC)

The IFC was established in 1956 to help strengthen the private sector in developing countries. IFC lends directly to the private sector, while the IBRD and IDA lend to governments. IFC aids the private sector by providing long-term loans, equity investments, guarantees and instruments.

Interest rate on IFC loans and financing: Market rates, which vary between countries and projects.

Maturity on loans: 3 to 13 years, with grace periods as long as 8 years.

Source of funds: About 80 percent is borrowed in the international financial markets though public bond issue, 20 percent is borrowed from IBRD.

Ownership: IFC is owned by 170 member countries.

Lending: IFC investments have risen from about US $4 billion in fiscal 1993 to more than US$8 billion in fiscal 1997, including syndications and underwriting for private-sector projects in developing countries.

Multilateral Investment Guarantee Agency (MIGA)

MIGA was established in 1988 to help developing countries attract foreign investment. MIGA provides investors with investment guarantees against 'non-commercial risk', such as expropriation and war. It also provides governments with advice on improving the climate for foreign investment.

Coverage: MIGA may insure up to 90 percent of an investment, with a current limit of US $50 million per project.

Membership: 141 countries.

Guarantees: In fiscal 1997, MIGA issued 70 guarantee contracts worth about US $614 million.

(From www.worldbank.org/html/extdr/backgrd/ibrd/role.htm)

Acronyms & Words

affiliate	관련회사·조직; 지점, 지부
board	판자; 평의회, 위원회; [官衙] 部, 局, 廳, 院
cast a vote	한 표를 던지다
creditworthy	[金融] 신용도가 높은, 신용대출 할 가치가 있는
expropriation	징발, 몰수
free of interest	무이자의
grace	품위, 우아; [金融] 지불유예
grant	수여, 하사; [經濟] 교부금, 원조금
guarantee	보증, 보증서; 담보물 [法] 피보증인
IBRD	국제부흥개발은행(International Bank for Reconstruction and Development)
ICSID	국제투자분쟁해결센터(International Center for Settlement of Investment Disputes)
IDA	국제개발협회(International Development Association)
IFC	국제금융공사(International Finance Corporation)
issue	(선언·명령 등을)내리다; [金融] (채권 등을) 발행하다
ling-term	長期
maturity	성숙, 원숙; [金融] 만기일
MIGA	다국간투자보장기구(Multilateral Investment Guarantee Agency)
near-market interest rate	시장·실세금리에 가까운 금리
on terms to	~조건으로
ownership	소유권
pension	수당, 장려금; 연금
public bond	公債
shareholding	[金融] 지분, 지분률
syndicate	신디케이트, 기업합동; [金融] (주식·채권 등의)인수조합, 인수단
underwrite	서명하다; [金融] (주식·채권 등을) 인수하다
veto	거부하다; 거부권을 행사하다

Fill in the Blanks with a Suitable Word

board, concessionary, expropriation, fulfill, grace, grant, guarantee, issue, maturity, ownership, pension, resident, tension, vary, veto, virtually, fiscal

1. If you _______ a mission, you do those things which are necessary as part of your job.

2. When the USA _______ a motion in the Security Council, it means that the USA uses its constitutional power to stop an otherwise democratic vote from becoming effective.

3. Another word for ______ is nearly or almost all.

4. If the Board of Directors is ________ at its Washington headquarters, it means that ___ they work there.

5. Another term for ______ is committee.

6. If a nation has a lot of social _______, it means that there is systematic and strong antagonism among certain groups in that society.

7. The ________ on a loan is the period of time that it is allowed before it must be paid back.

8. When you talk about ________ you are talking about who has effective control over something, usually as a result of property laws.

9. When you offer a loan to someone on ________ terms, it means that you give that loan to them at on more favorable or generous terms.

10. If you are given a _______ period to pay back a loan, you are given an extra period of time which does not involve more penalties before you pay the loan back.

11. If a back offers _______, it means that the bank will provide you with some money for a period of time to help you finance something.

12. If a market rate ________ between countries, it means that the rate is different in different countries.

13. Another term for ______ year is financial year.

14. If revolutionaries carry out acts of _______, it means that they take the land or property from the owners and turn it over to the workers and peasants.

15. If you _____ a contract, it means that you write a contract and give it to someone.

6
ASEM
Asia · Europe Meeting

On 1~2 March 1996, Thailand will have the privilege of hosting the first summit ever between Asia and Europe in Bangkok. The Asia · Europe Meeting (ASEM)[9], as it is called, is indeed a historic occasion since it brings to Thailand leaders from two continents, representing 25 countries and the European Commission.

Participants to the ASEM include the Heads of State and Government of ten Asian nations (Brunei, China, Indonesia, Japan, Republic of Korea, Malaysia, the Philippines, Singapore, Thailand and Vietnam) and fifteen European nations (Austria, Belgium, Denmark, Finland, France, Germany, Greece, Ireland, Italy, Luxembourg, the Netherlands, Portugal, Spain, Sweden, and the United Kingdom) as well as the President of the European Commission.

The initiative for this Summit grew from the recognized need to strengthen the linkage between Asia and Europe. While the Trans-Pacific linkage appears to be strong through the APEC as well as the Trans-Atlantic linkage through the G-7, ties between Asia and Europe have not been developed to their full potential.

This historic Meeting should help strengthen this linkage as well as foster closer ties between the three main centers of economic growth, namely Asia, Europe and North America. Closer cooperation between these three regions will contribute

9) 한국, 중국, 일본의 동북아 3국과 동남아시아 ASEAN 회원국7개국 등 아시아 10개국과 유럽연합(EU) 15개국 등 모두 25개국이 참여하는 아시아와 유럽 간의 정상회의.
1994년 고축통 싱가포르 수상이 아시아와 유럽의 협력관계 강화를 위해 제안해 발족됐으며, 제2차 세계대전이후 식민지 지배관계가 단절된 이래 아무런 연결고리를 갖지 못한 아시아와 유럽이 새로운 동반자 관계를 구축함으로써 유럽·북미·동아시아 3각 지역협력체제이 기틀을 마련한다는데 의의가 있다.

significantly towards maintaining global peace, stability and prosperity.

The inaugural ASEM is envisaged as an informal gathering of leaders who will be free to discuss any topic of mutual interest. There is therefore no structured agenda as such. The significance of this Summit lies in the fact that 25 Heads of State and Government from Asia and Europe have come together to talk about a common vision for the future.

Their collective presence reflects the joint political will and commitment to create a new foundation for closer and more productive relations between the two regions. It is for these reasons that the participating countries have agreed to the theme of 'Towards a New Asia·Europe Partnership for Greater Growth' for this historic summit.

One of the aims of the ASEM is to provide the leaders with an opportunity to get to know one another. It is hoped that the ensuing close consultations will allow the leaders to build rapport. This will serve as a foundation for further and continued cooperation amongst the participating countries in more specific areas.

Another aim of the Summit is to encourage greater understanding between the peoples of the two regions. Furthermore, this important gathering of Asian and European leaders provides a unique opportunity for the parties to explore new avenues of cooperation in the political, economic and social fields. The ASEM is therefore expected to usher in a new era of closer friendship and cooperation between Asia and Europe built on shared interests and sustained through common understandings.

In the political area, the ASEM provides an opportunity for leaders to exchange views on current regional and global issues. These discussions could serve as a basis for further cooperation on specific issues of mutual interest. Issues which are expected to receive particular attention include reform of the UN, general disarmament and nuclear non-proliferation

Consultations on political and security issues at the highest levels serve to generate greater trust and confidence amongst the participating countries which should reinforce the existing ties of friendship between the two regions, thus contributing to global stability.

In the area of economic cooperation, the Summit seeks to strengthen the economic relations between the two regions by taking advantage of existing complementarities and developing synergies which would promote greater economic growth and development. Promoting greater trade and investment between the two regions through trade, investment liberalization and facilitation amongst the participating countries is another important goal. These initiatives are intended to complement existing efforts to achieve an open, rules-based trading system within the framework of the WTO. Small and medium enterprises will likewise be given attention.

In addition, the Meeting will encourage Asian and European business and private sectors to strengthen their cooperation through increased contact, joint ventures and transfer of technology.

The participating leaders will also have the opportunity to explore means of cooperation in other fields of common interest. Human resources development is expected to receive particular attention as it represents a cost-effective way of promoting further economic growth and development as well as strengthening understanding between Asians and Europeans. Existing cultural misperceptions between the two sides need to be addressed. One means to overcome this obstacle is to promote closer people-to-people contacts through more comprehensive exchange programs between academic institutions.

Another area of potential cooperation is the area of the environment. As Europe has the available expertise in environmental protection technology to match the increased Asian demand for such technology, both regions can cooperate in this area in order to promote sustainable development.

The inaugural ASEM in Bangkok is to be the first of many summits between Asia and Europe. While the venue and dates of the next ASEM remain to be discussed, the next ASEM is expected to be convened in a European Country. To maintain momentum in the ASEM process, follow-up measures need to be pursued through appropriate mechanisms during the period between the Bangkok Meeting and the next ASEM. One idea is to have the Foreign Ministers, and possibly other ministers, meet after the first ASEM to follow through on the leaders' initiatives agreed to in Bangkok and propose further action at the next Summit between Asia and Europe.

(From http://asem.inter.net.th/asem-info/background.html)

Acronyms & Words

ASEM	아시아 · 유럽회의(Asia · Europe Meeting)
agenda	의사일정; 협의사항; 비망록
avenue	가로수가 있는 길; 수단, 방법
consultation	(전문가와의)상의·상담; 협의 · 심의
convene	(모임 · 회의를)소집하다
cost-effective	비용 절감적인
disarmament	무장해제; 군비축소
EC	유럽위원회(European Commission)
ensue	뒤이어 일어나다, 계속되다
envisage	마음에 그리다, 상상하다
expertise	전문적 지식·기술
follow through	(골프·야구 등에서)공을 친 뒤에도 배트를 끝까지 휘두르다
foster	(수양자식으로서)기르다, 돌보다
framework	뼈대, 골격; 틀, 구조
host	주인 · 주최국 노릇을 하다
human resources	인적자원
inaugural	취임의; 개시 · 개업의
investment liberalization and facilitation	투자 자유화 및 촉진
joint venture	합작기업
misperception	잘못된 · 그릇된 인식 · 지각
momentum	힘, 추진력; [物理]운동량
participating country	참여국
potential	가능한; 잠재하는
privilege	특권, 특전; 혜택, 명예
proliferation	증식; 급증, 확산
rapport	(일치·조화를 특징으로 한)관계 ; [降靈術] 교신, 영교
small and medium enterprise	중소기업
summit	(산의)정상, 꼭대기; [政治]정상회담
the United Kingdom	영국
transfer of technology	기술이전
usher	~의 도착을 알리다, 예고하다; 안내하다, 인도하다
venue	회합장소, 개최지; [法]범행지, 재판지

Fill in the Blanks with a Suitable Word

address, collective presence, consultation, contribute, convene, disarmament, envisage, expertise, explore new avenue, framework, inaugural, initiative, joint, linkage, momentum, non-proliferation, perception, potential, privilege, rapport, summit, usher in hosting, vision

1. If you have the _______ of doing something, you are very pleased and honored to do that thing.

2. If you talk about a ______ being held, you mean that an official meeting involving the top leadership of two or more nations takes place where important issues of cooperation and understanding are discussed.

3. The _______ to do something is the original force, impetus or reason for doing that thing.

4. If you discuss the Trans-Pacific _______, you are discussing the various kinds of government and non-government forms of cooperation which unite the regions economically.

5. If someone says that cooperation will ______ to peace and stability, they mean that cooperation will help to make and stability stronger.

6. If someone says that APEC is _____ as an informal forum for discussion, they mean that the creators of APEC planned or hoped that it would be an informal forum for discussion.

7. When you talk about a _______ reflecting unity, you mean that the fact that everybody has taken the decision to attend the meeting reflects unity.

8. A common _______ for the future is a shared idea or plan of what the future should or ought to be like.

9. If two or more countries issue a ______ declaration, it means that they announce the record of their agreement together.

10. Close _______ are discussions in which people can talk about their

potentially different points of view in detail.

11. If two leaders build a ______ with one another, they get to know each other enough to be able to talk comfortably.

12. The movement for nuclear ______ is the movement that aims to rid the Earth of all nuclear weapons.

13. When the USA talks about nuclear _______, it means that no countries other than the permanent members of the Security Council should be allowed to develop or keep nuclear weapons.

14. A ____ for doing something is the same thing as the necessary minimum of agreed conditions or rules for doing that thing.

15. If you talk about different cultural ____ causing problems, you are talking about the different ways that different cultures think about and organize their view of social reality.

16. When someone says that the problem of the Third World Debt needs to be __________, they mean that people need to start talking about ways of dealing with it, such as by means of its cancellation or by revising some of the terms governing debt repayment.

17. An area of ____ cooperation is an area of cooperation which has not be tried, but has a good chance of being successful.

18. If you talk about an ______ meeting, you mean that meeting is the first of its kind.

19. If two countries ______ of cooperation, this means that they try to work together in ways they previously have not done.

20. If a meeting is ________, that meeting is planned for some definite point in the future.

21. If a country has ______ in a given area, that country understands that area very well due to its knowledge and ability.

22. If you maintain your _____, you keep going forward at the speed you are currently moving at.

7
APEC
Asia·Pacific Economic Cooperation

Asia·Pacific Economic Cooperation(APEC)[10] was formed in 1989 in response to the growing interdependence among Asia·Pacific economies. Begun as an informal dialogue group with limited participation, APEC has since become the primary regional vehicle for promoting open trade and practical economic cooperation.

Its goal is to advance Asia·Pacific economic dynamism and sense of community.

The Asia·Pacific is experiencing the most striking economic growth in the world. It is a major contributor to global prosperity and stability. Today, APEC includes all the major economies of the region and the most dynamic, fastest growing economies in the world. APEC's 18 member economies had a combined Gross Domestic Product of over US $13 trillion in 1995, approximately 55 percent of total income and 46 percent of global trade.

The current member economies represent the rich diversity of the region as well as differing levels of economic growth. Despite such differences there is a growing sense of common purpose and cooperation aimed at sustained regional and world growth.

---

10) 1989년 1월 호주의 보브 호크 총리의 제안에 따라 환태평양 국가 간의 경제 협력과 무역증진을 목표로 1989년 11월에 결성된 최초의 범정부간 지역경제 협력기구로 공식명칭은 아시아·태평양 경제 협력기구(APEC).

In the 1991 Seoul APEC Declaration

APEC members agreed on specific objectives:

- To sustain the growth and development of the region for the common good of its peoples and, in this way, to contribute to the growth and development of the world economy;
- To enhance the positive gains both for region and the world economy resulting from increasing economic interdependence to include encouraging the flow of goods, services, capital, and technology;
- To develop and strengthen the open multilateral trading system in the interest of Asia · Pacific and all other economies;
- To reduce barriers to trade in goods and services among participants in a manner consistent with GATT principles where applicable, and without detriment to other economies.

The Seoul Declaration also recognized 'the important contribution of the private sector to the dynamism of APEC economies'. The ministers committed APEC 'to enhance and promote the role of the private sector and the application of free market principles in maximizing the benefits of regional cooperation'. The Seoul Declaration set forth a commitment among APEC ministers to meet annually and hold informal discussions to strengthen and reaffirm the agreed objectives, and to realize the goals of free and open trade and investment in the region. The series of annual economic leaders' informal meetings began in 1993

(From http://www.apecesec.org.sg/97brochure/97brochure.html)

Acronyms & Words

APEC	아시아·태평양 경제협력체 (Asia · Pacific Economic Cooperation)
common good	公益
detriment	傷害; 손해·손실
free market principle	자유시장원칙
GDP	국내총생산(Gross Domestic Product)
reaffirm	다시 단언하다; 다시 긍정·확인하다
regional cooperation	지역협력
set forth	보이다, 진열하다; 진술·발표하다
vehicle	운송·운반기구; 매개물, 전달수단

Fill in the Blanks with a Suitable Word

detriment, diversity, informal, prosperity, strengthen, vehicle

1. If you talk about ____ dialogue, you mean a discussion which allows people simply to get to know each other's opinions without having to decide on policy changes or the consequences of disagreement.

2. To talk about global _____ means to talk about the world's economy being successful or in good health.

3. A ____ for promoting open trade is a way, method or forum for promoting it.

4. If a region has _____, that region contains many different cultures, points of view and ways of life.

5. If you _____ a system, you make it the rules and agreements relating to it more powerful or stricter.

6. To cause _______ to an economy is to harm or damage that economy.

8
EU
European Union

European Union(EU)[11] was created to give expression to an ever closer Union of European nations. As the Union's responsibilities have broadened, the institutions have grown larger and more numerous. In its first 20 years, the Commission would propose, the Parliament would advise, the Council of Ministers would decide and the Court of Justice would interpret.

In the last 20 years, the Parliament has become directly-elected and acquired new powers, the European Court of Auditors has arrived on the scene, the European Investment Bank has emerged as a major source of finance for economic development, the Economic and Social Committee has testified to the value of debate and cooperation between the economic and social partners and, most recently, the Committee of the Regions has been set up to advance regional interests and diversity.

Institutions of EU

European Parliament: The Parliament is the directly-elected democratic expression of the political will of the peoples of the European Union, the largest multinational parliament in the world.

Council of the European Union: The council is usually known as the Council of

11) 유럽연합(EU)의 모태는 1957년 체결된 로마조약에 의해 탄생된 유럽경제공동체(EEC: European Economic Community)라고 할 수 있다. EEC는 관세동맹의 형태를 가진 경제통합체였는데, 이것이 1967년 7월 ECSC(유럽석탄철광공동체)와 EAEC(유럽원자력공동체)를 흡수하여 공동시장의 성격을 가진 EC(European Communities: 유럽공동체)로 확대되고, 다시 이것이 1991년 12월에 체결되고 1993년 11월에 발효된 마스트리히트 조약에 의해 경제동맹의 성격을 가진 EU로 발전됐다.

Ministers, and has no equivalent anywhere in the world. Here, the Member States legislate for the Union, set its political objectives, coordinate their national policies and resolve differences between themselves and with other institutions.

European Commission: The Commission identifies three distinct functions: initiating proposals for legislation, guardian of the Treaties, and the manager and executor of Union policies and of international trade relationships.

Court of Justice: It provides the judicial safeguards necessary to ensure that the law is observed in the interpretation and application of the Treaties and, generally in all of the activities of the Union.

Court of Auditors: It is the taxpayers' representative, responsible for checking that the European Union spends its money according its budgetary rules and regulations and for the purposes for which it is intended.

European Investment Bank: It is the European Union's financing institution, it provides loans for capital investment promoting the Union's balanced economic development and integration.

Economic and Social Committee: In accordance with the Treaties, the Committee advises the Commission, the Council and the European Parliament. The opinions which it delivers(either in response to a referral or on its own initiative) are drawn up by representatives of the various categories of economic and social activity in the European Union.

Committee of the Regions: It is the European Union's youngest institution whose birth reflects Member States's strong desire not only to respect regional and local identities and prerogatives but also to involve them in the development and implementation of EU policies.

European Ombudsman: Every citizen of each Member State is both a national and a European citizen. One of his/her rights as a European citizen is to apply to the European Ombudsman if he/she is a victim of an act of maladministrations by the EU institutions or bodies.

European Monetary Institute: The function of the EMI is to make possible monetary unification. EMI is not the European Central Bank; this will not be established until the end of the monetary union process.

(From http://europa.eu.int/inst-en.html)

The Commercial Policy of the EU

The EU's capacity to play a leadership role in global negotiations to liberalize world trade over the last 30 years has been crucially shaped by its common commercial policy. The founding Treaty of Rome required Member States to adopt common tariffs, liberalization, export promotion and trade protection policies.

They have had to speak with one voice during all of the most important development in international trade over the last 30 years. Other countries have listened.

Now the Union is the world's largest trade grouping, accounting for just over 20% of total global trade in goods. Free trade has always been one of its main aims because it is heavily dependent on international commerce – more than the US is, for example. This broad objective has been pursued multilaterally – first in the GATT, now in WTO – through regional agreements and in bilateral relations with other countries, in recent years most notably with Japan and South Korea.

Since the EU has sole responsibility for trade policy, the European Commission negotiates all external trade agreements on its behalf, in virtually all forums where trade issues are discussed. The Commission's task is rarely easy because Members States frequently have different views about what the detailed outcome of major negotiations should be. Before beginning a key negotiation, the Commission usually proposes its own mandate to the Council of Ministers which will discuss, amend and finally settle, in agreement with the Commission, what the mandate should be. Eventual agreements with trading partners must be endorsed by the Council.

The Main Instruments of the EU

The Common Customs Tariff: The EU is a customs union because its Member States apply the same tariff on goods entering their country. This ensures that all goods enter on the same terms whether in Liverpool or Marseilles. No Member State can derive a competitive advantage by applying lower tariffs because no Member State has independent legal authority over the tariffs to be charged on imports. These are fixed on an EU-basis through the common commercial policy.

Export Promotion: The Commission supplements Member States export promotion efforts with a program based on fairs, trade forums and coordinated EU initiatives. Under guidelines adopted in 1993, it is currently giving a priority to promoting exports to the Gulf and Asian countries with special attention given to China and Japan.

Trade Protection: An anti-dumping policy is directed against exporters selling into the EU at discriminatory prices which injure domestic producers. The EU's anti-dumping procedures have been extensively modified to bring them into line with the UR agreements of December 1993. Usually, goods judged to be breaching the Union's anti-dumping rules have special duties imposed on them. Examples in 1995 included color television receivers from Malaysia, China, South Korea, Singapore and Thailand, ammonium nitrate from Russia and Lithuania, and photocopiers from Japan. Anti-subsidy policy aims to prevent the sale of imported goods in the EU whose prises may be unfair because their production benefits from a state subsidy. In cases where unfair subsidies have been identified, countervailing duties may be imposed on the products.

(From http://europa.eu.int/pol.comm/en/info.htm)

Acronyms & Words

advise	충고·조언하다; 의논·상담하다
adopt	수양자식으로 삼다; 채용·채택하다
ammonium nitrate	질산칼륨 암모늄
bilateral relation	쌍무관계
breach	(성벽·방어선을)돌파하다; [法] 위반하다
Committee of the Regions	지역위원회
Common commercial policy	공동통상정책
common tariffs	공동관세
Council of Ministers (=Council of the European Union)	유럽이사회
Council of the European Union	유럽이사회
customs union	관세동맹
Court of Auditors	회계감사원
Court of Justice	사법재판소
Economic and Social Committee	경제사회위원회
endorse	보증하다, 뒷받침하다; [金融] (어음수표 등에) 배서·이서하다
export promotion	수출촉진
extensively	널리, 광범위하게
European Commission	유럽위원회 또는 집행위원회
European Investment Bank	유럽투자은행
European Ombudsman	유럽민원처리처
European Parliament	유럽의회
grouping	그룹·조·집단화
guardian	보호자, 수호자; (미성년자 등의) 후견인
interpret	註解하다; 통역하다
mandate	명령, 지령, 지시
Member State	회원국
ombudsman	[行政] 민원조사관
on the scene	현장에, 그 자리에
prerogative	특권, 특전
referral	위임, 위탁; 회부
sole	유일한, 단하나의; [法] 미혼의
Treaty of Rome	로마조약

Fill in the Blanks with a Suitable Word

amend, broaden, coordinate, countervailing, discriminatory, equivalent, guardian, identify, integration, interpret, Ombudsman, political will, referral, responsibility, subsidy, testify, victim

1. If you talk about someone's ________, you are talking about that person's duties or the things they must do or take care of.

2. When you say that an organization's powers have been __________, you mean that these powers have increased or become more extensive.

3. If you say that the Court of Justice ______ what the Council of Ministers decides, you mean the members of Court says in legal terms what the laws passed by the Council will mean.

4. When you say that a Committee ________ to the value of debate, you mean that the Committee demonstrates or proves that debate is valuable.

5. The __________ of the European people is what the people of Europe want as reflected in their voting patterns.

6. To say that the Council of the EU has no _______ in the world is to say that there exists no similar organization anywhere in the world.

7. If a nation _________ its policies with another nation, it means that the nation tries to make policies which conflict with that other nation as little as possible.

8. If you _________ three different functions, you suggest or state that there are three different functions.

9. When someone is appointed to be the __________ of a treaty, it means that person must act as a kind of policeman, making sure that the treaty is not violated.

10. To speak of growing economic ____________ is to speak of the increasing mixing or blending together of economic activities.

11. If a Committee acts on a ______, it means that the Committee decided to look at a particular issue because someone suggested to the Committee that the issue was worth looking at.

12. If you make an appeal to the European ___________, you are making an appeal to an independent body which was set up to investigate complaints that European citizens may have against the EU institutions or bodies.

13. If someone is a ________ of a government, it means that person was hurt or otherwise misused by that government.

14. If you __________ the mandate of an organization, you make some small changes in the purpose of that organization.

15. When you talk about a country selling goods to member states of the EU at _______________ prices, you means that country is selling goods at prices with which the EU member states cannot afford to compete.

16. When you say that the car industry is supported by state ________, you mean that the government gives money or other kinds of benefits to the car industry in order to help it compete internationally.

17. If you impose a ___________ duty on state-subsidized imported cars, it means that you impose a penalty or a tax on imported cars in order to compensate for or offset the beneficial effects of that state subsidy.

Part IV
ANSWER

Chapter 1

1. impartial 2. overhaul 3. set up 4. doomed
5. multilateral 6. provisional 7. provision 8. disputes
9. negotiations

Chapter 2

1. forerunner 2. vocation 3. embrace 4. interact
5. triggered 6. perspectives 7. scope 8. matrix
9. forum 10. context 11. homogenous entity
12. pluralistic 13. straightforward 14. thorough 15. peer
16. boost 17. compatible 18. knitting a web
19. underpinning 20. bribery

Chapter 3

1. arbitration 2. ethical 3. harmonize 4. disseminate
5. governs 6. coordinate 7. surface transport
8. foremost 9. resolution 10. practitioner 11. facilitate

Chapter 4

1. conform 2. vice versa 3. oddly 4. interim
5. session 6. supervise 7. sensitive 8. statistician
9. personnel 10. undertake 11. refrain
12. orderly and constructive 13. coerce 14. leverage
15. offending 16. ineligible 17. granted 18. lapse
19. bothered 20. mandate 21. appropriate 22. sovereign
23. collaborate 24. conduit 25. indispensable 26. reinforces

Chapter 5

1. fulfill 2. vetoes 3. virtually 4. resident
5. board 6. tensions 7. maturity 8. ownership
9. concessionary 10. grace 11. guarantees 12. varies
13. fiscal 14. expropriation 15. issue

Chapter 6

1. privilege 2. summit 3. initiative 4. linkage
5. contribute 6. envisaged 7. collective presence
8. vision 9. joint 10. consultations 11. rapport
12. disarmament 13. non-proliferation 14. framework
15. perceptions 16. addressed 17. potential 18. inaugural
19. explore new avenue 20. convened 21. expertise
22. momentum

Chapter 7

1. informal 2. prosperity 3. vehicle 4. diversity
5. strengthen 6. detriment

Chapter 8

1. responsibilities 2. broadened 3. interprets 4. testifies
5. political will 6. equivalent 7. coordinates 8. identify
9. guardian 10. integration 11. referral 12. Ombudsman
13. victim 14. amend 15. discriminatory 16. subsidies
17. countervailing

Part Ⅵ

기 타

1. 국제통상회의에서의 영어
2. 영어에서의 경의표현
3. 미국식 영어와 영국식 영어

1
국제통상 회의에서의 영어

A 개회식에 쓰이는 표현

1) 서두의 호칭

- Mr. Chair(man), honored guests, distinguished members of the association….
- Mr. Chair(man), distinguished guests, and honorable delegates….

2) 개회선언

- I now declare the 3rd General Assembly of APEC open.
- It is (indeed) a great privilege (honor/pleasure) for me to open the 3rd General Assembly of APEC.

3) 회의 종류별 개회 표현

- Good morning, Ladies and Gentlemen; I (would like to) welcome you all to Session Ⅱ entitled 'Importance of Free Trade.'
- I extend warm welcome to all gathered here to participate in this panel discussion on Free Trade.
- I would like to announce the meeting open.
- It gives me a great pleasure to open this conference.
- This morning we plan to explore the very important problem of international

concern.

- First of all, let me outline what we intend to do here this afternoon.
- This meeting as the title indicates will deal with the impact of oil pollution.
- This round-table discussion will be devoted to the impact of economic bloc.
- It is a great pleasure to have this opportunity to discuss the impact of non – tariff measures.
- We will now proceed to the panel discussion.
- On behalf of the Executive Committee, I would like to declare the Fifth General Assembly open.
- The 30th General Assembly of ASEAN is (now) called to order.

4) 서두의 의례적인 인사

- It is a real pleasure and a privilege for me to participate in the opening ceremony of the 9th APEC meeting. As a Korean delegate, I am proud to have been given the responsibility on this important occasion.
- I am honored and proud to participate with you in this opening ceremony of the 4th General Assembly of ASEM and address the distinguished audience on this joyful occasion here in Pusan.

5) 주최 측의 인사

- As the president of this conference, I have the pleasure and honor of welcoming all of you to this international meeting.
- On behalf of OECD, I bid a warm welcome to all gathered here to participate in the 1st International Environment Symposium.
- We deeply appreciate your coming to share with us this unique experience.
- I would like to thank all (of) the participants for their interest and efforts in helping us make this conference possible, especially those who have traveled great distance and taken valuable time from their very busy schedules to attend the conference.

6) 참가자 측의 인사

- Thank you very much for inviting us to your beautiful country. It's a personal privilege for me to be here for this Congress.
- The kindness and warmth of our Australian hosts and the beautiful setting for this symposium make us feel especially appreciative of your efforts to encourage a closer dialogue between us visitors and our Australian colleagues.
- We would like to congratulate the Organizing Committee on the wonderful work they have done in organizing this comprehensive and well-rounded program.

7) 회의의 목적 등에 관한 표현

- The history of this gathering goes back to September 1970, when it first became apparent to us that developments in the field of Marine Resource Conservation had become so important that a conference seemed mandatory.
- The goals of this conference are threefold. First, it should provide a forum for the exchange of information between participants in this interdisciplinary meeting. Second, it should provide an opportunity to establish and renew personal relationships between participants, and finally, it should stimulate the interest and ambition of participants from all over the world to cooperate in their efforts.
- This conference aims to bring into focus the problems and solutions of anti-dumping tariff. It is hoped that this conference will answer many of the problems.

B 사회자를 위한 표현

1) 사회자의 자기소개

- I am Professor Pak from Seoul, Korea. It is a privilege for me to chair this session.
- I am Professor Pak, chairman of this session. We are honored to have Dr. Murphy, professor of economics, University of Liverpool, on my left, as co-chairman with me. The secretary is Dr. Brake of California State University.

2) 연사소개

- The opening address will be given by….
- Our speaker is a recognized authority in….
- Let me give you a few examples of his achievements….
- Will you please welcome….
- Ladies and gentlemen, I would like to introduce our distinguished panel. Seated on my left is Dr. Murphy. Dr. Murphy is a Director of Research for Global Business. Seated next to him is….
- Next is Mr.….
- The last member of the panel is Ms.….
- May I welcome each of you to our panel session this morning.

3) 연사에 대한 표현

- Dr. Pak, your time is almost over.
- Excuse me, Mr. Que, but your time is up.
- Will you please summarize your paper briefly?
- Will you please conclude your remarks?
- Thank you (very much), Miss Pak, for your (the/this) excellent paper.

(contribution / presentation / message / speech / lecture / talk / address).

- Thank you Dr. Pak, and thank you particularly for finishing within the 20 minute time limit (for making up for some lost time).

C 발표를 위한 표현

1) 청중에 대한 호칭

- Mr. Chairman, distinguished delegates, ladies and gentlemen.

2) 소개에 대한 감사

- Thank you very much, Dr. Pak, for your gracious introduction.

3) 서두의 표현

- I am honored and proud to have the chance to address you at the 11th Congress of IMF in Seoul.
- It is truly a pleasure and privilege to be afforded the opportunity to address this session of your 30th Annual Meeting in this beautiful and historic city of Edinburgh.

4) 주요 내용 언급

- Today I would like to talk to you about some of our work in the field of international monetary movement.
- Today I will be speaking mostly about financial management of the port, but I will also cover the environmental approach.
- My point today is to make a general comment on recent main characteristics of oil spill in Northeast Asia.

5) 강연순서

- Today, I will first discuss…, I will then touch on…, and finally discribe….

6) 논점의 제기

- I think it would be best to start off by making some general comments on WTO.
- I would like to make three points with respect to ABC.
- The first point relates to…. The second point concerns…, and the third point is that….

7) 논점의 전환

- I' d like to shift to the topic of commercial policy.
- Turning to the other question, I'd like to talk about safeguards.
- I'd like to go back to (the question of) emergency tariff.
- Now, let's spend some time (a couple of minutes / a few minutes) on the NAFTA.
- Let me just go through three points very quickly.
- Let me touch on rule of origin rather briefly.

8) 시간 부족의 표현

- I didn't have time to go into detail on this subject.
- I am sorry that time made it necessary to skip over many details of protectionist instruments.

9) 논점 국한

- I would like to confine discussion to the most recent progress made in commodity classification.
- Now, I would like to concentrate (focus) on the problem of liner shipping.

10) 결론표현

- May I conclude my talk with a few more general remarks?

- Let me close by reminding you that….
- Now, I would like to sum up the results of this investigation.
- Finally, as a summary statement, I would like to say that….

11) 발표 종료

- In closing, I wish to express my great appreciation once again to President Park for inviting me to participate in the 23rd General Assembly of World Bank.
- I cannot conclude my address without expressing my appreciation once again to President Park for inviting me to participate in this superb meeting. Thank you.
- Thank you very much for your kind attention.
- Thank you very much for your endurance (patience) in listening to a rather long talk.

D 토론을 위한 표현

1) 토론시작

- Now, I would like to request the panelists (speakers) to come up the podium and be seated in the order of their Presentation.
- We will now proceed to the panel discussion, and I will ask the speakers to come up and take their seats here.
- The paper (presented) by Dr. Park is now open for discussion.
- Dr. Park's paper (presentation) is now open for discussion
- This (interesting/excellent) paper/presentation is open for questions or comments from the floor now.
- We shall now turn to the audience for questions.
- Would those who wish to make any comment or address a question to the panel please use the microphone and identify themselves by name and country?
- I'm afraid we'll have only a brief discussion, because time is running out (because we are running out of time).
- If you could make your questions as brief as possible, we'd appreciate it.

2) 발언 유도 및 요청

- Are there any questions or comments from the audience (floor) regarding Dr. Pak's paper?
- Dr. Oh, you have had a lot of experience in studying common tariff. What do you think of Dr. Pak's suggestion regarding the adverse effect of economic bloc?
- Dr. Wang, would you comment on trade policy?
- Dr. Park, I wonder (I am wondering / I wondered/I was wondering) if you would care to comment on that.
- To begin with, we might spend a few minutes discussing the role of WTO.

- Dr. Pak would be a better person to answer that question, since he is an expert in that field.

3) 토론의 제한과 중지

- We have only a few minutes left, and I want to close with one more question.
- Let me remind you that we just have one minute left, and we would like to have another opportunity for questions.
- Since the time is limited (we are pressed for time/we're running behind schedule), please make your comments please.
- Thank you, Mr. Oh. But I'm afraid we're straying a little from the point under discussion. If I may just remind the meeting, our subject today is trade conflict.
- Mr. Oh's opinion and Mr. Pak's are apparently quite opposed, but let's leave it at that. Let's proceed to the other area.
- We are now going to take a ten-minute break.
- Let's have a five-minute stretch.

4) 토론 종료

- We have come to the end of our allotted time.
- We will now close the meeting (session).
- We must bring this meeting (discussion) to an end (to close) here.
- I'd like to conclude this session by thanking all the speakers and all of those who participated in the lively and stimulating discussions.
- In closing this session, I would like to express my sincere thanks to the participants for their thoughtful presentations.

E 폐회

1) 주최자 측 인사

- Mr Chairman, honored guests, distinguished members of the Congress, on behalf of our host, I extend to you my heartfelt thanks for having come to Korea to share in this meeting.
- I wish to express my appreciation to the moderators and speakers, to the members of various committees who assisted in the plans which, I hope, have made this meeting a worthwhile and pleasurable experience for all of you, both professionally and socially, and to the dedicated staff of the Secretariat.

2) 참가자 측 인사

- On behalf of all those who have come to this Congress from abroad, I would like to thank our hosts for this immense labors in organizing what has been an unsurpassed and indeed unique occasion. Our meetings were held in this artistic and historic city. This is something we shall remember to the end of our lives. Our administration and gratitude to President Park and his colleagues are boundless, and we assure him that we are left with a deep affection for this country and its people.

3) 회의의 성과 요약 및 폐회

- The success of the meeting was due mainly to your contributions to the meeting sessions.
- We have had an excellent conference. It is quite impossible for me to summarize the proceeding, but I would like to mention some of the principal points that have emerged from some of the papers.
- I am proud to have the privilege of announcing that the next meeting of APEC will be held in Sydney. Australia in July 2010, We should of course welcome as many persons as possible who may be interested in

the Congress. We look forward to seeing you in Sydney in 2010. We are sure you will not be disappointed.

- We have come to the end of the Congress. The members of our Organizing Committee are deeply grateful for the hearty cooperation of all participants. Let us meet again in 2015 at the next Congress of APEC which is to be presided over by Mr. Pak. I now declare the ceremony closed.

2

영어에서의 敬意 표현

일반적으로 영어에는 존대어나 겸양어가 제대로 갖춰지지 않은 것으로 생각하기 쉽다. 우리말이나 일본어의 경우와 단순 비교하면 더욱 그렇다. 하지만 영어에도 나름대로 「경의」 표현하는 어법이 있고, 윗사람이나 상급자에게 이야기를 건넬 때는 반드시 경의를 표현하는 어법을 사용하도록 되어 있다. 그렇지 않고 친근한 사이에서나 사용하는 「평이」한 어법을 구사할 경우, 자칫 큰 실례를 범하게 되는 것이다.

A 언어적 敬意 표현

자구나 어법, 문법 등을 통해 경의를 표현하는 「언어적 경의」 표현의 경우 주로 다음과 같은 형태로 표현한다.

1) 일반적인 경의 표현

- Open the window for me. (명령)
- Please open the window for me. (평이)
- Will you open the window for me? (정중)
- Would you open the window for me? (더욱 정중)

cf. 특정한 직책을 맡고 있는 사람을 부를 경우

황제나 왕을 부를 때	Your Majesty (폐하)
왕자나 그에 준하는 귀족을 부를 때	Your Highness (전하)
고위직 귀족을 부를 때	Sir Robert Robinson, Your Excellency (각하)
귀족을 부를 때	Lord Todd (토드 경)
교황을 부를 때	Your Holiness (聖下)
대통령을 부를 때	Mr. President (대통령 각하)
주지사를 부를 때	Governor/Governor Smith (지사)
대사를 부를 때	Mr. Ambassador (대사)

2) 사람을 부를 경우

- Hi, Dr. Park. (평이)
- Hello, Dr. Park. (공손)
- Good morning sir / ma'am. (정중)

3) 사람을 소개할 경우

국제회의 같은 곳에서 의장이 연사를 소개하면서 연사에 대해 'The next paper will be given by Dr. Park, Korea, and he will be talking with us about trade and protectionism'라는 표현을 흔히 사용하곤 하는데, 그것은, 'he will be talking...'이라는 미래진행형 시제를 사용하는 것이 「개인적인 친근감이나 온정, 기대, 관심」 등을 심리적으로 표현하는 것으로 간주되어, 'he will talk...'보다 훨씬 정중한 표현으로 받아들여지기 때문이다.

이와 유사한 예는 곳곳에서 찾아볼 수 있다. 가령 'I hope to see you soon.'보다는 'I am hoping to see you soon.'이 보다 정중한 표현이고, 'You are rude'보다는 'You are being rude'의 형식으로 일시적인 상태로 표현하는 것이 보다 사교적 태도이다.

그것은 의문을 표시할 때도 마찬가지이다. 'I wonder if you clarify this point.' 보다는 'I was wondering if you could clarify this point.'라는 표현이 더욱 공손하게 받아들여지는 것이다.

cf. 'Will you open the window for me?'의 경우 끝이 올라가는 식으로 발음하면 요청조로서 정중한 표현이지만, 끝을 내리는 식으로 발음하면 명령조 어투가 됨으로 유의!

4) 의견을 구할 경우

- Please comment on that. (평이)
- Would you comment on that. (공손)
- Perhaps you could comment on that. (더욱 공손)
- I wonder if you could care to comment on that. (극도로 공손)

5) 제안할 경우

- Why don't you try it and see what happens? (평이)
- I advise you to try it and see what happens. (평이)
- You'd better try it and see what happens. (평이)
- I would suggest that you try it and see what happens. (공손)
- I think it would (might) be a good (better) to try it and see what happens. (극도로 공손)

6) 요구할 경우

- I want you to send it to me. (평이)
- Shall I send it to you? (공손)
- Would you like me to send it to you? (더욱 공손)
- I am awfully (very) sorry to trouble you, but I wonder if you'd mind sending it to me. (극도로 공손)

B 논리적 敬意 표현

이유를 분명히 밝히는 것도 경의를 표현하는 한 가지 방법이다. 그것을 '논리적 경의 표현' 이라 한다. 이 같은 논리적 경의 표현은 꼭 윗사람이나 상급자와 대화를 나눌 때만 사용하는 것은 아니다. 친근한 사이의 일상 회화에서도 늘상 쓰이기 때문이다.

1) 거절할 경우

- I'd really like to, but I just can't. (평이)
- I'd really like to, but I just can't. I have an appointment with my dentist tomorrow. (공손)

2) 선물 등을 받았을 경우

- Thanks a lot. (평이)
- This is something I've wanted for a long time. (공손)
- This is something I've wanted for a long time, but could never get for myself. I'll think of you with gratitude every time I use it. (극도로 공손)

C 심리적 敬意 표현

상대방에 대해 공감을 표시하는 단어를 사용하는 것도 일종의 경의 표현이다. 그것을 가리켜 '심리적 경의' 표현이라 하는데, 그 경우 다음과 같이 'glad', 'sorry', 'pleasure', 'afraid' 등의 단어를 통해 상대방의 심정을 충분히 알고 있다는 자신의 기분이나 심정을 나타내면 된다.

- Congratulations! I'm very glad to hear that.
- Oh, I'm sorry to hear that.
- Certainly, I'll be glad to.
- With pleasure.
- I'm sorry, but I can't help you.
- I'm afraid you're mistaken.

1) 축하할 경우

- Congratulations on your marriage. (평이)
- Please accept my sincere congratulations on your marriage. (공손)
- I admire your achievement. (공손)
- We respect him for his knowledge of law. (더욱 공손)

2) 조의를 표할 경우

- I was exceedingly sorry to hear of the tragic passing of your dear husband.(더욱 공손)

D 윤리적 敬意 표현

영어에서는 자신과 상대방을 함께 부를 때는 사회적 지위나 연령, 성별에 관계없이 상대방을 존중하는 뜻에서 자신을 상대방 뒤에 두거나 자신을 낮추는 표현을 사용하는 것이 일반적이다. 이런 영어식 태도를 '윤리적 경의' 표현이라고 한다.

- It is an honor to introduce professor Adams. (공손)
- My student, Mr. Smith, and I published a paper on logistics. (공손)
- My wife and I will be very glad to see you at our home tomorrow. (공손)

1) 순서 등을 양보할 경우

- Please go ahead.
- After you, please.

2) 일상생활에서 사소한 실수에 사죄해야 할 경우

- Excuse me. (평이)
- (I'm) sorry. (공손)
- Pardon me. (공손)
- I'm awfully (terribly) sorry. (더욱 공손)
- I beg your pardon. (더욱 공손)

3) 처음 만난 사람과 대화를 약간 나누다 헤어질 경우

- Nice (Glad) to meet you. (평이)
- It was so nice meeting you. (공손)
- I enjoyed talking with you. (공손)
- It's certainly been a great pleasure to make your acquaintance, and we appreciate so much your calling on us. (극도로 공손)

4) 異見이 있을 경우

- I don't agree with you. (평이)
- I'm afraid I don't agree with you. (공손)
- I'm not sure that I can agree with you. (공손)
- I respect your opinions, but I think otherwise. (공손)
- You may be right, but I think you're mistaken. (공손)
- This is only my personal opinion, but it seems to me that this policy is of no value in the treatment of trade deficit. (더욱 공손)
- To the best of my knowledge, no one has ever tried this method to solve the problem. (더욱 공손)
- It is a particular honor for a humble economist to be invited to lecture on the subject of social standards to such an expert audience. (극도로 공손)

E 기타 敬意 표현

1) 강조를 통한 경의 표현

- I know how busy you must be with all your university work, but I do hope you will be able to find time to come and talk to us. I can assure you that you will have a large, attentive and appreciative audience.
- I am sure everyone in the audience knows that penicillin was discovered by Alexander Fleming in England.
- This is only my opinion, but it seems to me that we should introduce safeguarding measures in this case.

2) 직접적인 경의 표현

칭찬할 때 'I'd like to praise him for his diligence.'라고 하거나, 축복할 때 'I heartily congratulate you on the birth of your son.'이라고 하거나, 감사할 때 'Thank you very much for inviting me.' 혹은 'I wish to express my deep appreciation to professor Pak for his kind invitation.'이라고 하거나, 사죄할 때 'We sincerely apologize for any inconvenience caused by this error.'라고 하는 식으로 명시적인 의미를 지니는 단어를 사용하고 표현은 직접적으로 경의를 표현하는 것에 해당된다.

3) 간접적인 경의 표현

'I would like to compliment Dr. Park on this valuable study.'와 같이 'compliment'라는 명시적 단어를 사용하는 직접적인 경의 표현에 대해, 'Investigators in your country have remained in the forefront of research in this field.'처럼 'in the forefront'와 같은 상징적인 칭찬어를 사용하는 방식은 간접적인 경의 표현에 해당된다.

이런 간접적 경의 표현이 적당한 경우로는 'Why was he fired?'라는 질문에 대한 답을 들 수 있다. 이 경우 'He stole something of the company'라고 직접적으로 대답하기보다는 'Something was found missing in the company'라고 간접적으로 답하는 것이 보다 예의를 갖춘 태도이다.

이와 유사한 경우로는 'He is a terrible man.'이라는 식으로 말하지 않고 'I'm afraid he is not a very nice person.'이라고 한다거나, 'Have you read the book?'보다 'I wonder if you have read the book.'으로, 'Your name, please?' 혹은 'What's your name?'보다 'May I have your name?' 혹은 'May I ask your name?'으로, 'Any questions or comments?'보다 'Are there any questions or comment?'라는 식으로 표현하는 것을 들 수 있다.

3 미국식 영어와 영국식 영어

영어에는 미국식과 영국식 두 가지 형태가 있다. 우리나라의 경우 최근에는 미국식 영어를 더 강조하는 경향이 있지만, 국제 사회에서는 영국식 영어도 많이 쓰인다. 특히 유럽계 사람들의 경우가 그런데, 국제 통상 관계에서 유럽의 비중이 점점 커지고 있는 만큼 그 기본적인 차이는 이해하고 있는 것이 좋을 듯하다.

다만 미국식 영어와 영국식 영어의 차이에 관한 『결정판』이라고 할 만한 것은 아직 없다. 아직은 일반적으로 인정되고 있는 이상으로 차이가 많다고 말할 수 있는 정도이다. 현재까지 나온 두 언어의 차이에 관한 내용 중에서 주요한 것을 점검하면 대략 아래와 같다.

A 철자

영국식	-ou-	colour	honour	labour	mould
미국식	-o-	color	honor	labor	mold
		(색깔)	(명예)	(노동)	(주형)
영국식	-en-	enclose	endorse	enguiry	ensure
미국식	-in-	inclose	indorse	inquiry	insure
		(둘러싸다)	(보증하다)	(조회)	(확실하게 하다)
영국식	-ae/oe-	anaesthetic	encyclopaedia	foetus	manoeuvre
미국식	-e-	anesthetic	encyclopedia	fetus	maneuver
		(마취의)	(백과사전)	(태아)	(작전)

영국식	-re-	centre	litre	theatre	fibre
미국식	-er-	center	liter	theater	fiber
		(중심)	(리터)	(극장)	(섬유)
영국식	-ce-	defence	offence	licence	
미국식	-se-	defense	offense	license	
		(방어)	(위반)	(면허)	
영국식	-ll-	libellous	quarrelling	travelled	jewellery
미국식	-l-	libelous	quarreling	traveled	jewelry
		(중상적)	(말다툼하는)	(여행했다)	(보석류)
영국식	-l-	fulfil	skilful	instalment	
미국식	-ll-	fulfill	skillful	installment	
		(수행하다)	(솜씨 있는)	(분할 불입금)	

미국식 영어와 영국식 영어의 철자법상의 전형적 차이는 다음과 같다. 그렇지만 미국식 영어 철자법이 영국에서 사용되는 경우(judgment, inquire, encyclopedia…)도 있고, 또 영국식 영어 철자법이 미국에서 사용되는 경우(enclose, judgement…)도 있으므로, 일괄적으로 어떻다고 잘라 말하기는 어렵다.

참조1. 그 외 철자법이 다른 경우는 대략 다음과 같다.

영국식	cheque	gaol	kerb	moustache
미국식	check	jail	curb	mustache
	(수표)	(형무소)	(가장자리들)	(턱수염)
영국식	plough	storey	tyre	tsar
미국식	plow	story	tire	czar
	(쟁기)	(짧은 소설)	(타이어)	(러시아 황제)
영국식	pyjamas	programme	kidnapper	draught
미국식	pajamas	program	kidnaper	draft
	(파자마)	(프로그램)	(납치자)	(통풍)

참조2. 광고, 상점, 간판, 도로 표지 등의 경우 미국식에서는 비표준적인 철자법이 보다 널리 사용된다.

표준철자법	doungnuts	tonight	through	throughway	cool
비표준 철자법	donuts	tonite	thru	thruway	kool
	(도넛)	(오늘밤)	(지나서)	(고속도로)	(찬)

B 발음

미국식 영어와 영국식 영어의 발음상의 차이는, 모음 뒤의 「r」 발음 등의 규칙적 차이 외에도, 발음이 아예 다른 단어가 더러 있다. 그중 사용 빈도 높은 것들은 대략 다음과 같다.

	발음	미국식	영국식
schedule (계획)	[sch]	skin(피부)의 [sk]	shin(정강이)의 [sh] 발음
tomato (토마토)	[a]	mate(동료)의 [a]	leaver(떠나는 사람)의 er의 [e] 발음
lever (지렛대)	[e]	level(수준)의 [e]	leaver(떠나는 사람) [ea] 발음
leisure (여가)	[ei]	lee(바람 부는 쪽)의 [ee]	let(하게 하다)의 [e] 발음
route (경로)	[ou]	out(밖에)의 [ou]	root(뿌리)의 [oo] 발음
vase(화병)	[a]	day(하루)의 [a]	car(자동차)의 [a] 발음
herb (풀)	[h]	묵음	[h] 발음
docile (유순한)	[ile]	ear(귀)의 [a]	isle(작은 섬)의 [i]발음
	docile 과 유사한 예로는 missile(미사일), fertile(비옥한), hostile(적대의) 등이 있다.		

C 강세

미국식 영어와 영국식 영어의 경우 많은 단어가 강세의 위치가 다르다.

미국식	bal**let**	deb**ris**	**add**ress	**in**quiry
영국식	**bal**let	**deb**ris	add**ress**	en**quiry**
	(발레)	(부스러기)	(주소)	(문의)

미국식 영어에서는 강세가 두 개 있는 단어가 있는 반면, 영국식 영어에서는 주된 강세는 하나뿐이다.

미국식	**au**di**to**ry	**se**cret**ar**y	**la**bora**to**ry
영국식	**au**ditory	**se**cretary	la**bor**atory
	(청각의)	(비서)	(실험실)

D 문법

최근 들어 미국식 영어의 영향이 커지면서, 영국에서도 미국식 영어 문법이 곧잘 사용되곤 한다. 하지만 아직은 미국식 영어와 영국식 영어의 문법상 차이가 완전히 사라지지 않았다. 아래에 그 일부를 열거한다.

	미국식	영국식
4시 20분전	twenty of four	twenty to four
8시 5분	five after eight	five past eight
반 시간	a half hour	half an hour
강 이름	Hudson River	River Thames

정말 좋다	real good	really good
~와 다르다	different than/from	different to/from
건물 뒤에	in back of the building	behind the building
나는 그것을 태웠다	I burned it	I burnt it
그는 의자에서 내렸다	he's gotten off the chair	he's got off the chair
나는 누구에게도 말하지 않겠다	I won't tell anyone	I shan't tell anyone
지금 가 주세요	I'd like for you to go now	I'd like you to go now
그녀를 내일 방문할 것이다	I'm visiting with her tomorrow	I'm visiting her tomorrow
차를 가지러 가겠다	I'll go get the car	I'll go and get the car
보러 오너라	Come take a look	Come and take a look
이제 막 먹었다	I just ate	I've just eaten
그에게 떠나라고 했다	I asked that he leave	I asked him to leave
정부는 바보다	The government is stupid	The government is/are stupid
밖으로 나가고 싶다	I want out	I want to get out
(야구·크라켓)일 회가 남았다	They've one inning left	They've one innings left
600만 있었다	There were six million	There were six millions
그는 입원하고 있다	He's in the hospital	He's in hospital
그것을 본 적이 없다	I didn't see it yet	I've not seen it yet
주말에 만나자	I'll see you over the weekend	I'll see you at the weekend
창밖을 보아라	Look out the window	Look out of he window
곧 가겠다	I'll go momentarily	I'll go in a moment
오랫동안 그녀를 만나지 않았다	I haven't seen her in ages	I haven't seen her for ages
월요일에는 버스를 탄다	Mondays we take the bus	On Mondays we take the bus
3월 1일에 시작한다	I'll start March 1st	I'll start on March 1st
월요일에서 금요일까지	Monday through Friday	Monday to Friday inclusive

E 어휘

미국식 영어와 영국식 영어 양쪽에서 사용되는 같은 단어라 할지라도 의미가 서로 다른 경우가 많다. 다음은 그런 보기이다. 다만 한 가지 기억할 것은, 미국식 영어의 용법 가운데 몇몇은 최근 들어 영국에서 쓰이고 있다는 점이다.

	미국식	영국식
billion	10억	1조
homely	잘나지 못한	가정적
knock up	임신시키다	(사람을)일어나게 하다
nervy	거만한	신경질의
pants	하의	팬티
pavement	포장도로	보도
school	교육시설	초·중등학교

아래의 리스트의 각 쌍은 (특정한 문맥에 있어서는) 같은 의미를 가진다. 위의 리스트와 마찬가지로 근년에 미국 영어의 단어가 영국에서도 일상적으로 사용되는 것이 많다.

	미국식	영국식		미국식	영국식
(도로표지)양보	yield	give way	(점검의)표시	check	tick
1층	first floor	ground floor	2년생	sophomore	second-year student
2층	second floor	first floor	가을	fall	autumn
가지	eggplant	aubergine	기타	garter	suspender
감자튀김	potato chips	crisps	고무젖꼭지	pacifier	dummy
공립학교	public school	state school	관리인	janitor	caretaker
광고게시판	billboard	boarding	교차점	intersection	crossroads
구두쇠	tightwad	miser	굽다	broil	grill
급료인상	raise	rise	기름받이 통	oil pan	sump

기저귀	diaper	nappy	깡통	can	tin
꼭지	faucet	tap	당밀	molasses	treacle
들여다보다	peek	peep	등유	kerosene	paraffin
디저트	dessert	sweet pudding	뜰	yard	garden
로터리	traffic circle	roundabout	면사	thread	cotton
물주전자	pitcher	jug	발전기	generator	dynamo
방랑자	hobo	tramp	변속레버	gear shift	gear lever
변호사	lawyer	solicitor barrister	변호사	attorney	solicitor barrister
병든	sick	ill	보닛	hood	bonnet
보도	sidewalk	pavement	볼펜	ballpoint	biro
부동산업자	realtor	estate agent	선반	closet	cupboard
세단	sedan	saloon car	세수용 타월	washcloth	face flannel
소파	couch davenport	sofa	소화기	muffler	silencer
수도꼭지	spigot	tap	수학	math	maths
술집	bar	pub	스니커즈	sneakers	plimsolls trainers
스테이션 왜건	station wagon	eatate car	스패너	wrench	spanner
시각표	schedule	timetable	식기대	buffet	sideboard
쓰레기	garbage	rubbish	쓰레기	trash	rubbish
쓰레기통	trashcan	dustbin	아기침대	crib	cot
아파트	apartment	flat	약방	drug store	chemist
언더셔츠	undershirt	vest	엘리베이터	elevator	lift
열	line	queue	영화	movie	film cinema
옥수수	corn	maize sweet corn	우편	mail	post
우편함	mailbox	pillar−box	우회로	detour	diversion
운송	transportation	transport	육교	overpass	flyover

자동차	automobile	motor car	작업바지	overalls	dungarees
작은 빵	biscuit	scone	잔돈지갑	changepurse	purse
장의사	mortician	undertaker	전면유리	windshield	windscreen
전화하다	call	ring	제도용 압정	thumbtack	drawing pin
제로	zero	nought	조끼	vest	waistcoat
졸업생	alumnus	graduate	주류상점	liquor store	off-licence
서양호박	zucchini	courgettes	지퍼	zipper	zip
(차의)트렁크	trunk	boot	철도	railroad	railway
초등학교	grade school	primary school	침대차	pullman car	sleeping car
캔디	candy	sweets	커스터드	custard	egg custard
콘센트	outlet	point	콜렉트콜하다	call collect	reverse the charges
크래커	cracker	biscuit	타이츠	pantyhose	tights
택시	cab	taxi	턱시도	tuxedo	dinner jacket
트럭	truck	lorry	팬티	underpants	knickers/pants
(차의) 펜더	fender	wing mudguard	플래시	flashlight	torch
하의	pants	trousers	하의걸이	suspenders	braces
학기말 리포트	term pater	essay	핸드백	purse	handbag
행주	dish towel	tea towcl	휘발유	gas	petrol
휴가	vacation	holidays			

Part VII

Appendix

1. Incoterms® 2010의 주요 발췌문 및 영문용어 해설
2. 제15회 국제무역사시험 무역영어 기출문제와 설명

1
Incoterms® 2010의 주요 발췌문 및 영문용어 해설

Incoterms® 2010
Entry into force: 1 January 2011

ICC

INTRODUCTION

The Incoterms®[12] rules explain a set of three-letter trade terms reflecting business-to-business practice in contracts for the sale of goods. The Incoterms rules describe mainly the tasks, costs and risks involved in the delivery of goods from sellers to buyers.

How to use the Incoterms® 2010 rules

1. Incorporate the Incoterms® 2010 rules into your contract of sale

If you want the Incoterms® 2010 rules to apply to your contract, you should make this clear in the contract, through such words as, "[*the chosen Incoterms rule including the named place, followed by*] Incoterms® 2010".

2. Choose the appropriate Incoterms rule

The chosen Incoterms rule needs to be appropriate to the goods, to the

12) "Incoterms" is a registered trademark of the International Chamber of Commerce.

means of their transport, and above all to whether the parties intend to put additional obligations, for example such as the obligation to organize carriage or insurance, on the seller or on the buyer. The Guidance Note to each Incoterms rule contains information that is particularly helpful when making this choice. Whichever Incoterms rule is chosen, the parties should be aware that the interpretation of their contract may well be influenced by customs particular to the port or place being used.

3. Specify your place or port as precisely as possible

The chosen Incoterms rule can work only if the parties name a place or port, and will work best if the parties specify the place or port as precisely as possible.

A good example of such precision would be:

"CA 38 Cours Albert 1er, Paris, France Incoterms® 2010"

Under the Incoterms rules Ex Works (EXW), Free Carrier (FCA), Delivered at Terminal (DAT), Delivered at Place (DAP), Delivered Duty Paid (DDP), Free Alongside Ship (FAS), and Free on Board (FOB), the named place is the place where delivery takes place and where risk passes from the seller to the buyer. Under the Incoterms rules Carriage Paid To (CPT), Carriage and Insurance Paid To (CIP), Cost and Freight (CFR) and Cost, Insurance and Freight (CIF), the named place differs from the place of delivery. Under these four Incoterms rules, the named place is the place of destination to which carriage is paid. Indications as to place or destination can helpfully be further specified by stating a precise point in that place or destination in order to void doubt or argument.

4. Remember that Incoterms rules do not give you a complete contract of sale

Incoterms rules do say which party to the sale contract has the obligation to make carriage or insurance arrangements, when the seller delivers the goods to the buyer, and which costs each party is responsible for. Incoterms rules, however, say nothing about the price to be paid or the method of its payment. Neither do they deal with the transfer of ownership of the goods, or the consequences of a breach of contract. These matters are normally dealt with through express terms in the contract of sale or in the law governing that contract. The parties should be aware that mandatory local law may override any aspect of the sale contract, including the chosen Incoterms rule.

Main features of the Incoterms® 2010 rules

1. Two new Incoterms rules - DAT and DAP - have replaced the Incoterms 2000 rules DAF, DES, DEQ and DDU

The number of Incoterms rules has been reduced from 13 to 11. This has been achieved by substituting two new rules that may be used irrespective of the agreed mode of transport -DAT, Delivered at Terminal, and DAP, Delivered at Place -for the Incoterms 2000 rules DAF, DES, DEQ and DDU.

Under both new rules, delivery occurs at a named destination: in DAT, at the buyer's disposal unloaded from the arriving vehicle (as under the former DEQ rule); in DAP, likewise at the buyer's disposal, but ready for unloading (as under the former DAF, DES and DDU rules).

The new rules make the Incoterms 2000 rules DES and DEQ superfluous. The named terminal in DAT may well be in a port, and DAT can therefore safely be used in cases where the Incoterms 2000 rule DEQ once was. Likewise, the arriving "vehicle" under DAP may well be a ship and the named place of destination may well be a port: consequently, DAP can safely be used in cases where the Incoterms 2000 rule DES once was. These new rules, like their predecessors, are "delivered", with the seller bearing all the costs (other than those related to import clearance, where applicable) and risks involved in bringing the goods to the named place of destination.

2. Classification of the 11 Incoterms® 2010 rules

The 11 Incoterms® 2010 rules are presented in two distinct classes:

<u>RULES FOR ANY MODE OR MODES OF TRANSPORT</u>

EXW EX WORKS

FCA FREE CARRIER

CPT CARRIAGE PAID TO
CIP CARRIAGE AND INSURANCE PAID TO

DAT DELIVERED AT TERMINAL
DAP DELIVERED AT PLACE
DDP DELIVERED DUTY PAID

<u>RULES FOR SEA AND INLAND WATERWAY TRANSPORT</u>

FAS FREE ALONGSIDE SHIP
FOB FREE ON BOARD

CFR COST AND FREIGHT
CIF COST INSURANCE AND FREIGHT

The first class includes the seven Incoterms® 2010 rules that can be used irrespective of the mode of transport selected and irrespective of whether one or more than one mode of transport is employed. EXW, FCA, CPT, CIP, DAT, DAP and DDP belong to this class. They can be used even when there is no maritime transport at all. It is important to remember, however, that these rules can be used in cases where a ship is used for part of the carriage.

In the second class of Incoterms® 2010 rules, the point of delivery and the place to which the goods are carried to the buyer are both ports, hence the label "sea and inland waterway" rules. FAS, FOB, CFR and CIF belong to this class. Under the last three Incoterms rules, all mention of the ship's rail as the point of delivery has been omitted in preference for the goods being delivered when they are "on board" the vessel. This more closely reflects modern commercial reality and avoids the rather dated image of the risk swinging to and fro across an imaginary perpendicular line.

3. Rules for domestic and international trade

Incoterms rules have traditionally been used in international sale contracts where goods pass across national borders. In various areas of the world, however, trade blocs, like the European Union, have made border formalities between different countries less significant. Consequently, the subtitle of the Incoterms® 2010 rules formally recognizes that they are available for application to both international and domestic sale contracts. As a result, the Incoterms® 2010 rules clearly state in a number of places that the obligation to comply with export/import formalities exists only where applicable.

Two developments have persuaded ICC that a movement in this direction is timely. Firstly, traders commonly use Incoterms rules for purely domestic sale contracts. The second reason is the greater willingness in the United States to use Incoterms rules in domestic trade rather than the former Uniform Commercial Code shipment and delivery terms.

4. Guidance Notes

Before each Incoterms® 2010 rule you will find a Guidance Note. The Guidance Notes explain the fundamentals of each Incoterms rule, such as when it should be used, when risk passes, and how costs are allocated between seller and buyer. The Guidance Notes are not part of the actual Incoterms® 2010 rules, but are intended to help the user accurately and efficiently steer towards the appropriate Incoterms rule for a particular transaction.

5. Electronic communication

Previous versions of Incoterms rules have specified those documents that could be replaced by EDI messages. Articles A1/B1 of the Incoterms® 2010 rules, however, now give electronic means of communication the same effect as paper communication, as long as the parties so agree or where customary. This formulation facilitates the evolution of new electronic procedures throughout the lifetime of the Incoterms® 2010 rules.

6. Insurance cover

The Incoterms® 2010 rules are the first version of the Incoterms rules since the revision of the Institute Cargo Clauses and take account of alterations made to those clauses. The Incoterms® 2010 rules place information duties relating to insurance in articles A3/B3, which deal with contracts of carriage and insurance. These provisions have been moved from the more generic articles found in articles A10/B10 of the Incoterms 2000 rules. The language in articles A3/B3 relating to insurance has also been altered with a view to clarifying the parties' obligations in this regard.

7. Security-related clearances and information required for such clearances

There is heightened concern nowadays about security in the movement of goods, requiring verification that the goods do not pose a threat to life or property for reasons other than their inherent nature. Therefore, the Incoterms® 2010 rules have allocated obligations between the buyer and seller to obtain or to render assistance in obtaining security-related clearances, such as chain-of-custody information, in articles A2/B2 and A10/B10 of various Incoterms rules.

8. Terminal handling charges

Under Incoterms rules CPT, CIP, CFR, CIF, DAT, DAP, and DDP, the seller must make arrangements for the carriage of the goods to the agreed destination. While the freight is paid by the seller, it is actually paid for by the buyer as freight costs are normally included by the seller in the total selling price. The carriage costs will sometimes include the costs of handling and moving the goods within port or container terminal facilities and the carrier or terminal operator may well charge these costs to the buyer who receives the goods. In these circumstances, the buyer will want to avoid paying for the same service twice: once to the seller as part of the total selling price and once independently to the carrier or the terminal operator. The Incoterms® 2010 rules seek to avoid this happening by clearly allocating such costs in articles A6/B6 of the relevant Incoterms rules.

9. String sales

In the sale of commodities, as opposed to the sale of manufactured goods, cargo is frequently sold several times during transit "down a string". When this happens, a seller in the middle of the string does not "ship" the goods because these have already been shipped by the first seller in the string. The seller in the middle of the string therefore performs its obligation towards its buyer not by shipping the goods, but by "procuring" goods that have been shipped. For clarification purpose, Incoterms 2010 rule include the obligation to "procure goods shipped" as an alternative to the obligation to ship goods in the relevant Incoterms rules.

Variants of Incoterms rules

Sometimes the parties want to alter an Incoterms rule. The Incoterms® 2010 rules do not prohibit such alteration, but there are dangers in so doing. In order to avoid any unwelcome surprises, the parties would need to make the intended effect of such alterations extremely clear in their contract. Thus, for example, if the allocation of costs in the Incoterms® 2010 rules is altered in the contract, the parties should also clearly state whether they intend to vary the point at which the risk passes from seller to buyer.

Status of this introduction

This introduction gives general information on the use and interpretation of the Incoterms® 2010 rules, but does not form part of those rules.

Explanation of terms used in the Incoterms® 2010 rules

As in the Incoterms 2000 rules, the seller's and buyer's obligations are presented in mirror fashion, reflecting under column A the seller's obligations and under column B the buyer's obligations. These obligations can be carried out personally by the seller or the buyer or sometimes, subject to terms in the contract or the applicable law, through intermediaries such as carriers, freight forwarders or other persons nominated by the seller or the buyer for a specific purpose.

The text of the Incoterms® 2010 rules is meant to be self-explanatory. However, in order to assist users the following text sets out guidance as to the sense in which selected terms are used throughout the document.

Carrier: For the purposes of the Incoterms® 2010 rules, the carrier is the party with whom carriage is contracted.

Customs formalities: These are requirements to be met in order to comply with any applicable customs regulations and may include documentary, security, information or physical inspection obligations.

Delivery: This concept has multiple meanings in trade law and practice, but in the Incoterms® 2010 rules, it is used to indicate where the risk of loss of or damage to the goods passes from the seller to the buyer.

Delivery document: This phrase is now used as the heading to article A8. It means a document used to prove that delivery has occurred. For many of the Incoterms® 2010 rules, the delivery document is a transport document or corresponding electronic record. However, with EXW, FCA, FAS and FOB, the delivery document may simply be a receipt. A delivery document may also have other functions, for example as part of the mechanism for payment.

Electronic record or procedure: A set of information constituted of one or more electronic messages and, where applicable, being functionally equivalent with the corresponding paper document.

Packaging: This word is used for different purposes:

1. The packaging of the goods to comply with any requirements under the contract of sale.
2. The packaging of the goods so that they are fit for transportation.
3. The stowage of the packaged goods within a container or other means of transport.

In the Incoterms® 2010 rules, packaging means both the first and second of the above. The Incoterms® 2010 rules do not deal with the parties' obligations for stowage within a container and therefore, where relevant, the parties should deal with this in the sale contract.

용어정리

1. **allocate**: ~ sth (for sth) | ~ sth (to sb/sth) | ~ (sb/sth) sth (특정 목적을 위해 공식적으로) 할당하다.
   - If one item or share of something is allocated to a particular person or for a particular purpose, it is given to that person or used for that purpose.

2. **alteration**: [C] 변화, 개조/ [U] 고침, 변경(행위)
   - [N to/in/of n] An alteration is a change in or to something.

3. **alternative**: 대안(to)
   - If one thing is an alternative to another, the first can be found, used, or done instead of the second.

4. **applicable law**: 준거법(準據法)

5. **appropriate**: ~ (for/to sth) 적절한
   - Something that is appropriate is suitable or acceptable for a particular situation.

6. **arrangement**: (~s) 수배, 채비, 준비, 계획
   - Arrangements are plans and preparations which you make so that something will happen or be possible.

7. **at a someone's disposal**: −의 처분 하에

8. **breach**: (~ of sth) 위반
   - A breach of an agreement, a law, or a promise is an act of breaking it.

9. **carriage**: 운반[수송]; 운반비[수송비]
   - the act or cost of transporting goods from one place to another

10. **clarify**: (격식) 명확하게 하다, 분명히 말하다
    - To clarify something means to make it easier to understand, usually by explaining it in more detail.

11. **Classification**: [U] 분류, [C] 유형, 범주

– A classification is a division or category in a system which divides things into groups or types.

12. **clearance**: 출항허가, 통관절차, 허가

– official authorization for something to proceed or take place

13. **complete**: 필요한 모든 것이 갖춰진, 완전한, (강조의 의미로) 가능한 최대의, 완벽한

– To complete a set or group means to provide the last item that is needed to make it a full set or group.

14. **comply**: ~ (with sth) (법, 명령 등에) 따르다[준수하다]

– If someone or something complies with an order or set of rules, they are in accordance with what is required or expected.

15. **consequence**: (발생한 일의) 결과

– The consequences of something are the results or effects of it.

16. **constitute**: …이 되는 것으로 여겨지다, …이 되다/…을 구성하다[이루다]

– to be considered to be sth

If something constitutes a particular thing, it can be regarded as being that thing.

17. **correspond**: ~ (to/with sth) 일치하다, 부합하다/ ~ (to sth) (~에) 해당[상응]하다

~ (with sb) (격식) (~와) 서신을 주고받다.

– If one thing corresponds to another, there is a close similarity or connection between them. You can also say that two things correspond

18. **custom**: ~ (of doing sth) 관습, 풍습

– A custom is an activity, a way of behaving, or an event which is usual or traditional in a particular society or in particular circumstances.

19. **customary**: 관례적인, 습관적인

- Customary is used to describe things that people usually do in a particular society or in particular circumstances.

20. **delivery**: [U , C] (물품/편지 등의) 배달[인도/전달]

- [oft N of n] Delivery or a delivery is the bringing of letters, parcels, or other goods to someone's house or to another place where they want them.

21. **disposal**: 처리, 처분

- Disposal is the act of getting rid of something that is no longer wanted or needed

22. **distinct**: ~ (from sth) 뚜렷이 다른[구별되는], 별개의

- If something is distinct from something else of the same type, it is different or separate from it.

23. **Entry into force**: 시행

24. **equivalent**: ~ (to sth) (가치, 의미, 중요도 등이) 동등한[맞먹는]

- equal in value, amount, meaning, importance, etc

25. **facilitate**: -을 용이하게 하다, -을 촉진하다.

- to make an action or a process possible or easier.

26. **fit**: ~ for sb/sth | ~ to do sth 적합한, 알맞은, 어울리는

- suitable: of the right quality: with the right qualities or skills

27. **formality**: [C] [주로 복수로] (반드시 거쳐야 할) 형식상의 절차

If you say that an action or procedure is just a formality, you mean that it is done only because it is normally done, and that it will not have any real effect on the situation.

28. **generic**: 포괄적인, 총칭[통칭]의

- You use generic to describe something that refers or relates to a whole class of similar things.

29. **govern**: [흔히 수동태로] 지배[좌우/통제]하다

- To govern a place such as a country, or its people, means to be officially in charge of the place, and to have responsibility for making laws, managing the economy, and controlling public services.

30. **handling**: (기계, 장치 등의) 조작[처리]

- the action of touching or holding sth with your hands

31. **heighten**: -을 증가시키다, 강화하다

- if a feeling or an effect heightens, ot sth heightens it, it becomes stronger or increase

32. **Incorporate**: ~ sth (in/into/within sth) (일부로) 포함하다

- If one thing incorporates another thing, it includes the other thing.

33. **Indication**: ~ (of sth/of doing sth) | ~ (that…) (사정, 생각, 감정을 보여주는) 말[암시/조짐]

- An indication is a sign which suggests, for example, what people are thinking or feeling.

34. **intend**: 의도[작정]하다, (…하려고) 생각하다

- If you intend to do something, you have decided or planned to do it.

35. **intermediary**: 중개자, 매개자

- a person or an organization that helps other people or organizations to make an agreement by being a means of communication between them

36. **involve**: (상황, 사건, 활동이 사람을) 관련[연루]시키다

- If a situation or activity involves something, that thing is a necessary part or consequence of it.

37. **irrespective**: …에도 불구하고, …에 개의치 않고(of)

- If you say that something happens or should happen irrespective of a particular thing, you mean that it is not affected or should not be affected by that thing.

38. **make arrangements for**: -을 준비(수배)하다

39. **mandatory**: ~ (for sb) (to do sth) (격식) 법에 정해진, 의무적인

– If an action or procedure is mandatory, people have to do it, because it is a rule or a law.

40. **maritime**: 바다의, 해양의

– Maritime is used to describe things relating to the sea and to ships.

41. **mode**: [C] (특정한) 방식[방법/유형]

– a particular way of doing sth: a particular type of sth

42. **name**: (정확히) 말하다, 지정하다, (일자리, 직책에) 지명[임명]하다

– When you name someone or something, you give them a name, usually at the beginning of their life.

43. **nominate**: sb (to/as sth) (특정일을 하도록) 임명[지명]하다/~ sb (for/as sth) (중요한 역할, 수상자, 지위 등의 후보자로) 지명[추천]하다

– If someone is nominated for a job or position, their name is formally suggested as a candidate for it.

44. **obligation**: (법적/도의적) 의무(가 있음), [C] 의무(마땅히 해야 할 일)

– [usu N to-inf] If you have an obligation to do something, it is your duty to do that thing.

45. **omit**: ~ sth/sb (from sth) 빠뜨리다, 누락[제외]시키다; 생략하다, [V to inf] (빠뜨리고) …하지 않다[못하다]

– If you omit something, you do not include it in an activity or piece of work, deliberately or accidentally.

46. **override**: …보다 더 중요하다[우선하다]

– If one thing in a situation overrides other things, it is more important than them.

47. **party**: (소송, 계약 등의) 당사자

– a person, especially one with specified characteristics

48. **perpendicular**: ~ (to sth) (보통 전문 용어) 직각의, 수직적인

– A perpendicular line or surface points straight up, rather than being sloping or horizontal.

49. **persuade**: ~ sb (into sth / into doing sth) (…을 하도록) 설득하다, 설득하여 …하게 하다, (…이 사실임을) 납득[설득]시키다

– If you persuade someone to do something, you cause them to do it by giving them good reasons for doing it.

50. **procedure**: [C , U] ~ (for sth) 절차[방법],

[U] (특히 상업, 법률, 정치에서 일을 하는 공식적인) 절차[수순]

– A procedure is a way of doing something, especially the usual or correct way.

51. **procure**: (특히 어렵게) 구하다[입수하다], 조달하다

– If you procure something, especially something that is difficult to get, you obtain it.

52. **prohibit**: [흔히 수동태로] (특히 법으로) 금하다[금지하다], …하지 못하게 하다.

– to stop sth from being done or used/to make sth impossible to do

53. **provision**: [C] (법률 관련 문서의) 조항[규정/단서]

– a condition or requirement in a legal document.

54. **render**: ~ (sb) sth (격식) (특히 어떤 것에 대한 대가로 또는 기대에 따라) 주다[제공하다].

– to give sb sth

55. **replace**: (다른 것의 기능을) 대신[대체]하다, ~ sb/sth (with/by sb/sth) (다른 사람, 사물을) 대신하다, (낡은 것, 손상된 것 등을) 바꾸다[교체하다]

– If one thing or person replaces another, the first is used or acts instead of the second.

56. revision: [C] 수정[정정] (사항)

- To make a revision of something that is written or something that has been decided means to make changes to it in order to improve it, make it more modern, or make it more suitable for a particular purpose.

57. self-explanatory: 자명한, 따로 설명이 필요 없는

- Something that is self-explanatory is clear and easy to understand without needing any extra information or explanation.

58. ship's rail: 본선의 난간(사람이나 화물이 선박 밖으로 떨어지는 것을 방지하기 위한 설비로서 본선 상갑판의 좌우 선측에 설치된 쇠울타리)

59. significant: 중요한[의미 있는/커다란], 특별한 의미가 있는, 중요한

- A significant amount or effect is large enough to be important or affect a situation to a noticeable degree.

60. Specify: (구체적으로) 명시하다

- If you specify something, you give information about what is required or should happen in a certain situation.

61. Status: [U , C] [주로 단수로] (사회적) 지위

- the legal position of a person, group or country

62. steer: (어떤 방향으로) 돌리다 ((for, toward))

- guide or control the movement of (vehicle, vessel, aircraft), for example by turning a wheel or operating a rudder.

63. stowage: [U] (배, 비행기의) 짐칸

- Stowage is the space that is available for stowing things on a ship or aeroplane

64. String sales: 연속매매

65. String: [C] 일련

- a series of things or people that come closely one after another

66. **substitute**: ~ A (for B) | ~ B (with/by A) | ~ for sb/sth 대신하다, 대치[교체]되다; 대용[교체/대치]하다

- If you substitute one thing for another, or if one thing substitutes for another, it takes the place or performs the function of the other thing.

67. **superfluous**: (더 이상) 필요치 않은[불필요한]

- Something that is superfluous is unnecessary or is no longer needed.

68. **take account of**: -을 고려하다

69. **trade terms**: 정형거래조건

70. **transfer**: 이동, 이전

- an act of moving something or someone to another place, organization, team, etc

71. **transit**: [U] 운송, 수송, (다른 곳으로 가기 위한) 통과, 환승

- the act of going through a place on the way to somewhere else, the process of being moved or carried from one place to another

72. **Variant**: 변화, 변형

- A variant of a particular thing is something that has a different form to that thing, although it is related to it.

73. **verification**: 검증, 확인, 증명, 입증/ 증거

- the process of establishing the truth, accuracy, or validity of something

74. **void**: 무효로 하다, 취소하다

- To void something means to officially say that it is not valid

75. **willingness**: [U] 쾌히[자진하여] 하기; 기꺼이 하는 마음

76. **with a view to**: ~할 목적으로 ~을 고려하여

RULES FOR ANY MODE OR MODES OF TRANSPORT

EXW
EX WORKS
EXW (insert named place of delivery) Incoterms® 2010

GUIDANCE NOTE

This rule may be used irrespective of the mode of transport selected and may also be used where more than one mode of transport is employed. It is suitable for domestic trade, while FCA is usually more appropriate for international trade.

"Ex Works" means that the seller delivers when it places the goods at the disposal of the buyer at the seller's premises or at another named place (i.e., works, factory, warehouse, etc.). The seller does not need to load the goods on any collecting vehicle, nor does it need to clear the goods for export, where such clearance is applicable.

The parties are well advised to specify as clearly as possible the point within the named place of delivery, as the costs and risks to that point are for the account of the seller. The buyer bears all costs and risks involved in taking the goods from the agreed point, if any, at the named place of delivery.

EXW represents the minimum obligation for the seller. The rule should be used with care as:

a) The seller has no obligation to the buyer to load the goods, even though in practice the seller may be in a better position to do so. If the seller does load the goods, it does so at the buyer's risk and expense. In cases where the seller is in a better position to load the goods, FCA, which obliges the seller to do so at its own risk and expense, is usually more appropriate.

b) A buyer who buys from a seller on an EXW basis for export needs to be aware that the seller has an obligation to provide only such assistance as the buyer may require to effect that export: the seller is not bound to organize the export clearance. Buyers are therefore well advised not to use EXW if they cannot directly or indirectly obtain export clearance.

c) The buyer has limited obligations to provide to the seller any information regarding the export of the goods. However, the seller may need this information for, e.g., taxation or reporting purposes.

FCA
Free Carrier
FCA (insert named place of delivery) Incoterms® 2010

GUIDANCE NOTE

This rule may be used irrespective of the mode of transport selected and may also be used where more than one mode of transport is employed.

"Free Carrier" means that the seller delivers the goods to the carrier or another person nominated by the buyer at the seller's premises or another named place. The parties are well advised to specify as clearly as possible the point within the named place of delivery, as the risk passes to the buyer at that point.

If the parties intend to deliver the goods at the seller's premises, they should identify the address of those premises as the named place of delivery. If, on the other hand, the parties intend the goods to be delivered at another place, they must identify a different specific place of delivery.

FCA requires the seller to clear the goods for export, where applicable. However, the seller has no obligation to clear the goods for import, pay any import duty or carry out any import customs formalities.

CPT
CARRIAGE PAID TO
CPT (insert named place of destination) Incoterms® 2010

GUIDANCE NOTE

This rule may be used irrespective of the mode of transport selected and may also be used where more than one mode of transport is employed.

"Carriage Paid To" means that the seller delivers the goods to the carrier or another person nominated by the seller at an agreed place (if any such place is agreed between the parties) and that the seller must contract for and pay the costs of carriage necessary to bring the goods to the named place of destination.

When CPT, CIP, CFR or CIF are used, the seller fulfills its obligation to deliver when it hands the goods over to the carrier and not when the goods reach the place of destination.

This rule has two critical points, because risk passes and costs are transferred at different places. The parties are well advised to identify as precisely as possible in the contract both the place of delivery, where the risk passes to the buyer, and the named place of destination to which the seller must contract for the carriage. If several carriers are used for the carriage to the agreed destination and the parties do not agree on a specific point of delivery, the default position is that risk passes when the goods have been delivered to the first carrier at a point entirely of the seller' s choosing and over which the buyer has no control. Should the parties wish the risk to pass at a later stage (e.g., at an ocean port or airport), they need to specify this in their contract of sale.

The parties are also well advised to identify as precisely as possible the point within the agreed place of destination, as the costs to that point are for the account of the seller. The seller is advised to procure contracts of carriage that match this choice precisely. If the seller incurs costs under its contract of carriage related to unloading at the named place of destination, the seller is not entitled to recover such costs from the buyer unless otherwise agreed between the parties.

CPT requires the seller to clear the goods for export, where applicable. However, the seller has no obligation to clear the goods for import, pay any import duty or carry out any import customs formalities.

CIP
CARRIAGE AND INSURANCE PAID TO
CIP (insert named place of destination) Incoterms® 2010

GUIDANCE NOTE

This rule may be used irrespective of the mode of transport selected and may also be used where more than one mode of transport is employed.

"Carriage and Insurance Paid to" means that the seller delivers the goods to the carrier or another person nominated by the seller at an agreed place (if any such place is agreed between the parties) and that the seller must contract for and pay the costs of carriage necessary to bring the goods to the named place of destination.

The seller also contracts for insurance cover against the buyer's risk of loss of or damage to the goods during the carriage. The buyer should note that under CIP the seller is required to obtain insurance only on minimum cover. Should the buyer wish to have more insurance protection, it will need either to agree as much expressly with the seller or to make its own extra insurance arrangements.

When CPT, CIP, CFR or CIF are used, the seller fulfills its obligation to deliver when it hands the goods over to the carrier and not when the goods reach the place of destination.

This rule has two critical points, because risk passes and costs are transferred at different places. The parties are well advised to identify as precisely as possible in the contract both the place of delivery, where the risk passes to the buyer, and the named place of destination to which the seller must contract for carriage. If several carriers are used for the carriage to the agreed destination and the parties do not agree on a specific point of delivery, the default position is that risk passes when the goods have been delivered to the first carrier at a point entirely of the seller' s choosing and over which the buyer has no control. Should the parties wish the risk to pass at a later stage (e.g., at an ocean port or an airport), they need to specify this in their contract of sale.

The parties are also well advised to identify as precisely as possible the point within the agreed place of destination, as the costs to that point are for the account of the seller. The seller is advised to procure contracts of carriage that match this choice precisely. If the seller incurs costs under its contract of carriage related to unloading at the named place of destination, the seller is not entitled to recover such costs from the buyer unless otherwise agreed between the parties.

CIP requires the seller to clear the goods for export, where applicable. However, the seller has no obligation to clear the goods for import, pay any import duty or carry out any import customs formalities.

DAT
DELIVERED AT TERMINAL
DAT (insert named terminal at port or place of destination) Incoterms® 2010

GUIDANCE NOTE

This rule may be used irrespective of the mode of transport selected and may also be used where more than one mode of transport is employed.

"Delivered at Terminal" means that the seller delivers when the goods, once unloaded from the arriving means of transport, are placed at the disposal of the buyer at a named terminal at the named port or place of destination. "Terminal" includes any place, whether covered or not, such as a quay, warehouse, container yard or road, rail or air cargo terminal. The seller bears all risks involved in bringing the goods to and unloading them at the terminal at the named port or place of destination.

The parties are well advised to specify as clearly as possible the terminal and, if possible, a specific point within the terminal at the agreed port or place of destination, as the risks to that point are for the account of the seller. The seller is advised to procure a contract of carriage that matches this choice precisely.

Moreover, if the parties intend the seller to bear the risks and costs involved in transporting and handling the goods from the terminal to another place, then the DAP or DDP rules should be used.

DAT requires the seller to clear the goods for export, where applicable. However, the seller has no obligation to clear the goods for import, pay any import duty or carry out any import customs formalities.

DAP
DELIVERED AT PLACE
DAP (insert named place of destination) Incoterms® 2010

GUIDANCE NOTE

This rule may be used irrespective of the mode of transport selected and may also be used where more than one mode of transport is employed.

"Delivered at Place" means that the seller delivers when the goods are placed at the disposal of the buyer on the arriving means of transport ready for unloading at the named place of destination. The seller bears all risks involved in bringing the goods to the named place.

The parties are well advised to specify as clearly as possible the point within the agreed place of destination, as the risks to that point are for the account of the seller. The seller is advised to procure contracts of carriage that match this choice precisely. If the seller incurs costs under its contract of carriage related to unloading at the place of destination, the seller is not entitled to recover such costs from the buyer unless otherwise agreed between the parties.

DAP requires the seller to clear the goods for export, where applicable. However, the seller has no obligation to clear the goods for import, pay any import duty or carry out any import customs formalities. If the parties wish the seller to clear the goods for import, pay any import duty and carry out any import customs formalities, the DDP term should be used.

DDP
DELIVERED DUTY PAID
DDP (insert named place of destination) Incoterms® 2010

GUIDANCE NOTE

This rule may be used irrespective of the mode of transport selected and may also be used where more than one mode of transport is employed.

"Delivered Duty Paid" means that the seller delivers the goods when the goods are placed at the disposal of the buyer, cleared for import on the arriving means of transport ready for unloading at the named place of destination. The seller bears all the costs and risks involved in bringing the goods to the place of destination and has an obligation to clear the goods not only for export but also for import, to pay any duty for both export and import and to carry out all customs formalities.

DDP represents the maximum obligation for the seller.

The parties are well advised to specify as clearly as possible the point within the agreed place of destination, as the costs and risks to that point are for the account of the seller. The seller is advised to procure contracts of carriage that match this choice precisely. If the seller incurs costs under its contract of carriage related to unloading at the place of destination, the seller is not entitled to recover such costs from the buyer unless otherwise agreed between the parties.

The parties are well advised not to use DDP if the seller is unable directly or indirectly to obtain import clearance.

If the parties wish the buyer to bear all risks and costs of import clearance, the DAP rule should be used.

Any VAT or other taxes payable upon import are for the seller's account unless expressly agreed otherwise in the sales contract.

용어정리

1. applicable: ~ (to sb/sth) 해당[적용]되는

   – Something that is applicable to a particular situation is relevant to it or can be applied to it.

2. appropriate: ~ (for/to sth) 적절한~

   – Something that is appropriate is suitable or acceptable for a particular situation.

3. be in a position to do: –할 수 있는 입장에 있다, –할 수 있다.

4. be not bound to: –할 의무가 있는, –해야 하는

   – certain or likely to happen, or to do or be sth

5. bear: (책임 등을) 떠맡다[감당하다]

   – to take responsibility for sth

6. clear: (출발, 도착 등을) 허가하다

   – to give official permission for a person, a ship, a plane or goods to leave or enter a place.

7. clearance: [U] (이착륙 또는 입출국) 허가(증), 통관절차

   – official permission for a person or vehicle to enter or leave an airport or a country.

8. collect: ~ sth (from sb/sth) 모으다, 수집하다

   – If you collect a number of things, you bring them together from several places or from several people.

9. critical: (앞으로의 상황에 영향을 미친다는 점에서) 대단히 중요한[중대한]

   – A critical time, factor, or situation is extremely important.

10. default: (의무 따위의) 불이행, 태만(in, on)

– If a person, company, or country defaults on something that they have legally agreed to do, such as paying some money or doing a piece of work before a particular time, they fail to do it.

11. deliver: ~ sb/sth (up/over) (to sb) (격식) 인계[인도]하다, 넘겨주다

– to take goods, letters, etc. to the person or people they have been sent to

12. disposal: [U] (무엇을 없애기 위한) 처리, (상업) (사업체, 부동산 등의) 처분

– Disposal is the act of getting rid of something that is no longer wanted or needed.

13. duty: ~ (on sth) (특히 국내로 들여오는 물품에 대한) 세금

– Duties are taxes which you pay to the government on goods that you buy.

14. employ: (물건, 수단 등)을 사용하다

– to use sth such as a skill, method, etc. for a particular purpose.

15. entitle: –에게 –할 권리(자격)를 부여하다(to do)

– If you are entitled to something, you have the right to have it or do it.

16. expense: [U] (어떤 일에 드는) 돈, 비용 / [pl.] expenses (특정한 일, 목적 등에 드는) 비용[경비]

– Expense is the money that something costs you or that you need to spend in order to do something.

17. formality: [C] [주로 복수로] (반드시 거쳐야 할) 형식상의 절차

– Formalities are formal actions or procedures that are carried out as part of a particular activity or event.

18. fulfill: 〈의무·약속·직무 등을〉 다하다, 이행하다, 수행하다; 끝내다, 완료하다; 〈명령·조건·계획·약속 등을〉 실행하다, 완수하다, 준수하다, 지키다

– to do or achieve what was hoped for or expected/to do or have what is required or necessary

19. hand: ~ sth to sb | ~ sb sth 건네주다, 넘겨주다

- If you hand something to someone, you pass it to them.

20. identify: ~ sb/sth (as sb/sth) (신원 등을) 확인하다[알아보다]

- If you can identify someone or something, you are able to recognize them or distinguish them from others.

21. import clearance: 수입 통관

22. include: 포함하다, ~ sb/sth (as/in/on sth) ~을 (~에) 포함시키다

- If one thing includes another thing, it has the other thing as one of its parts.

23. incur: (비용을) 발생시키다[물게 되다]

- if you incur costs, you have to pay them

24. load:~ (up) | ~ (up with sth) | ~ (up) (with sth) | ~ sth/sb (into/onto sth) (~에 많은 짐, 사람 등을) 싣다[태우다/적재하다]

- If you load a vehicle or a container, you put a large quantity of things into it.

25. nominate: (일시, 장소 등)을 지정하다, 정하다

- to choose a time , data or title for sth

26. place: (조심스럽게) 놓다[두다]

- If you place something somewhere, you put it in a particular position, especially in a careful, firm, or deliberate way.

27. premises: [pl.] (한 사업체가 소유, 사용하는 건물이 딸린) 부지[지역], 구내

- a piece of land together with its buildings, esp considered as a place of business

28. procure: -을 얻다, 손에 넣다: 물품을 조달하다

- to obtain sth, especially with difficulty

29. quay: 부두, 선창

– A quay is a long platform beside the sea or a river where boats can be tied up and loaded or unloaded.

30. reach: [타동사][VN] …에 이르다[닿다/도달하다]

– When someone or something reaches a place, they arrive there.

31. represent: –을 나타내다. 의미하다, 상징하다

– If you say that something represents a change, achievement, or victory, you mean that it is a change, achievement, or victory.

32. specify: (구체적으로) 명시하다

– If you specify something, you give information about what is required or should happen in a certain situation.

33. suitable: ~ (for sth/sb) | ~ (to do sth) 적합한, 적절한, 알맞은

– Someone or something that is suitable for a particular purpose or occasion is right or acceptable for it.

34. transfer: (–에서 –로)(책임 따위)를 전가하다, (재산, 권리 따위)를 양도하다, 이전하다(to)

– If something is transferred, or transfers, from one person or group of people to another, the second person or group gets it instead of the first.

35. VAT: 부가 가치세(value added tax)

– VAT is a tax that is added to the price of goods or services. VAT is an abbreviation for `value added tax'

RULES FOR SEA AND INLAND WATERWAY TRANSPORT

FREE ALONGSIDE SHIP
FAS (insert named port of shipment) Incoterms® 2010

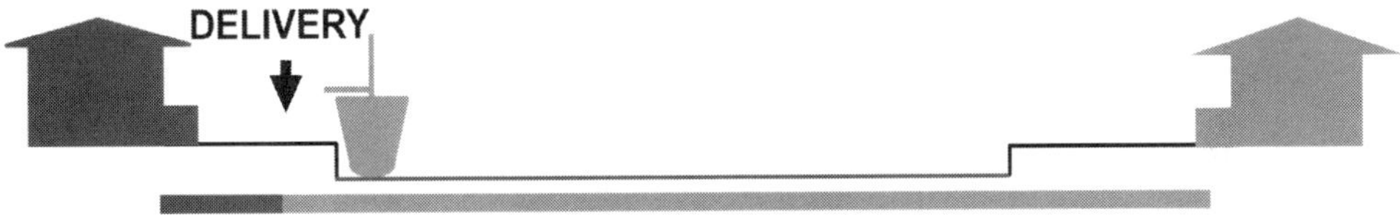

GUIDANCE NOTE

This rule is to be used only for sea or inland waterway transport.

"Free Alongside Ship" means that the seller delivers when the goods are placed alongside the vessel (e.g., on a quay or a barge) nominated by the buyer at the named port of shipment. The risk of loss of or damage to the goods passes when the goods are alongside the ship, and the buyer bears all costs from that moment onwards.

The parties are well advised to specify as clearly as possible the loading point at the named port of shipment, as the costs and risks to that point are for the account of the seller and these costs and associated handling charges may vary according to the practice of the port.

The seller is required either to deliver the goods alongside the ship or to procure goods already so delivered for shipment. The reference to "procure" here caters for multiple sales down a chain ('string sales'), particularly common in the commodity trades.

Where the goods are in containers, it is typical for the seller to hand the goods over to the carrier at a terminal and not alongside the vessel. In such situations, the FAS rule would be inappropriate, and the FCA rule should be used.

FAS requires the seller to clear the goods for export, where applicable. However, the seller has no obligation to clear the goods for import, pay any import duty or carry out any import customs formalities.

FOB
FREE ON BOARD
FOB (insert named port of shipment) Incoterms® 2010

GUIDANCE NOTE

This rule is to be used only for sea or inland waterway transport.

"Free on Board" means that the seller delivers the goods on board the vessel nominated by the buyer at the named port of shipment or procures the goods already so delivered. The risk of loss of or damage to the goods passes when the goods are on board the vessel, and the buyer bears all costs from that moment onwards.

The seller is required either to deliver the goods on board the vessel or to procure goods already so delivered for shipment. The reference to "procure" here caters for multiple sales down a chain ('string sales'), particularly common in the commodity trades.

FOB may not be appropriate where goods are handed over to the carrier before they are on board the vessel, for example goods in containers, which are typically delivered at a terminal. In such situations, the FCA rule should be used.

FOB requires the seller to clear the goods for export, where applicable. However, the seller has no obligation to clear the goods for import, pay any import duty or carry out any import customs formalities.

A THE SELLER' OBLIGATIONS

A1 General obligations of the seller

The seller must provide the goods and the commercial invoice in conformity with the contract of sale and any other evidence of conformity that may be required by the contract.

Any document referred to in A1–A10 may be an equivalent electronic record or procedure if agreed between the parties or customary.

A2 Licences, authorizations, security clearances and other formalities

Where applicable, the seller must obtain, at its own risk and expense, any export licence or other official authorization and carry out all customs formalities necessary for the export of the goods.

A3 Contracts of carriage and insurance

a) Contract of carriage

The seller has no obligation to the buyer to make a contract of carriage. However, if requested by the buyer or if it is commercial practice and the buyer does not give an instruction to the contrary in due time, the seller may contract for carriage on usual terms at the buyer' s risk and expense. In either case, the seller may decline to make the contract of carriage and, if it does, shall promptly notify the buyer.

b) Contract of insurance

The seller has no obligation to the buyer to make a contract of insurance. However, the seller must provide the buyer, at the buyer' s request, risk, and expense (if any), with information that the buyer needs for obtaining insurance.

A4 Delivery

The seller must deliver the goods either by placing them on board the vessel nominated by the buyer at the loading point, if any, indicated by the buyer at the named port of shipment or by procuring the goods so delivered. In either case, the seller must deliver the goods on the agreed date or within the agreed period and in the manner customary at the port.

If no specific loading point has been indicated by the buyer, the seller may select the point within the named port of shipment that best suits its purpose.

A5 Transfer of risks
The seller bears all risks of loss of or damage to the goods until they have been delivered in accordance with A4 with the exception of loss or damage in the circumstances described in B5.

A6 Allocation of costs
The seller must pay
a) all costs relating to the goods until they have been delivered in accordance with A4, other than those payable by the buyer as envisaged in B6; and
b) where applicable, the costs of customs formalities necessary for export, as well as all duties, taxes and other charges payable upon export.

A7 Notices to the buyer
The seller must, at the buyer' s risk and expense, give the buyer sufficient notice either that the goods have been delivered in accordance with A4 or that the vessel has failed to take the goods within the time agreed.

A8 Delivery document
The seller must provide the buyer, at the seller' s expense, with the usual proof that the goods have been delivered in accordance with A4.
Unless such proof is a transport document, the seller must provide assistance to the buyer, at the buyer' s request, risk and expense, in obtaining a transport document.

A9 Checking - packaging - marking
The seller must pay the costs of those checking operations (such as

checking quality, measuring, weighing, counting) that are necessary for the purpose of delivering the goods in accordance with A4, as well as the costs of any pre-shipment inspection mandated by the authority of the country of export.
The seller must, at its own expense, package the goods, unless it is usual for the particular trade to transport the type of goods sold unpackaged. The seller may package the goods in the manner appropriate for their transport, unless the buyer has notified the seller of specific packaging requirements before the contract of sale is concluded. Packaging is to be marked appropriately.

A10 Assistance with information and related costs

The seller must, where applicable, in a timely manner, provide to or render assistance in obtaining for the buyer, at the buyer's request, risk and expense, any documents and information, including security-related information, that the buyer needs for the import of the goods and/or for their transport to the final destination.
The seller must reimburse the buyer for all costs and charges incurred by the buyer in providing or rendering assistance in obtaining documents and information as envisaged in B10.

B THE BUYER' OBLIGATIONS

B1 General obligations of the buyer

The buyer must pay the price of the goods as provided in the contract of sale.
Any document referred to in B1-B10 may be an equivalent electronic record or procedure if agreed between the parties or customary.

B2 Licences, authorizations, security clearances and other formalities

Where applicable, it is up to the buyer to obtain, at its own risk and expense, any import licence or other official authorization and carry out all customs formalities for the import of the goods and for their transport through any country.

B3 Contracts of carriage and insurance

a) Contract of carriage

The buyer must contract, at its own expense for the carriage of the goods from the named port of shipment, except where the contract of carriage is made by the seller as provided for in A3 a).

b) Contract of insurance

The buyer has no obligation to the seller to make a contract of insurance.

B4 Taking delivery

The buyer must take delivery of the goods when they have been delivered as envisaged in A4.

B5 Transfer of risks

The buyer bears all risks of loss of or damage to the goods from the time they have been delivered as envisaged in A4.

If

a) the buyer fails to notify the nomination of a vessel in accordance with B7; or

b) the vessel nominated by the buyer fails to arrive on time to enable the seller to comply with A4, is unable to take the goods, or closes for cargo earlier than the time notified in accordance with B7;

then, the buyer bears all risks of loss of or damage to the goods:

(i) from the agreed date, or in the absence of an agreed date,

(ii) from the date notified by the seller under A7 within the agreed period, or, if no such date has been notified,

(iii) from the expiry date of any agreed period for delivery,

provided that the goods have been clearly identified as the contract goods.

B6 Allocation of costs

The buyer must pay

a) all costs relating to the goods from the time they have been delivered as envisaged in A4, except, where applicable, the costs of customs formalities necessary for export, as well as all duties, taxes and other charges payable upon export as referred to in A6 b);

b) any additional costs incurred, either because:

(i) the buyer has failed to give appropriate notice in accordance with B7, or
(ii) the vessel nominated by the buyer fails to arrive on time, is unable to take the goods, or closes for cargo earlier than the time notified in accordance with B7,
provided that the goods have been clearly identified as the contract goods; and
c) where applicable, all duties, taxes and other charges, as well as the costs of carrying out customs formalities payable upon import of the goods and the costs for their transport through any country.

B7 Notices to the seller
The buyer must give the seller sufficient notice of the vessel name, loading point and, where necessary, the selected delivery time within the agreed period.

B8 Proof of delivery
The buyer must accept the proof of delivery provided as envisaged in A8.

B9 Inspection of goods
The buyer must pay the costs of any mandatory pre-shipment inspection, except when such inspection is mandated by the authorities of the country of export.

B10 Assistance with information and related costs
The buyer must, in a timely manner, advise the seller of any security information requirements so that the seller may comply with A10.
The buyer must reimburse the seller for all costs and charges incurred by the seller in providing or rendering assistance in obtaining documents and information as envisaged in A10.
The buyer must, where applicable, in a timely manner, provide to or render assistance in obtaining for the seller, at the seller's request, risk and expense, any documents and information, including security-related information, that the seller needs for the transport and export of the goods and for their transport through any country.

CFR
COST AND FREIGHT
CFR (insert named port of destination) Incoterms® 2010

GUIDANCE NOTE

This rule is to be used only for sea or inland waterway transport.

"Cost and Freight" means that the seller delivers the goods on board the vessel or procures the goods already so delivered. The risk of loss of or damage to the goods passes when the goods are on board the vessel. The seller must contract for and pay the costs and freight necessary to bring the goods to the named port of destination.

When CPT, CIP, CFR or CIF are used, the seller fulfils its obligation to deliver when it hands the goods over to the carrier in the manner specified in the chosen rule and not when the goods reach the place of destination.

This rule has two critical points, because risk passes and costs are transferred at different places. While the contract will always specify a destination port, it might not specify the port of shipment, which is where risk passes to the buyer. If the shipment port is of particular interest to the buyer, the parties are well advised to identify it as precisely as possible in the contract.

The parties are well advised to identify as precisely as possible the point at the agreed port of destination, as the costs to that point are for the account of the seller. The seller is advised to procure contracts of carriage that match this choice precisely. If the seller incurs costs under its contract of carriage related to unloading at the specified point at the port of destination, the seller is not entitled to recover such costs from the buyer unless otherwise agreed between the parties.

The seller is required either to deliver the goods on board the vessel or to procure goods already so delivered for shipment to the destination. In addition, the seller is required either to make a contract of carriage or to procure such a contract. The reference to "procure" here caters for multiple sales down a chain ('string sales'), particularly common in the commodity trades.

CFR may not be appropriate where goods are handed over to the carrier before they are on board the vessel, for example goods in containers, which are typically delivered at a terminal. In such circumstances, the CPT rule should be used.

CFR requires the seller to clear the goods for export, where applicable. However, the seller has no obligation to clear the goods for import, pay any import duty or carry out any import customs formalities.

CIF
COST INSURANCE AND FREIGHT
CIF (insert named port of destination) Incoterms® 2010

GUIDANCE NOTE

This rule is to be used only for sea or inland waterway transport.

"Cost, Insurance and Freight" means that the seller delivers the goods on board the vessel or procures the goods already so delivered. The risk of loss of or damage to the goods passes when the goods are on board the vessel. The seller must contract for and pay the costs and freight necessary to bring the goods to the named port of destination.

The seller also contracts for insurance cover against the buyer's risk of loss of or damage to the goods during the carriage. The buyer should note that under CIF the seller is required to obtain insurance only on minimum cover. Should the buyer wish to have more insurance protection, it will need either to agree as much expressly with the seller or to make its own extra insurance arrangements.

When CPT, CIP, CFR, or CIF are used, the seller fulfils its obligation to deliver when it hands the goods over to the carrier in the manner specified in the chosen rule and not when the goods reach the place of destination.

This rule has two critical points, because risk passes and costs are transferred at different places. While the contract will always specify a destination port, it might not specify the port of shipment, which is where risk passes to the buyer. If the shipment port is of particular interest to the buyer, the parties are well advised to identify it as precisely as possible in the contract.

The parties are well advised to identify as precisely as possible the point at the agreed port of destination, as the costs to that point are for the account of the seller. The seller is advised to procure contracts of carriage that match this choice precisely. If the seller incurs costs under its contract of carriage related to unloading at the specified point at the port of destination, the seller is not entitled to recover such costs from the buyer unless otherwise agreed between the parties.

The seller is required either to deliver the goods on board the vessel or to procure goods already so delivered for shipment to the destination. In addition the seller is required either to make a contract of carriage or to procure such a contract. The reference to "procure" here caters for multiple sales down a chain ('string sales'), particularly common in the commodity trades.

CIF may not be appropriate where goods are handed over to the carrier before they are on board the vessel, for example goods in containers, which are typically delivered at a terminal. In such circumstances, the CIP rule should be used.

CIF requires the seller to clear the goods for export, where applicable. However, the seller has no obligation to clear the goods for import, pay any import duty or carry out any import customs formalities.

A THE SELLER' OBLIGATIONS

A1 General obligations of the seller

The seller must provide the goods and the commercial invoice in conformity with the contract of sale and any other evidence of conformity that may be required by the contract.
Any document referred to in A1–A10 may be an equivalent electronic record or procedure if agreed between the parties or customary.

A2 Licences, authorizations, security clearances and other formalities
Where applicable, the seller must obtain, at its own risk and expense, any export licence or other official authorization and carry out all customs formalities necessary for the export of the goods.

A3 Contracts of carriage and insurance

a) Contract of carriage

The seller must contract or procure a contract for the carriage of the goods from the agreed point of delivery, if any, at the place of delivery to the named port of destination or, if agreed, any point at that port. The contract of carriage must be made on usual terms at the seller's expense and provide for carriage by the usual route in a vessel of the type normally used for the transport of the type of goods sold.

b) Contract of insurance

The seller must obtain, at its own expense, cargo insurance complying at least with the minimum cover provided by Clauses (C) of the Institute Cargo Clauses (LMA/IUA) or any similar clauses. The insurance shall be contracted with underwriters or an insurance company of good repute and entitle the buyer, or any other person having an insurable interest in the goods, to claim directly from the insurer.

When required by the buyer, the seller shall, subject to the buyer providing any necessary information requested by the seller, provide at the buyer's expense any additional cover, if procurable, such as cover as provided by Clauses (A) or (B) of the Institute Cargo Clauses (LMA/IUA) or any similar clauses and/or cover complying with the Institute War Clauses and/or Institute Strikes Clauses (LMA/IUA) or any similar clauses.

The insurance shall cover, at a minimum, the price provided in the contract plus 10% (i.e., 110%) and shall be in the currency of the contract.

The insurance shall cover the goods from the point of delivery set out in A4 and A5 to at least the named port of destination.

The seller must provide the buyer with the insurance policy or other evidence of insurance cover.

Moreover, the seller must provide the buyer, at the buyer's request, risk, and expense (if any), with information that the buyer needs to procure any additional insurance.

A4 Delivery

The seller must deliver the goods either by placing them on board the vessel or by procuring the goods so delivered. In either case, the seller must deliver the goods on the agreed date or within the agreed period and in the manner customary at the port.

A5 Transfer of risks

The seller bears all risks of loss of or damage to the goods until they have been delivered in accordance with A4, with the exception of loss or damage in the circumstances described in B5.

A6 Allocation of costs

The seller must pay

a) all costs relating to the goods until they have been delivered in accordance with A4, other than those payable by the buyer as envisaged in B6;

b) the freight and all other costs resulting from A3 a), including the costs of loading the goods on board and any charges for unloading at the agreed port of discharge that were for the seller' s account under the contract of carriage;

c) the costs of insurance resulting from A3 b); and

d) where applicable, the costs of customs formalities necessary for export, as well as all duties, taxes and other charges payable upon export, and the costs for their transport through any country that were for the seller's account under the contract of carriage.

A7 Notices to the buyer

The seller must give the buyer any notice needed in order to allow the buyer to take measures that are normally necessary to enable the buyer to take the goods.

A8 Delivery document

The seller must, at its own expense provide the buyer without delay with the usual transport document for the agreed port of destination.

This transport document must cover the contract goods, be dated within the period agreed for shipment, enable the buyer to claim the goods from the carrier at the port of destination and, unless otherwise agreed, enable the buyer to sell the goods in transit by the transfer of the document to a subsequent buyer or by notification to the carrier.

When such a transport document is issued in negotiable form and in several originals, a full set of originals must be presented to the buyer.

A9 Checking - packaging - marking

The seller must pay the costs of those checking operations (such as checking quality, measuring, weighing, counting) that are necessary for the purpose of delivering the goods in accordance with A4, as well as the costs of any pre-shipment inspection mandated by the authority of the country of export.

The seller must, at its own expense, package the goods, unless it is usual for the particular trade to transport the type of goods sold unpackaged. The seller may package the goods in the manner appropriate for their transport, unless the buyer has notified the seller of specific packaging requirements before the contract of sale is concluded. Packaging is to be marked appropriately.

A10 Assistance with information and related costs

The seller must, where applicable, in a timely manner, provide to or render assistance in obtaining for the buyer, at the buyer' s request, risk and expense, any documents and information, including security-related information, that the buyer needs for the import of the goods and/or for their transport to the final destination.

The seller must reimburse the buyer for all costs and charges incurred by the buyer in providing or rendering assistance in obtaining documents and information as envisaged in B10.

B THE BUYER' OBLIGATIONS

B1 General obligations of the buyer

The buyer must pay the price of the goods as provided in the contract of sale.

Any document referred to in B1-B10 may be an equivalent electronic record or procedure if agreed between the parties or customary.

B2 Licences, authorizations, security clearances and formalities

Where applicable, it is up to the buyer to obtain, at its own risk and expense, any import licence or other official authorization and carry out all customs formalities for the import of the goods and for their transport through any country.

B3 Contracts of carriage and insurance

a) Contract of carriage

The buyer has no obligation to the seller to make a contract of carriage.

b) Contract of insurance

The buyer has no obligation to the seller to make a contract of insurance. However, the buyer must provide the seller, upon request, with any information necessary for the seller to procure any additional insurance requested by the buyer as envisaged in A3 b).

B4 Taking delivery

The buyer must take delivery of the goods when they have been delivered as envisaged in A4 and receive them from the carrier at the named port of destination.

B5 Transfer of risks

The buyer bears all risks of loss of or damage to the goods from the time they have been delivered as envisaged in A4.

If the buyer fails to give notice in accordance with B7, then it bears all risks of loss of or damage to the goods from the agreed date or the expiry date of the agreed period for shipment, provided that the goods have been clearly identified as the contract goods.

B6 Allocation of costs

The buyer must, subject to the provisions of A3 a), pay

a) all costs relating to the goods from the time they have been delivered as envisaged in A4, except, where applicable, the costs of customs formalities necessary for export, as well as all duties, taxes and other charges payable upon export as referred to in A6 d);

b) all costs and charges relating to the goods while in transit until their arrival at the port of destination, unless such costs and charges were for the seller's account under the contract of carriage,

c) unloading costs including lighterage and wharfage charges, unless such costs and charges were for the seller' s account under the contract of carriage;

d) any additional costs incurred if it fails to give notice in accordance with B7, from the agreed date or the expiry date of the agreed period for shipment, provided that the goods have been clearly identified as the

contract goods;
e) where applicable, all duties, taxes and other charges, as well as the costs of carrying out customs formalities payable upon import of the goods and the costs for their transport through any country, unless included within the cost of the contract of carriage; and
f) the costs of any additional insurance procured at the buyer' s request under A3 b) and B3 b).

B7 Notices to the seller

The buyer must, whenever it is entitled to determine the time for shipping the goods and/or the point of receiving the goods within the named port of destination, give the seller sufficient notice thereof.

B8 Proof of delivery

The buyer must accept the transport document provided as envisaged in A8 if it is in conformity with the contract.

B9 Inspection of goods

The buyer must pay the costs of any mandatory pre-shipment inspection, except when such inspection is mandated by the authorities of the country of export.

B10 Assistance with information and related costs

The buyer must, in a timely manner, advise the seller of any security information requirements so that the seller may comply with A10.
The buyer must reimburse the seller for all costs and charges incurred by the seller in providing or rendering assistance in obtaining documents and information as envisaged in A10.
The buyer must, where applicable, in a timely manner, provide to or render assistance in obtaining for the seller, at the seller's request, risk and expense, any documents and information, including security-related information, that the seller needs for the transport and export of the goods and for their transport through any country.

용어정리

1. Allocation: 할당, 배분

   – An allocation is an amount of something, especially money, that is given to a particular person or used for a particular purpose.

2. Alongside: …옆에, 나란히

   – If one thing is alongside another thing, the first thing is next to the second.

3. associate: ~ sb/sth (with sb/sth) 연상하다, 결부[연관]짓다

– If you associate someone or something with another thing, the two are connected in your mind.

4. authorization: [U,C] (공식적인) 허가[인가], [C] 허가[인가]증

   – official permission or power to do sth; a document that gives sb official permission to do sth

5. barge: 바지선[너벅선](운하, 강 등에서 사람, 화물을 싣고 다니는, 바닥이 납작한 배)

   – A barge is a long, narrow boat with a flat bottom. Barges are used for carrying heavy loads, especially on canals.

6. be entitled to do: –에게 –할 권리(자격)을 부여하다

   – If you are entitled to something, you have the right to have it or do it.

7. be up to: ~가 할[결정할] 일이다(~의 의무 · 책임 · 적성임을 나타냄)

   – to be somebody's responsibility or duty

8. bear: (책임 등을) 떠맡다[감당하다]

   – If you bear the responsibility for something, you accept responsibility for it.

9. carriage: 운반[수송]; 운반비[수송비]

- the act or cost of transporting goods from one place to another

10. clear: (출발, 도착 등을) 허가하다

- to give official permission for a person, a ship, a plane or goods to leave or enter a place.

11. commercial invoice: 상업송장

- A commercial invoice is a document used in foreign trade. It is used as a customs declaration provided by the person or corporation that is exporting an item across international borders.[1] [2] Although there is no standard format, the document must include a few specific pieces of information such as the parties involved in the shipping transaction, the goods being transported, the country of manufacture, and the Harmonized System codes for those goods. A commercial invoice must also include a statement certifying that the invoice is true, and a signature. A commercial invoice is used to calculate tariffs, international commercial terms (like the Cost in a CIF) and is commonly used for customs purposes.

12. comply with: 따르다, 동의하다.

13. cover: ~ sb/sth (against/for sth) (분실, 상해 등에 대비해 보험으로) 보장하다, ~ (against sth) (英) (보험의) 보장

- [VERB] An insurance policy that covers a person or thing guarantees that money will be paid by the insurance company in relation to that person or thing./Insurance cover is a guarantee from an insurance company that money will be paid by them if it is needed.

14. customary: 관례적인, 습관적인

- Customary is used to describe things that people usually do in a particular society or in particular circumstances./Customary is used to describe something that a particular person usually does or has.

15. customs formalities: 통관 수속

16. decline: (정중히) 거절하다, 사양하다

- If you decline something or decline to do something, you politely refuse to accept it or do it.

17. deliver: ~ sb/sth (up/over) (to sb) (격식) 인계[인도]하다, 넘겨주다

- to take goods, letters, etc. to the person or people they have been sent to

18. deliver: [U , C] (물품/편지 등의) 배달[인도/전달]

- [oft N of n] Delivery or a delivery is the bringing of letters, parcels, or other goods to someone's house or to another place where they want them.

19. deliver: ~ sb/sth (up/over) (to sb) (격식) 인계[인도]하다, 넘겨주다

- to take goods, letters, etc. to the person or people they have been sent to

20. due: 적절한, 마땅한

- If something is due at a particular time, it is expected to happen, be done, or arrive at that time.

21. envisage: -을 -라고 예견하다, 예상하다, 꾀하다

- If you envisage something, you imagine that it is true, real, or likely to happen.

22. equivalent: ~ (to sth) (가치, 의미, 중요도 등이) 동등한[맞먹는]

- equal in value, amount, meaning, importance, etc

23. evidence: ~ (of/for sth) | ~ (that…) | ~ (to suggest, show, etc.) 증거, 흔적

- Evidence is anything that you see, experience, read, or are told that causes you to believe that something is true or has really happened.

24. expiry date: (계약서 등의) 만기[만료] 날짜

25. formality: [C] [주로 복수로] (반드시 거쳐야 할) 형식상의 절차

- Formalities are formal actions or procedures that are carried out as part of a particular activity or event.

26. freight: [U] 화물; 화물 운송

– Freight is the movement of goods by lorries, trains, ships, or aeroplanes. Freight is goods that are transported by lorries, trains, ships, or aeroplanes.

27. hand over: 이양하다; 인도하다.

– to surrender possession of; transfer

28. hand: ~ sth to sb | ~ sb sth 건네주다, 넘겨주다

– If you hand something to someone, you pass it to them.

29. in conformity with: ~와 일치하여, ~에 따라

30. in the absence of: ~이 없을 때에; ~이 없어서

31. incur: (비용을) 발생시키다[물게 되다]

– if you incur costs, you have to pay them

32. inland waterway: 내륙수로 (內陸水路)

33. inland: [주로 명사 앞에 씀] 내륙에 있는

– If something is situated inland, it is away from the coast, towards or near the middle of a country. If you go inland, you go away from the coast, towards the middle of a country.

34. inspection: 점검[검사/검토]

– the act of looking closely at sth/sb, especially to check that everything is as it should be

35. instruction: [주로 복수로] ~ (to do sth) | ~ (that…) 지시

– An instruction is something that someone tells you to do.

36. lighterage: [U] 거룻배 삯; 거룻배 운반; [집합적] 거룻배

– the conveyance or loading and unloading of cargo by means of a lighter

37. mandate: 명령[지시, 요구]하다.

– to order sb to behave, do sth or vote in a particular way

38. nominate: (일시, 장소 등)을 지정하다. 정하다

- to choose a time , data or title for sth

39. on board: 본선

40. onwards: (특정 시간부터) 계속, 앞으로

- at or towards a point or position ahead, in advance, etc

41. place: (조심스럽게) 놓다[두다]

- If you place something somewhere, you put it in a particular position, especially in a careful, firm, or deliberate way.

42. procedure: ~ (for sth) (특히 어떤 일을) 절차[방법], [U] (특히 상업, 법률, 정치에서 일을 하는 공식적인) 절차[수순]

- A procedure is a way of doing something, especially the usual or correct way.

43. procure: -을 얻다, 손에 넣다: 물품을 조달하다

- to obtain sth, especially with difficulty

44. promptly: 지체 없이, 즉시

- If you do something promptly, you do it immediately./ If you do something promptly at a particular time, you do it at exactly that time.

45. reach: …에 이르다[닿다/도달하다]

- When someone or something reaches a place, they arrive there

46. reference: ~ (to sb/sth) (… 에 대해) 말하기, 언급; 언급 대상, 언급한 것

- Reference to someone or something is the act of talking about them or mentioning them.

47. reimburse: 상환하다

- If you reimburse someone for something, you pay them back the money that they have spent or lost because of it.

48. render: (어떤 상태가 되게) 만들다[하다], ~ sth (to sb/sth) | ~ (sb) sth (격식) (특히 어떤 것에 대한 대가로 또는 기대에 따라) 주다[제공하다]

– If you render someone help or service, you help them.

49. specify: (구체적으로) 명시하다

– If you specify something, you give information about what is required or should happen in a certain situation.

50. subsequent: 그[이] 다음의, 차후의

– You use subsequent to describe something that happened or existed after the time or event that has just been referred to.

51. take delivery of: [물건 따위]를 인수하다

52. take[adopt, use] measures: 조치를 취하다

53. underwriter: (특히 해상 보험) 보험사, 손해사정사

– An underwriter is someone whose job involves agreeing to provide money for a particular activity or to pay for any losses that are made.

54. vary: (크기, 모양 등에서) 서로[각기] 다르다/(상황에 따라) 달라지다[다르다]

– If things vary, they are different from each other in size, amount, or degree.

If something varies or if you vary it, it becomes different or changed.

55. vessel: (대형) 선박[배]

– A vessel is a ship or large boat.

56. wharfage: [U] 선창[부두] 사용료; 선창 사용; [집합적] 선창 (설비)

– accommodation for ships at wharves/a charge for use of a wharf/wharves collectively

57. with the exception of: ~은 제외하고[~ 외에는]

2
제15회 국제무역사 시험 무역영어 기출문제와 설명
(한국무역협회 2005년 6월 11일 시행)

1. 다음 중 무역서신 작성의 5C's에 해당되지 않은 것은?

① clearness
② courtesy
③ concreteness
④ completeness

☞ 설명 : ICD는 Inland Container Depot의 약어이다.

2. 컨테이너 운송과 관련된 다음 용어에 대한 약어 풀이가 잘못된 것은?

① FCL : Full Container Load
② CFS : Container Freight Station
③ CY : Container Yard
④ ICD : Import Container Depot

3. 다음 문장은 무엇에 관한 설명인가?

"This term means that the seller fulfills his obligation to deliver when goods have been made available at the named place in the country of importation. The seller has to bear the risks and costs, including duties, taxes and other charges of delivering the goods thereto, cleared for importation."

① DES ② DEQ
③ DDU ④ DDP

☞ 설명 : DES 착선인도, DEQ 부두인도, DDU 관세미지급인도, DDP: 관세지급필인도

4. 다음 문장의 (　　　)안에 알맞은 것을 고르시오.

"You must pay amount due on March 20 either (　) cash or (　　) check."

① with – through
② in – by
③ in – for
④ by – for

☞ 설명 : in cash 현금으로, by check 수표로

5. 다음의 괄호 안에 적합한 구문으로 구성된 것을 고르시오.

"(a) our repeated requests, we could not (b) (c) from you."

① (a) In spite , (b) collect, (c) overdue
② (a) Because of, (b) settle, (c) balance due
③ (a) Despite, (b) collect, (c) outstanding balance
④ (a) On, (b) collect, (c) balance pending

☞ 설명 : overdue 기일경과, outstanding balance 미청산잔액

6. 다음 문장의 밑줄 친 부분에 대한 해석으로 가장 올바른 것은?

"This agreement shall <u>retroactively become effective</u> on the first of July, 2005."

① 각각 유효하다.
② 소급 발효하다.
③ 서명이 유효하다.
④ 본격적으로 발효하다.

☞ 설명 : retroactively 소급하여, become effective 유효하다.

7. 다음 무역 용어의 연결이 가장 적절치 않은 것은?

① Accrual Payment – 연지급
② Exchange Commission – 환가료
③ Bona Fide Holder – 선의의 소지자
④ Usance Credit – 기한부 신용장

☞ 설명 : accrual payment 연체료지급, deferred payment 연지급

8. 다음 문장의 ( )안에 들어갈 가장 적합한 단어를 고르시오.

> "We have received with many thanks your counter offer of July 17 ( ) ours of July 10."

① under ② upon
③ against ④ by

☞ 설명 : counter offer에 기인하여 against가 어울린다.

9. 다음 중 무역통신문의 구성요소로서 필수적인 것으로 보기 어려운 것은?

① Salutation
② Carbon Copy Notation
③ Letterhead
④ Complimentary Close

☞ 설명 : CC는 참조인이 있든 없든 필수기재요소가 되지 않는다.

10. 다음 문장의 ( ) 안에 들어갈 적합한 단어를 고르시오.

> "Any information you can (a) to us will be kept in strict confidence, and expenses will be gladly paid (b) receipt of your report."

① (a) afford, (b) upon
② (a) give, (b) with
③ (a) secure, (b) with
④ (a) hold, (b) upon

☞ 설명 : afford 제공하다, upon receipt of 받고나서

11. 다음 무역거래 절차도에서 빈 네모칸에 들어갈 수 있는 가장 적절한 항목의 용어를 찾으시오.

OPERATIONAL CHART OF FOREIGN TRADE

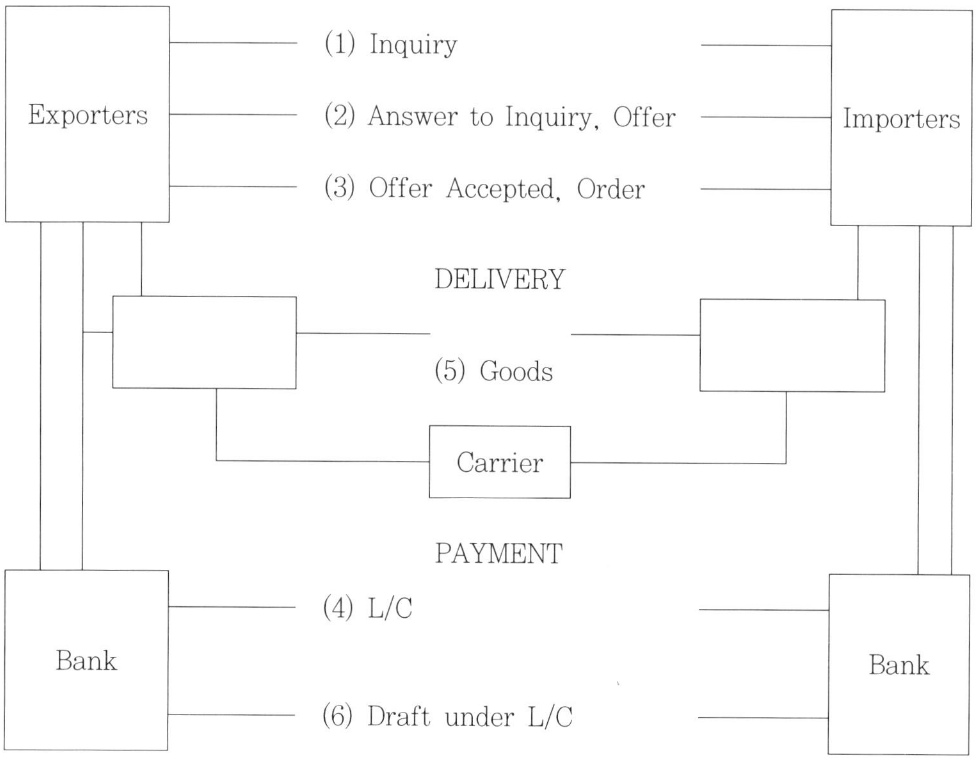

① Contract ② Document ③ Customs ④ Claim

☞ 설명 : customs 세관

12. 다음 문장에서 밑줄 친 부분을 바꾸어 쓸 수 있는 단어를 고르시오.

"An issuing bank is able to issue a confirmed documentary Credit.

① sign ② open

③ draw ④ confirm

☞ 설명 : issue, open, est

13. 다음 용어의 뜻이 맞지 않게 해석된 것을 고르시오.

① S/O – 선적지시서 ② L/G – 수입화물 선취보증서
③ D/A – 지급도 조건 ④ D/O – 화물인도 지시서

☞ 설명 : D/A(Document against Acceptance) 인수도조건, D/P(Document against Payment) 지급도조건

14. 계약항목 중에서 Operative Part가 아닌 것을 고르시오.

① 계약기간(Period of agreement, Duration)및 계약의 종료(Termination)
② 불가항력(Force majeure) 및 양도(Assignment)
③ 중재(Arbitration) 및 준거법(Applicable law, Governing law)
④ 계약의 수정변경(Amendments) 및 당사자(Party)

15. 다음 Sales Notes의 항목 (A)에 들어갈 알맞은 것을 찾으시오.

Commodity	: Silk HQ 1001/2
Quality	: Samples No. 6214/5
Quantity	: 600 dozen(370 dozen/230 dozen)
Price	: US$70.10 per dozen CIF New York
Amount	: US$119,170.00
(A)	: Draft at 30 d/s under an Irrevocable L/C
Shipment	: During May / July, 2005
Packing	: 120pcs / 130pcs in Master Carton.
Marks 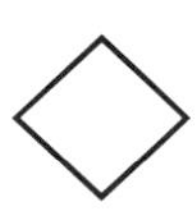 New York	: BR with numbers 1 and up under port mark,
Insurance	: A/R for full invoice amount plus 10%

① Contract ② Payment
③ Remarks ④ Term and Condition

16. 다음은 일반 거래협정서의 일부분인데, 이 내용을 반영하는 제목으로 (A)에 들어갈 알맞은 것을 고르시오.

(A) : All shipments shall be covered by ICC(A) including War & SRCC Risks for an amount of 10% in excess of invoice value, if no other conditions are particularly agreed upon.

① Shipment terms ② Payment terms
③ Contract terms ④ Marine Insurance

☞ 설명 : ICC(A) – Institute Cargo Clause 협회적하약관(A)는 보험조건이다.

17. 다음 비즈니스 계약의 성립 과정에서 빈 네모칸에 들어갈 수 있는 가장 적절한 항목을 고르시오

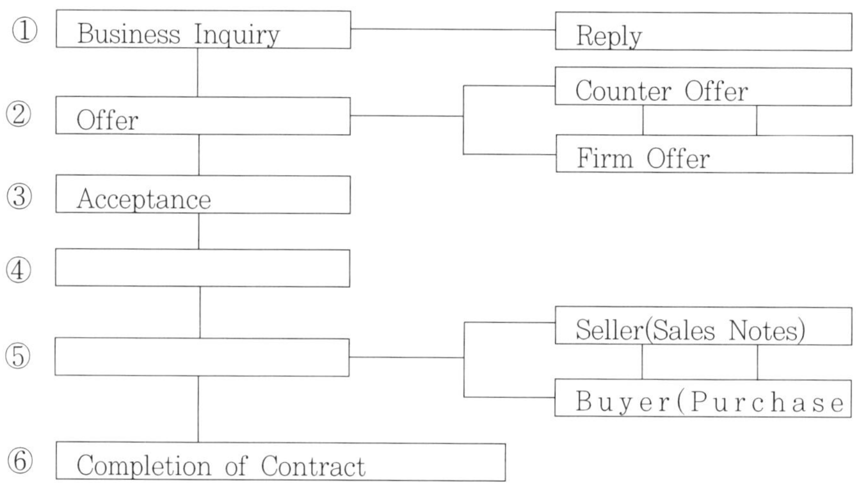

① Negotiation –Sales Note ② Order –Acknowledge
③ Shipment– Packing ④ Inquiry – Claim

18. 다음 서신의 밑줄에 올 수 있는 가장 바람직한 표현을 고르시오.

> We have received your shipment covering our order No. 615 for 100 units of Mini-Computer Notebook, TKⅡ 2002 but have found that thirty cases of the 100 cases of Computer Notebook are in a badly damaged condition. Among the goods, twenty units are broken and the mechanisms are exposed beyond repair.

① We would like either to accept you the right goods or to give you a special allowance of 5% off the invoice amount

② We should ship the goods for the broken products as soon as possible.

③ It seems that the accident was made on account of the wrong packing.

④ Therefore we request you to ship the invoice amount of counter offer for the products as soon as possible.

19. 다음은 일반 거래협정서의 일부분인데 (B)항목에 알맞은 것을 찾으시오.

> (B) : Sellers shall not be responsible for any delay in shipment due directly or indirectly to beyond the control, such as fires, floods, earthquakes, strikes, lockouts, war and any other contingencies which may prevent shipment within the period stipulated.

① Force Majeure　　② Responsible

③ Validity terms　　④ Invoice terms

☞ 설명 : Force Majeure 불가항력

20. 다음 신용장에 수정되어야 할 부분이 포함된 항목을 고르시오.

> Dear Sir(s),
>
> We hereby issue in your favor this documentary credit which is available by negotiation with any bank of your draft at sight drawn on us bearing the clause "Drawn under Irrevocable of BOA New York Branch" accompanied by the following documents: -
>
> 가) Signed Commercial Invoice in triplicate.
> 나) Full set of clean ON BOARD Ocean Bill of Lading made out to

our order marked "Freight Prepaid" and notify applicant.
다) Packing List in duplicate.
라) Insurance Policy or Certificate in negotiable form, in duplicate, endorsed in side, covering ICC(B), Institute War Clauses(Cargo) for full invoice value plus 10% with claims payable in New York in the currency of the value.

① (가) ② (나) ③ (다) ④ (라)

☞ 설명 : endorsed in blank 백지배서

21. 아래의 문장들 중 예의(courtesy)를 잘 고려한 문장으로 보기 어려운 것은?

① We regret any delays in your production caused by missing parts in your order.
② Your prompt L/C in our favor would be much appreciated.
③ We are surprised that you do not like our shipment, LK-5060.
④ We are sorry to hear that there was a delay in shipment.

22. 다음 서신의 빈칸에 연결될 올바른 문장을 고르시오.

HANSHIN CORPORATION

We refer to our order for your Testing Equipment, FATE 101 placed with you on October 21 and due for delivery with November. The order number was HJS-570420.

We have instructed Korea Exchange Bank, Seoul to open an Irrevocable Documentary Letter of Credit of US$ 135,000. This will be confirmed by our banker's correspondents, the Chase Manhattan Bank, in San Francisco who will accept your draft on them at 30 days for the amount of your invoice.

____

Taking this chance, the prices you quoted us being C.I.F. Busan, the amount of our credit will cover the amount of your invoice, and also the cost of freight and insurance.

① *The Bill of Exchange is valid until December 15. Documents required are :*

Bill of Lading Commercial Invoice(4 copies) Insurance Policy.

② *The Sales Note is extended until December 15. Documents required are : Bill of Lading Commercial Invoice(4 copies) Insurance Policy(2 copies).*

③ *The Purchase Order is sent until December 15. Documents required are : Bill of Lading(full sets) Commercial Invoice(4 copies) Insurance Policy(2 copies).*

④ *The Letter of Credit is valid until December 15. Documents required are : Bill of Lading(full sets) Commercial Invoice(4 copies) Insurance Policy(2 copies).*

23. 다음은 신용장에 나오는 특수지시 항목인데, 잘못 작성된 것을 고르시오.

Special Condition(s):

가) Documents to be presented within 10 days after the date of issuance of the transport document after the validity of the credit.

나) All banking charges outside New York are for account of beneficiary.

다) All documents to be sent to us by registered airmail in 2 consecutive lots.

라) Proceeds drawn under this credit will be remitted as per instruction of the negotiating bank upon receipt of the documents in compliance with the terms and conditions of the credit.

① 가) ② 나)
③ 다) ④ 라)

24. '10개들이 계산기 세 상자'(10개 계산기 × 3상자 = 총 30개 계산기)의 의미를 가장 잘 표현한 것은?

① three cartons each containing 10 sets of calculators
② 10 sets of calculators in three cartons
③ 10 sets of calculators containing three cartons
④ three cartons containing 10 sets of calculators

25. 다음 내용을 가장 바르게 표현한 것을 고르시오.

> 귀사가 요구한 대로 당사는 7월말까지의 건설 중장비 CHE-4003을 CKD (Complete Knock Down) 상태로 선적을 준비하고 있고 될 수 있는 대로 빨리 8월 21일까지 유효한 취소불능 신용장을 당사를 수익자로 하여 개설해줄 것을 귀사에 요구합니다.

① As requested, we are preparing for shipment of Heavy Construction Equipment, CHC-4003 on Complete Knock Down(CKD) base by the end of July and would ask you to establish an Irrevocable L/C in our favor, as soon as possible, valid until August 21.

② As requested, we are preparing for shipment of Heavy Construction Equipment, CHC-4003 on Complete Knock Down(CKD) base by the end of July and would ask you to establish an Revocable L/C in our favor, as soon as possible, valid until August 21.

③ As requested, we are preparing for shipment of Heavy Construction Equipment, CHC-4003 on Complete Knock Down(CKD) base by the end of July and would ask you establish an Irrevocable L/C in your favor, as soon as possible, valid until August 21.

④ As requested, we are preparing for shipment of Heavy Construction Equipment, CHC-4003 on Complete Knock Down(CKD) base by the end of July and would ask you to establish an Irrevocable L/C in our favor, as soon as possible, valid at August 21.

☞ 설명 : CKD(Complete Knock Down)는 부품을 수출해서 현지에서 조립, 판매하는 방식

26. 다음 내용과 다른 의미의 것은?

> We would like <u>to open an account with you</u>.

① enter into business relations with you

② open business with you

③ establish a connection with you

④ wind up an account with you

☞ 설명 : open an account ↔ wind up an account

27. 다음 중 무역서신의 작성시 Salutation과 Complimentary Close의 적절한 조합으로 보기 어려운 것은?

① My dear Madam: … … Yours truly,

② Sirs: … … As ever

③ Dear Mr. Lee: … … Kindest regards,

④ Dear Sir: … … Truly yours,

28. 다음 문장을 표현할 때 공란에 가장 알맞은 것은?

귀사께서 호의적인 회답을 보내주시기를 고대합니다. → We look (   ) reply.

① forwarding receiving into your favorable

② forward to receiving your favorable

③ forwarded into favorably you

④ to forwarding to send your good

29. 무역서신의 서명인과 Typist의 책임을 밝히기 위하여 이들의 이름 첫 글자를 colon(:)이나 Virgule(/)표시와 함께 서명의 위치보다 2-3줄 아래에 기재하는데, 이것은 아래의 어느 것에 해당하는가?

① Identification Marks

② Reference Number

③ Enclosures

④ Subject Line

30. 다음 문장의 뜻이 동일하도록 공란에 알맞은 것을 순서대로 나열한 것을 고르시오.

> Your name and address were given through the Chamber of Commerce of New York as one of the well-known importers.
> → We were (   ) (   ) the Chamber of Commerce of New York (   ) your name and address as one of the well-known importers.

① indebted-to-for ② recommended-to-for

③ indebted-by-at ④ recommended-by-with

☞ 설명 : be indebted to A for B/ B를 A에게 은혜를 입다.

31. 클레임에 대한 답신을 작성하고자 할 경우, 올바른 작성순서를 고르시오.

> MANUFACTURER & EXPORTER
>
> **Shin Woo Silk Co., Ltd.**
>
> HEAD OFFICE : 55-21, Sangpyung-Dong, Jinju, Kyungnam, Korea
> Tel : 82-2-852- 471/4 Fax : 82-2-852-477
> E-mail : shinwoo@hotmail.net
>
> *Dear Mr. John Adams,*
>
> *가) We are very sorry to learn from your fax of June 3, 2005 that our shipment of your order No. 100 was inferior in quality.*
> *나) We are very sorry for this carelessness on our part. In order to adjust your claim at this time, we would like either to send you the right goods as soon as possible or to give you a special allowance of 3% off the invoice amount.*
> *다) Upon tracing our records, we find that our shipping clerk shipped sample No. 6224 Silk Scarves instead of those of samples No. 6214/5 on which your order was given.*
> *라) Please accept our apologies for the inconvenience we have caused you and let us know which of the above two adjustments is preferable to you by fax or E-mail.*

① 가)-다)-나)-라)
② 가)-라)-나)-다)
③ 가)-나)-다)-라)
④ 가)-라)-다)-나)

32. 다음 서신은 수출절차 중의 어느 단계에 쓰이는 것인가?

> The New York Chamber of Commerce
> 99 Church St., New York
> N.Y. 10007, U.S.A.
>
> Dear Sirs,
>
> We have been exporting Travel Bags for more than thirty years and are now desirous of opening connection with the most reliable firms of your country.
> We shall be obliged, therefore, if you will kindly introduce us to any capable concerns in your country that are interested in this line of business.
> As for our standing and activities, we are permitted to mention Korea Exchange Bank, Seoul, as a reference.
> Any information with which you may favor us will be much appreciated and we earnestly await your reply.
>
> Very truly yours,
>
> KDHong
>
> K. D. Hong

① Offer ↔ Acceptance ② Overseas marketing research
③ Establishing business relations ④ Business proposal

33. 다음 문장의 공란에 적합하지 않은 어구는?

You are assured that anything thus communicated to us will be ( ).

① kept strictly confidential ② held strictly confidential

③ treated in strict confidence ④ met in strict confidence

☞ 설명 : strict confidence 극비

34. 다음 괄호 안에 들어갈 용어로 알맞은 것은?

"Whilst the (a) term represents the minimum obligation of the seller, (b) represents the maximum obligation"

① (a) FCA, (b) CIP

② (a) EXW, (b) DDU

③ (a) FOB, (b) CIF

④ (a) EXW, (b) DDP

☞ 설명 : Incoterms에서 매도인을 기준으로 최소부담조건은 EXW이며 최대부담조건은 DDP 이다.

35. 다음 중 문법적으로 맞는 것을 고르시오.

① We would be appreciated your placing an order for our machine.

② We shall be obliged if you place an order for our machine.

③ We shall appreciate if you place an order for our machine.

④ It would appreciate if you place an order for our machine.

36. 다음 문장의 밑줄 친 부분을 대체할 수 없는 것은 ?

"The enclosed agreements shall be open until March 15."

① be effective

② stand good

③ be affected

④ be valid

☞ 설명 : be open, be effective, stand good, be good, be valid 유효하다

37. 다음 계약서의 빈칸 (A)에 들어갈 용어와 관련하여 아래 문장의 적당한 제목을 찾으시오.

> The (A) shall explore, develop and promote the sale of the Products and shall make good faith efforts to increase the sales of the Products within the Territory. To achieve such purposes, the (A) will keep the Company informed of the status of the sales progress, make recommendations and suggestions to the Company and assist and cooperate with the company.

① Company's duties and Responsibilities

② Agent's duties and Responsibilities

③ Contractor's duties and Responsibilities

④ Exporter's duties and Responsibilities

38. 아래의 문장에서 밑줄 친 부분을 가장 바르게 작성한 것을 고르시오.

> 당사는 지금 이 S/W 스크린 TV 2001 품목의 재고품이 없기 때문에 지금 당장 귀사 주문을 이행할 수 없고 또한 공장이 바쁘기 때문에 지정 선적기일 내의 인도도 보장할 수 없을 것 같습니다.

① because of out of stocks – due to the rush at the factory

② because out in stocks – owing at being the rush at the factory

③ owing out from stocks – because the rush at the factory

④ cause out to stocks – due to being the rush at the factory

☞ 설명 : out of stock 재고없음, rush at factory 공장생산쇄도

39. 다음 무역서신에서 표현이 잘못된 것을 찾으시오.

> (a)One of the most important points in Portable Gas Cookers is the best quality product with the most competitive price as you mentioned. (b)Nothing leaves our plant unless it's not 100% pre-tested. We cannot guarantee that (c)there won't be any problems but we can assure you that (d) they will be reduced

① (a) ② (b)

③ (c) ④ (d)

☞ 설명 : unless = if ~ not

40. 다음 선적서류의 영문표기가 잘못된 것을 고르시오.

- 선적서류
  - 기본서류
    - 가) 선하증권(Bill of Lading)
    - – 상업송장(Commercial Invoice)
    - 나) 보험서류(Insurance Proforma)
    - – 포장명세서(Packing List)
  - 보충서류
    - – 영사송장(Consular Invoice)
    - 다) 통관용 송장(Customs Invoice)
    - 라) 원산지증명서(Certificate of Origin)
    - – 검사증명서(Inspection Certificate)
    - – 중량 및 용적 증명서 (Certificate of Weight and Measurement)

① 가)　　② 나)

③ 다)　　④ 라)

☞ 설명 : Insurance policy 보험증권

41. 무역서신의 작성에서 어색한 표현은?

① ABC Company purchased 215 tons of industrial rubber, 550,000 used tires, and 22,000 barrels of coal oil.

② 9 : 15 A.M.

③ April twenty third, 2002.

④ 35 Eastcotes, Tile Hill, Coventry, CV4 9AL, U.K.

42. 다음은 신용장 방식에 의한 수출입에 사용되는 각종 서류 및 서신을 순서대로 나열한 것이다. 공란에 들어갈 것을 고르시오.

> Seller's Offer ↔ Buyer's Acceptance → Buyer's Order → Sales Note → L/C → (   ) → Shipping Order → Export Declaration → Insurance Policy → Mate's Receipt → B/L → …

① Letter of Guarantee ② General Agreement
③ Shipping Request ④ Tally Note

43. 다음 신용조회서신의 내용을 올바른 순서대로 배열한 것은?

> a) It should be grateful if you would inform us of their financial standing and reputation.
> b) Your bank was given as a reference by Messrs. Abdul Washeed Schiek of 16 Bonfield Lane, Calcutta, who have offered their services as our agents in India.
> c) Your prompt reply will be appreciated.
> d) Any information provided by you will be treated confidential, and expenses will be paid upon receipt of your bill.

① a) – b) – c) – d) ② b) – c) – d) – a)
③ d) – b) – a) – c) ④ b) – a) – d) – c)

44. 다음 문장의 공란에 들어갈 적절한 단어가 아닌 것은?

> Although these concerns are reliable and of good reputation here, we, of course, are unable to (   ) for them.

① make a response ② take any responsibility
③ make ourselves responsible ④ assume any responsibility

45. 다음 문장 중 밑줄 친 부분과 가장 가까운 표현은?

> "Your prices seem to be <u>on the high side</u>."

① raised ② stiff
③ skyrocketed ④ rather high

46. 다음 문장의 (　　)안에 들어갈 가장 적절한 표현은?

"We can demonstrate our model at any time (　　　　　　　　　　)."

① when you are convenient.

② that is convenience to you.

③ you are convenient.

④ when it is convenient to you.

47. 다음은 거래은행 앞 신용조회장에 대한 회신의 일부이다. 아래문장의 공란에 들어갈 적절한 단어를 알맞게 배열한 것은?

... The company you mentioned is a private company running as a family concern by three bothers and was founded fifteen years ago. It (　　) a good reputation. As far as our information goes it is punctually (　　) its commitments and a credit in the sum you mentioned would seem to be safe. This information is strictly (　) and given without any responsibility (　　).

① enjoys – meeting – confidential – on our part

② plays – meeting – confidential – on our part

③ enjoys – satisfying – coincident – on your part

④ plays – satisfying – confidential – on your part

48. 다음 문장의 공란에 들어갈 적절한 단어를 순서대로 나열한 것은?

The quality and specifications are much improved (　　) very little extra cost and are enjoying best sales. We have sent you the sample, price-list, and catalogs (　) separate cover.

① at – in　　　② at – under

③ on – at　　　④ in – under

☞ 설명 : 가격의 전치사 at, under separate cover 별봉

49. 다음 문장에 대한 설명으로 가장 알맞은 것을 고르시오.

> "We have received your offer of May 5. After careful examination, we decided to accept your offer if you can reduce the price per set to US$50."

① This is a counter offer.

② This is a cross offer.

③ This is an effective acceptance of the offer.

④ The buyer rejects the offer.

50. 다음 괄호 안에 들어갈 알맞은 것을 고르시오.

> "Unless otherwise stipulated in the Credit, commercial invoices must appear on their face to be issued by (a) named in the Credit, and must be made out in the name of (b)."

① (a) the Applicant, (b) the Beneficiary

② (a) the Beneficiary, (b) the Applicant

③ (a) the Exporter, (b) the Beneficiary

④ (a) the Exporter, (b) the Consignee

☞ 설명 : beneficiary 수익자, applicant 신청인

제15회 국제무역사 시험 무역영어 기출문제 정답

1.	③	2.	④	3.	④	4.	②	5.	③	6.	②	7.	①	8.	③	9.	②	10.	①
11.	③	12.	②	13.	③	14.	④	15.	②	16.	④	17.	②	18.	③	19.	①	20.	④
21.	③	22.	④	23.	①	24.	①	25.	①	26.	④	27.	②	28.	②	29.	①	30.	①
31.	①	32.	③	33.	④	34.	④	35.	②	36.	③	37.	②	38.	①	39.	②	40.	②
41.	③	42.	③	43.	④	44.	①	45.	④	46.	④	47.	①	48.	②	49.	①	50.	②

저자약력 *Profile*

박명섭

- 성균관대학교 무역학과(학사·석사·박사과정ABD)
- 영국 리버풀대학교대학원(박사)
- 일본 코베(神戶)대학 경영학부 외국인연구원 (Japan Foundation Fellow) 역임
- 일본 후쿠오카 대학 상학부 외국인 연구원 역임
- 일본 나카무라가쿠인 대학 유통과학연구과 외국인 연구원 역임
- 성균관대 대학원 무역학과장 역임
- 한국무역학회 부회장 역임
- Journal of Korea Trade 편집위원장 역임

現 한국무역상무학회 부회장
성균관대 경영학부 교수

〈저·역서〉

실무 영문국제계약(2004, 우용출판사), 고등학교 무역영어(2004, 대한교과서)
국제통상영어(2000, 부키) 등 다수

김은주

- 부경대학교(경제학박사)
- Univ. of North Texas, School of Merchandising & Hospitality Management, 방문교수
- 일본 후쿠오카 대학 상학부 연구원
- 부산대, 부산외대, 부산여대, 부산수산대, 부경대, 숙명여대, 숭실대, 상명여대, 성균관대 강사
- 동의대 초빙교수, 한양여대 겸임교수 역임
- (주)교통물류연구원 연구위원 역임 (주)일본 산스타 라인 자문역 역임
- 현) 성균관대 무역연구소 선임연구원

〈저·역서〉

실무 영문국제계약(2004, 우용출판사), 글로벌 e-로지스틱스(2006, 우용출판사)

박우진

- 일본 호세이[法政]대학(학사)
- 미국 캘리포니아주립대학교 대학원(MBA)
- 성균관대학교 대학원(경영학박사)
- American Marketing Association 회원
- 대한재보험 경리부 해외정산과 총괄
- 성균관대, 숭실대, 중앙대 강사역임

現 동성E&C주식회사 대표이사 사장
서울중앙지방법원 조정위원 / 대한상사중재원 상사중재인
강남대 경영대학 겸임교수 / 연세대 경영연구소 전문연구원
한국수입업협회 임원(전기기기분과위원장)
일본 와세다[早稻田]대학 총합연구기구 초빙연구원

〈저·역서 〉

글로벌상거래관리(2009, 에이드북), 기업경영의 로지스틱스(2008, 우용출판사),
벤처기업론입문(2007, 한국학술정보) 외

종합 글로벌 비즈니스영어

- 무역·통상영어 -

2011년 9월 03일 초판 인쇄
2011년 9월 09일 초판 발행

저자 : 박명섭·김은주·박우진
발행인 : 고우용
발행처 : 우용출판사
등록일 : 1997년 11월 25일
출판등록 : 제 313-1997-139호
주소 : 서울특별시 마포구 망원1동 338-53
TEL : 02) 324-6577, 02) 6081-5899
FAX : 02) 324-6177

정가 : 20,000원

ISBN : 978-89-6249-056-5 93320

www.choolpansa.com